PITÁGORAS E O TEMA DO NÚMERO

Mário Ferreira dos Santos

Biblioteca "FILOSOFIA – 1"

Volumes Publicados:

1. *Pitágoras e o Tema do Número*   Mário Ferreira dos Santos

PITÁGORAS E O TEMA DO NÚMERO

CATALOGAÇÃO NA FONTE
DO
DEPARTAMENTO NACIONAL DO LIVRO

S237p
    Santos, Mário Ferreira dos
        Pitágoras e o tema do número / Mário Ferreira
    dos Santos ; edição coordenada por Aluísio Rosa
    Monteiro Júnior – São Paulo : IBRASA, 2000.
       ...p. ; cm.

      ISBN 85-348-0162-2

      Inclui bibliografia.

      1. Pitágoras. 2. Pitagorismo. I. Monteiro Júnior,
    Aluisio. II. Título.

                                  CDD-182.2

Direitos exclusivos
para a língua
portuguesa da

IBRASA

INSTITUIÇÃO BRASILEIRA DE DIFUSÃO CULTURAL LTDA.

Rua. Treze de Maio, 446 - Bela Vista
01327-000 - São Paulo - SP

E-MAIL editora.ibrasa@uol.com.br
E-MAIL editora.ibrasa@ig.com.br
WWW.IBRASA.COM.BR

Copyright © 2000,by
MÁRIO FERREIRA DOS SANTOS

Nenhum trecho desta obra poderá ser reproduzido, por qualquer meio, sem prévio consentimento, por escrito, dos editores. Excetuam-se as citações de pequenos trechos em resenhas para jornais, revistas ou outro veículo de divulgação.

Capa de
MAURÍCIUS M. MARTINO

Revisão
PATRICIA RUIZ

Editoração eletrônica de
CÍRCULO EDITORIAL

Impresso em 2010

IMPRESSO NO BRASIL - PRINTED IN BRAZIL

PITÁGORAS E O TEMA DO NÚMERO

Mário Ferreira dos Santos

Edição coordenada por
Aluízio Rosa Monteiro Jr.

IBRASA
INSTITUIÇÃO BRASILEIRA DE DIFUSÃO CULTURAL LTDA.
SÃO PAULO

SUMÁRIO

Prefácio – Prof. Ricardo Rizek   13
Introdução   57

    I – O pensamento pitagórico   61
    II – Justificação do método usado neste livro   78
    III – Fragmentos pitagóricos   85
    IV – O pitagorismo na cultura grega   98
    V – O *arithmós* para Pitágoras, segundo a exegese comum   101
    VI – O número para Pitágoras   105
    VII – Número e ritmo   110
    VIII – Elementos para uma fundamentação concreta do pitagorismo   143
    IX – A harmonia   162
    X – Temas pitagóricos   167
    XI – Uma anotação de Jâmblico   169
    XII – O hieros logos   177
    XIII – O demiurgo de Platão e o pitagorismo   180
    XIV – Pitágoras e o homem   184
    XV – O sonho de Pitágoras   187
    XVI – As dez leis de Pitágoras   191
    XVII – A escada de Jacó   204
    XVIII – A matemática e o pitagorismo   206
    XIX – A filosofia de Pitágoras   212
    XX – Construção concreta do pensamento de Pitágoras   222
    XXI – A Criação para Pitágoras   230
    XXII – Versos Áureos de Pitágoras   234

Sobre o Autor   237
Obras do Autor   239

ADVERTÊNCIA AO LEITOR

Sem dúvida, para a Filosofia, o vocabulário é de máxima importância e, sobretudo, o elemento etimológico da composição dos termos. Como na ortografia atual são dispensadas certas consoantes (mudas, entretanto, na linguagem de hoje), nós as conservamos apenas quando contribuem para apontar étimos que facilitem a melhor compreensão da formação histórica do têrmo empregado, e apenas quando julgamos conveniente chamar a atenção do leitor para aqueles. Fazemos esta observação somente para evitar a estranheza que possa causar a conservação de tal grafia.

MÁRIO FERREIRA DOS SANTOS

PITÁGORAS E O TEMA DO NÚMERO

Mário Ferreira dos Santos

Com esta obra, a IBRASA amplia a sua linha editorial, lançando a Coleção "FILOSOFIA".

Pitágoras e o Tema do Número faz parte da vasta obra de Mário Ferreira dos Santos (relação completa consta no final do livro), que pode ser considerado um dos maiores filósofos brasileiros. Estas obras que são expressão da Filosofia Tradicional da Humanidade, a IBRASA pretende colocar no mercado.

O autor, neste livro, resgata Pitágoras, o filósofo de Samos, Grécia, no século VI a.C., contemporâneo de outros grandes profetas e filósofos, como Buda, Zoroastro, Confúcio e Lao-Tsé. Fundou em Crótona, na Magna Grécia (Itália) uma escola Iniciática que cresceu muito em seu tempo. Não deixou qualquer obra escrita.

(cont. na 2ª orelha)

COLEÇÃO "FILOSOFIA"

Com *Pitágoras e o Tema do Número*, do filósofo brasileiro Mário Ferreira dos Santos, a Editora IBRASA abre uma nova linha editorial.

A *Coleção Filosofia* tem a intenção de propiciar ao leitor o acesso a obras raras de grandes filósofos e pensadores de reconhecida autoridade e qualidade.

Filosofia e Sabedoria no sentido Tradicional, enquanto conhecimento do Imutável e das Idéias, permite o desenvolvimento de um saber profundo, gerando a possibilidade da compreensão das causas primeiras e dos princípios, assim como das ciências que delas derivam.

Filosofia em sintonia ética e moral com a Sabedoria em busca do Bem, do Belo e da Verdade : pois só é sábio o filósofo que vive o seu conhecimento. Saber é Ser.

Os Filósofos, enquanto amigos e amantes da sabedoria, pensam e se inspiram com o Intelecto/Coração e não somente através da razão.

Esperamos contribuir para que o homem do nosso tempo, possa resgatar, com estas obras, a transcendência do pensamento na construção de uma vida mais humana.

ALUÍZIO ROSA MONTEIRO JR.

PREFÁCIO

Pitágoras... Assim poderíamos iniciar um prefácio a um livro entitulado *Pitágoras e o Tema do Número*. Além ou aquém da dimensão icônica composta por seu nome e por reticências (extremamente propícia para retratar a dimensão inaugural da filosofia), a legitimidade de assim iniciá-lo assentar-se-ia no fato de que, dentro da tradicional divisão dos pensadores em "inventores" e "amplificadores do que por outros foi inventado", Pitágoras certamente não foi *amplificator*, mas *inventor*.

Embora este fosse, portanto, um começo extremamente válido, também seria um típico início de quem poderia, até inconscientemente, lavar as mãos frente ao que este livro significa, um livro não somente sobre Pitágoras e o pitagorismo, mas de um filósofo brasileiro *sui generis*, pitagoricamente consorciado com Pitágoras. Compartilhando da mesma fortuna, da mesma sorte do mestre de Samos, Mário Ferreira dos Santos foi um dos grandes receptáculos deste destino, um destinatário cuja limpidez jamais se adequaria ao refúgio de substituir o nome do destinador, Pitágoras, pelo nome de sua doutrina – o pitagorismo – ou pelo de seus seguidores – os pitagóricos (nomes que evidentemente ele utiliza, não para se privar do emprego, para alguns, arriscado, do nome do destinador). Não, por todo o livro encontramos um "Pitágoras diz que...", sempre a retratar, para além de sua forte convicção, a certeza inquebrantável de que Pitágoras realmente disse, a despeito de as fontes historiográficas serem irremediavelmente indiretas.

Não redundaremos, portanto, nessa contundente característica. Não pelo temor da redundância em si, a qual, observará o leitor, já praticamos (e praticaremos), mas simplesmente porque Ferreira dos Santos é, neste seu livro, tão central quanto Pitágoras. Em nome de tal

[13]

centralidade compartilhada, um outro começo para o prefácio deste livro poderia ser:
Mário Ferreira dos Santos ...
Um começo assim seria melhor porque, sem necessitar ser panfletário, faria justiça à importância da obra desse filósofo, uma obra enciclopédica que, mesmo já gozando de reconhecimento fora de nosso país, permanece aqui injustiçada quanto à equiparação mínima entre o grandioso empreendimento a que se propôs, e que cumpriu, e o prestígio que deveria ter. No entanto, a despeito da lacuna simétrica de, privilegiando um, faltar com outro, ainda estaríamos a furtar-nos a um diálogo crítico com o que cremos ser a essência deste livro, que é a de um Pitágoras pré-platônico, não no sentido usual do termo, mas, precisamente ao contrário, no de um antecipador já (ou quase) platônico que se desenvolveria em um Platão pitagórico. Ou seja, trata-se, para Mário Ferreira dos Santos, de um Pitágoras já plenamente metafísico, visto desde dentro do recinto estruturado da filosofia e, portanto, muito distante da ante-sala dos fisiólogos imanentistas pré-socráticos. Com esta perspectiva em mente, este Prefácio talvez devesse, então, assim iniciar:
Pitágoras, segundo a visão da filosofia pitagórico-tomista de Mário Ferreira dos Santos, ...
Por este início, estaríamos começando por já antecipar uma conclusão, abusivamente ofuscados pela nossa própria visão a respeito de uma determinada forma de ver Pitágoras, a de Ferreira dos Santos, já assim reduzida a um ponto de vista pelo nosso próprio. Aliás, a voz de nosso Autor, embora indiscutivelmente pautada por um tom escolástico, é exclusiva, no sentido de ser uma voz verdadeiramente dele (e será, evidentemente, o "canto chão" deste nosso exercício de contraponto), enquanto que a nossa, se é que pode ser caracterizada como exclusivamente nossa, está em outra tonalidade, embora tenha sido fortemente influenciada por Ferreira dos Santos.

Mesmo assim, e exatamente por isso, pretendemos compor aqui um diálogo crítico. É possível, à luz da disparidade de tons entre tais vozes, um contraponto entre ambas? Sim, mas somente se afirmarmos uma tonalidade geral unificadora e o caráter da totalidade. E como uma tonalidade é preposta pela armadura de clave já no início do pentagrama inicial, então, sem mais delongas, proclamamo-la: o tom é fenomenológico e o caráter determinado pelo andamento, heideggeriano – o que se faria evidente para todos que tenham "ouvido absoluto", o que absolutamente não é o nosso caso.

Mário Ferreira dos Santos é um filósofo totalmente identificado e comprometido com sua própria linguagem filosófica. Ele e sua linguagem falam obstinadamente por si mesmos. Esta é sua força. Não pretendemos amenizá-la, pois afinal estamos a prefaciar um de seus mais importantes livros. Mas, como tal identificação e compromisso destoariam em qualquer outra transposição ou afinação, deixaremos que a própria obra ateste a força da linguagem de seu autor.

O que irremediavelmente não podemos é poupar o leitor, neste Prefácio, de nossa própria visão. Não podemos, aqui, dissimular nossa voz já tão amena por não ser nossa, tanto porque ela é mais porta-voz que forte voz autônoma, quanto por sempre estar ostensivamente conjugada na primeira pessoa do plural, ou seja, de ser tal visão "nossa". Aqui, o pronome, para além do aprisionamento em um estilo, visa a "con-vocar" toda uma gama de vozes para dentro do nosso diálogo crítico com aquele que nos iniciou em Pitágoras. Convocamos estudiosos do pitagorismo e áreas cosmológicas afins, do porte de Ernest McClain, Joscelyn Godwin, David Fideler, Flora Levin, Cornélia de Vogel e Robert Lawlor, entre outros.

Em meio ao pensamento de todos estes (entre os quais *me* incluo com sincera humildade e reverência), há, sem dúvida, notas consonantes com a voz de Ferreira dos Santos, sem as quais se inviabilizaria qualquer contraponto. Há, no entanto, uma única nota, compartilhada por alguns daqueles, dissonante com este: embora concordem com um Platão pitagórico (mas *um*, e não *o*), eles, contudo, entendem os primórdios do pitagorismo dentro de uma suficiente perspectiva imanente, discordando, portanto, desta nota única e forte de Ferreira dos Santos, o Pitágoras implicitamente já platônico. Como uma das raízes mais profundas da filosofia de Mário Ferreira dos Santos é o preceito pitagórico de que há harmonia porque há desarmonia, e se não houvesse esta última não poderia haver a primeira, é através dessa dissonância que pretendemos alcançar uma harmonia mais profunda.

Falta ainda, contudo, explicitar uma última condição. Trata-se exatamente daquela que pode tornar mais verdadeiro este Prefácio: a condição de situá-lo, emprestando as palavras de Márcia Schuback, dentro de um testemunho específico e testemunhar segundo a verdade desta condição. Para isso, faz-se necessária a licença temporária de abdicar da primeira pessoa do plural.

Sou músico, logo penso. Nunca consegui libertar-me do pensar através da música (o que muitos consideram, espero que erradamente, uma falha na minha musicalidade), a ponto de, por inúmeras vezes, considerar abdicar da prática musical, trocando-a pela teoria, a mais pura possível, da música e da arte. Por sorte não o fiz. Sorte, porque pude atestar o quanto uma determinada forma de pensar estava ligada a esta prática.

Mas quanto aos estudos puramente teóricos, os quais jamais interrompi, não foi sem sofrimento que, aos poucos, aprendi a resposta (e tenho-a na ponta da língua) à obsessiva pergunta do deturpado pragmatismo contemporâneo: mas, afinal, para que serve esse estudo? A resposta é: para tudo e para nada; ou melhor, para tudo porque para nada.

Lembro-me de uma parábola de Chuang Tzu sobre uma árvore inútil, cujo tronco era tão torto e cheio de nós que ninguém conseguiria tirar dela uma só tábua. "Inútil?," pergunta Chuang Tzu. "Plante-a então em seu jardim, caminhe sozinho em torno dela e descanse à sua sombra. Nenhum machado ou decreto proclamará o seu fim. Inútil? O que me importa?"

Gradativamente, aprendi que tanto uma teoria pura da arte quanto a própria arte têm uma forma especial de poder, o poder do inútil. Entendi que é esta inutilidade que assegura a ambas as inúmeras funções úteis que podem ter. Compreendi, finalmente, que tal inutilidade é o que dá sentido a tudo que é verdadeiramente útil, pois tudo que serve para algo só mantém sua utilidade à medida que serve ao que não se presta para nada.

A teoria musical pura, por sua vez, levou-me a uma dupla fascinação: por uma simbólica pitagórica, fortemente matematizada e musical (geométrico-harmônica), na qual meus passos iniciais foram guiados através da obra de Mário Ferreira dos Santos, e por uma fenomenologia do tempo, pela qual me vi arrebatado graças a Martin Heidegger e Edmund Husserl.

No entanto, não me considero propriamente um profissional da filosofia. Penso dentro e a partir da arte, e mais especificamente da arte temporal por excelência, um tempo interior e não apenas cronologicamente dado. Graças a isso fui contemplado com graus de entendimento – parcos que sejam, mas plenamente meus – destes e de outros pensadores, dentre os quais se destaca um Platão músico e teórico da música. E quando me indagava, confrontando-me com meu despreparo no estudo sistemático e disciplinado da filosofia, sobre a proveniência destes graus de entendimento, por muito tempo relutei em admitir que a resposta estava lá, ao meu lado: minha vida musical. Não farei segredo, contudo, de que me tenho dedicado, por mais de duas décadas, às digressões musicais do pitagorismo, tomando este e a música no sentido mais amplo possível.

Com esta confissão, abandonamos, agora, todas as possíveis formas de inícios para começar do começo, vale dizer, para, finalmente, e com ares de um posfácio, principiar.

O AMIGO DA SABEDORIA NO CONTEXTO DE UM RETORNO AO PENSAMENTO ORIGINÁRIO

"É possível que, em um momento de serenidade, quem já atingiu uma idade avançada e sente o seu fim aproximar-se, comece a recordar o princípio de sua vida. Isso também ocorre com a filosofia." Com esta idéia singela, Wilhelm Weischedel inaugura *A Escada dos Fundos da Filosofia*, obra que sustentará, em todo seu percurso, a simplicidade dada pela intenção pedagógica e panorâmica de sua proposta. Nesta idéia subjaz uma estrutura, um tema primordial que tem sido, no percurso da história do Ocidente, indefinidamente variado, incluindo, no âmbito gerado por tais variações, até mesmo as que, embora providas pelo tema, o negaram.

Não é por acaso que, aqui, utilizamos uma expressão morfológico-musical, "tema e variações", ao referir-nos a tal estrutura, uma vez que se trata de uma forma dinâmica envolvendo transformações que entrelaçam mudança e permanência no transcurso inexorável do fluxo do tempo. Como se houvesse um *páthos* nessa "música" cósmica (quiçá um *páthos* do próprio tempo enquanto vertente fundamental do cosmos), ela transmite-nos um sentimento nostálgico, ou seja, nela (ou em nós, ou nela através de nós) encontramos um anseio de retorno, após a peregrinação pelas múltiplas variações, ao tema original. O aparente anseio deste tema ou estrutura de resgatar-se responde a um outro, o de entregar-se à atualização das transformações nele contidas em estado latente. Pois, o próprio tema, em toda música bem construída, orientada pelo princípio de variação, já deve conter em si mesmo as motivações estruturais que potencialmente conclamam as transformações que se atualizarão.

Por ensejar, através de suas mais íntimas articulações de estrutura, um movimento de perda de sua configuração inicial, é mais do que justo, então, subordinar tal ensejo à necessidade de um recolhimento final, ou seja, de um resgate da dimensão temática originária para além da própria configuração inicial. Atualizado, qualificado e enriquecido pela totalidade do ciclo de variações, este resgate, quando suficientemente desvelado, por e para nós, como um projeto a ser realizado, revela-se como a derradeira causa da própria perda inaugural.

Nos primórdios do pensamento originário, Anaximandro de Mileto (como Pitágoras, um discípulo de Tales) não poderia deixar de prefigurar nosso tema temporal com sua famosa sentença, a mais significativa que nos sobrou. Para abordá-la no âmbito deste Prefácio, citamos o texto comumente aceito, a tradução do jovem Nietzsche em *A Filosofia na Época Trágica dos Gregos*, apesar das ressalvas apontadas pela leitura hermenêutica de Heidegger: "De onde as coisas têm seu nascimento, para lá também devem afundar na perdição, segundo a necessidade; pois elas devem expiar e ser julgadas pela injustiça, segundo a ordem do tempo."[1]

Sem adentrar maiores significados, podemos, não mais que topicamente, concluir: a morte, por retirar um determinado ser da existência, pode ser entendida como sendo *o* recolhimento, que se dá no mesmo "lugar" da fonte do surgimento, de onde havia emanado o emergir existencial; a morte, longe de arbitrária e acidental, é o meio necessário para a expiação do desequilíbrio, ou seja, da culpa inerente à própria vida, em seu injusto anseio aguerrido de perpetuar-se, de manter-se em movimento; a morte é a decisiva resposta às demandas acumuladas por respostas parciais geradoras de demandas sempre parcialmente respondidas; ela é uma propensão para a justiça divina, um retorno qualificado pela jornada, um propender que conclama um "re-pender", um arrependimento.

Na pressuposição do tempo como portador de um projeto – seja esta, ou não, uma mera projeção humana de significado –, pressentimos a insuficiência de sua concepção excludente como inflexivelmente linear. A similaridade estrutural dos eventos, além ou aquém de seus contextos (sempre únicos e intransferíveis), pode ser atestada pelas mais elementa-

---

[1] Heidegger. M. A Sentença de Anaximadro. In: *Os Pré-socráticos*. Trad.: Ernildo Stein, São Paulo: Ed. Abril Cultural, 1978, p. 19.

res percepções. Tanto em nossas vidas quanto nos fatos naturais observáveis, podemos testemunhar uma certa ciclicidade, uma periodicidade, regularidades, mesmo que, como Bertrand Russel, consideremos a uniformidade da natureza, longe de uma certeza absoluta, não mais do que uma probabilidade. Em suma, percebemos parte das regras que permeiam o inextricável jogo cósmico, uma parcela de sua dimensão lúdica, de sua "ineludível" ilusão.

Justificável porém perigosamente, somos tentados a reunir, a tornar coincidentes início e fim, nascimento e morte, e, mais radicalmente, origem e destino, sem nos dar conta de que, com tal identificação, ao tornar idênticos estes extremos, exageramos pelo outro lado. Pois com a perfeita, e simetrista, união dos extremos de um segmento, incorremos em uma enganosa circularidade, como se a existência fosse constituída, em um enrijecido "eterno retorno", de um mesmo espetáculo que se repetiria em horários diferentes, em uma perigosa simplificação da idéia geral de ciclo.

Círculo e ciclo são, sem dúvida, idéias afins. Mas, em tal afinidade, subjaz uma diferença crucial, tanto mais crucial quanto maior o teor de semelhança. No movimento circular, encontramos repetições literais. O objeto que, por ele, se desloca está fadado, de forma determinista, ao retorno exato à sua posição inicial, passando a repetir as outras já percorridas. Nele, portanto, exacerba-se o princípio de identidade. No entanto, a despeito do fato de não cessarem de repetir-se, ainda temos, no movimento circular, um certo índice de alteridade, à medida que um tal deslocamento percorre um conjunto de posições diferentes dentro dos 360 graus do círculo desenhado pela peregrinação do objeto; porém, no seu menor grau, na ordem geral dos movimentos. Já o movimento que, por suas posições sempre diferentes, traduz um elevado teor de alteridade é o que se processa de forma puramente linear, por uma linha reta unidirecional. Um objeto qualquer que, por ele se deslocasse, percorreria posições previsíveis, em sua sucessão linear, mas que jamais se repetiriam.

Compondo ambos, fundindo circularidade e unidirecionalidade linear, encontramos, como uma mediedade deles resultante, o movimento cíclico, que articula, de forma mais ou menos equilibrada, identidade e diferença. Um objeto que se deslocasse por um movimento espiralado percorreria posições diferentes, porém sempre, em algum nível, análogas a outras posições já percorridas. Em ciclos como o dos dias e noites, dos meses e estações do ano, e nos biológicos que os acompanham, há repetição por similaridade, na qual nem a diferença nem a identidade preponderam de forma total. Círculo e ciclo diferem na medida em que o segundo não necessita abdicar da dimensão linear – que, sem dúvida, o tempo efetivamente tem –, mas apenas despoja-a de sua inflexível excludência, integrando-a nas formas dinâmicas helicoidais e espiraladas. Tais formas geométricas, por fundirem o circular e o linear, são as mais adequadas para estruturalmente simbolizar nossa pressuposição de uma ciclicidade do projeto temporal.

A nostalgia, o desejo ardente por um retorno, ou seja, a idéia de um ponto de chegada atualizado e qualificado pela totalidade de uma longa jornada, que só em seu fim se desvela programática, talvez explique a ostensiva retomada de um interesse pelo pensamento originário dos pensadores dos primórdios. Tal "inter-esse" – ou seja, nas palavras de Heidegger, estar em meio às coisas e permanecer com elas[2] – é curiosamente sustentado e enriquecido, tanto pela impossibilidade de precisão historiográfica na biografia de seus autores quanto pelo caráter fragmentário, sintético e profundo, das isoladas sentenças milenares. Suas biografias são fantasias lendárias que nos cobram uma abordagem historial provida com exígua historiografia; suas sentenças, um oceano insondável e inextricável de implicações que exigem uma conexão com a determinação primordial que fez despontar o pensamento como um assunto dele mesmo.

Propendemos aos pensadores primordiais, primeiramente, pelo pressentimento de um necessário fechamento de um ciclo. Ansiamos, em meio ao nosso cansaço, pela suprema originariedade: o despontar de uma nova mas essencial experiência primordial com a linguagem e, portanto, com o pensar.

Em meio a um pensamento que já não é mito, embora ainda impregnado por este, mas que também se mantém na ante-sala de qualquer sistematicidade metafísica determinante de toda e qualquer cosmovisão específica, a lendária figura de Pitágoras, aquele que se denominou amigo da sabedoria, eleva-se às alturas do provável nascimento da antiga palavra *philosophía*.

---

[2] Heidegger, M. *Que Significa Pensar*. Trad.: Haraldo Kahnemann. Buenos Aires: Editorial Nova, s.d., p. 10-1.

Devemos distinguir *philía* de outros tipos fundamentais de amor. Diferentemente dos tipos associados à *epithymía*, *éros* e *agápe*, Paul Tillich, corretamente traduzindo *philía* por amizade (tal como o faz Heidegger), define o amor a ela vinculado como "o movimento do igual em direção à união com o igual". Será que, a partir disso, poderíamos concluir que existe uma apetência natural, dada e espontânea, entre o amigo da sabedoria e esta última?

Encontramos no *Novo Testamento* o termo *agápe* ligado ao amor divino, independente dos estados contingentes, mutáveis e parciais. Em sua universalidade, ele "não exclui nem prefere, mas aceita o outro apesar de sua resistência." A sabedoria, enquanto ser, parece exercer este tipo de amor, dispensando seus dons, emanando sua dádiva. Caberia, então, ao ente por excelência, o homem, em sua relação com ela, uma aspiração ascendente, erótica, que o tornaria mais um amante que propriamente um amigo, ou seja, caberia ao homem, nas palavras de Tillich, "um movimento daquele que é inferior em poder e sentido para aquele que é superior."[3]

Dessa forma, "o movimento do igual em direção à união com o igual", além de implicar certa alteridade entre os iguais, sugere, nesta alteridade, um desnível, uma distinção de planos entre os aspirantes. A igualdade, por não ser identidade, pressupõe a alteridade, a diferença, o que lhe confere um caráter ativo intensificado pela distinção hierárquica de níveis. Da parte do amigo da sabedoria, tal atividade é um esforço, um trabalho com o suor da fronte pelo pão, pela manutenção atenta da tendência à união, sempre em um tenso diálogo, constante e simultâneo, com sua contraparte essencial, a tendência à separação.

Todas estas considerações, no entanto, não impedem que, entre tais planos (distintos, mas não realmente separados), se dê a "co-laboração" de uma *mediatrix*, a forja mútua de uma mediedade ativa. *Philía* talvez caracterizasse este ponto médio, ponto no qual se daria, nas palavras de Martin Buber, a realização concreta da relação do "tu" humano para o "Eu" divino, e do "Tu" divino para o "eu" humano[4], uma meta alcançada por aqueles misticamente denominados – na linguagem devocional judaica, cristã e islâmica – "os amigos de Deus".

---

[3] Tillich, P. *Teologia Sistemática*. Trad.: Getúlio Bertelli. São Paulo: Edições Paulinas, 1987, p. 234-5.
[4] Buber, M. *Eu e Tu*. Trad.: Newton Aquiles Von Zuben. São Paulo: Ed. Moraes, 1977.

Neoplatonicamente, *sophía* foi concebida como "emanação hipostática". Sábia, a sabedoria esparge seus dons e "a-guarda", ou seja, espera recolhendo. Nesta concepção, ela, enquanto aguarda o amigo, dele é amiga, de forma recíproca e antecedente. Por qualquer caminho, a amizade não é, portanto, unilateral. No entanto, e exatamente por isso, mesmo não sendo a amizade um feito de um determinado pensador (o que, como afirma Heidegger, caracterizaria uma imprópria unilateralidade), cabe a este tornar-se capaz de assemelhar-se ao que, em princípio, se lhe assemelhava, capaz de alçar-se à altura de receber a dádiva, e corresponder a tal dom, por esta recepção, com a totalidade de seu ser.

Tal como nos conta Jâmblico em *A Vida de Pitágoras*, a este atribui-se a criação do termo *filosofia*[5]. Ao lado de muitos outros méritos, reconhece-se, entre eles, o de ter proposto, acompanhado de seus seguidores, uma inaugural teoria do número extraída de operações relacionais implicitamente apresentadas pelos mitos, que se constituiria em uma linguagem matemática para a incessante criatividade cosmogônica, entendida como divina, que permeia toda atividade cósmica. Talvez pudéssemos, legitimamente, dar uma formulação àquilo que, na forma de uma suprema dádiva recebida, faz justiça à cunhagem do termo *filosofia* no contexto da profundidade do pensamento originário e da conexão deste com o que constitui o a-se-pensar: o de ter-se tornado capaz de amizade, capaz de tender e manter-se atento ao que nele essencialmente tendia. Foi pela recepção ativa de uma tal dádiva primordial que ele orientou pedagogicamente toda uma enorme comunidade órfica de discípulos e, indiretamente, influenciou e inspirou, para sempre, toda a subseqüente história – filosófica, religiosa, artística e científica – da cultura ocidental.

Ficção e história na questão sobre a existência de Pitágoras

Pitágoras nada escreveu. Dele, grande parte das notícias foram registradas em séculos posteriores (distando em muitos séculos, tal como é o caso de sua biografia escrita por Jâmblico na passagem do séc. III para o IV de nossa era). A significância destas não reside, nem poderia, em possíveis conteúdos historiográficos sobre sua vida e obra. Tal como o

---

[5] Jâmblico. The Life of Pythagoras. In: *The Pythagorean Sourcebook and Library*. Trad.: Kenneth Silvan Guthrie. Grand Rapids: Phanes Press, 1987 p. 70.

faz Heidegger com Heráclito, devemos ter em consideração, antes de mais nada, a própria perdurabilidade de tais "estórias"[6]. O fato de terem por tanto perdurado distancia-as de ficções arbitrárias, vinculando-as, portanto, a um determinado propósito: quiçá como o único meio capaz de ajustar-se ao plano de realidade almejado, tais ficções "in-formantes" disponibilizariam, conforme a capacidade de leitura dos indícios nelas presentes, o despontar de uma nova e primordial relação com a totalidade dos entes, relação única que, ao apontar para a maneira especificamente ocidental de olhar para *phýsis*, fisiologicamente, implica também, como contrapolo desta forma de visão, a prefiguração do âmbito distinto daquele que vê, o homem, daí em diante entendido antropologicamente.

Trata-se, portanto, de um "estado de nascedouro", estado não de todo capturável, porque, não tendo ainda adentrado o recinto estruturado de uma filosofia, aponta para o capturável, e prefigura-o.

Só a ficção poderia arriscar a captura da incapturabilidade de um estado de nascedouro. Só a ficção pode propor o emergir inaugural do Ocidente sob a forma de supostos eventos "biográficos". E, acima de tudo, somente ela pode narrá-los como se eles nos dissessem respeito, como se estivessem nos "in-formando" sobre uma jornada que somente é decodificada quando é, por cada um de nós, percorrida.

Com Jose Loritte Mena, na sua obra *El Parménides de Platón: Un Diálogo de lo Indecible*, aprendemos a conferir o verdadeiro valor da ficção, através de seus esclarecimentos sobre as diferenças entre, tal como ele utiliza as expressões, "ficção in-formante" e "de-formante"[7]. Graças a Henri Corbin, em *Creative Imagination in the Sufism of Ibn 'Arabi*, podemos conectar estes dois níveis ficcionais sobrecitados a duas dimensões da faculdade imaginativa: uma ativa, criativa, outra passiva, meramente reativa; a primeira apetente ao plano *imaginal*, designação cunhada por Corbin, a segunda, ao imaginário[8].

Martin Heidegger, em variados artigos seus (especialmente em "A sentença de Anaximandro" e "Tempo e Ser"), ensinou-nos a fundamen-

---

[6] Cf. Heidegger, *Heráclito*. Trad., Marcia Sá Cavalcante Schuback. Rio de Janeiro: Ed. Relume Dumará, 1998.
[7] Cf. Mena, J. L. *El Parménides de Platón, un Diálogo de lo Indecible*. Bogotá: Fondo de Cultura Econômica de Colombia, 1985.
[8] Cf. Corbin, H. *Creative Imagination in the Sufism of Ibn 'Arabi*. Trad.: Ralph Manhein. Princeton: Princeton University Press, 1981.

tal distinção entre história e historiografia, ou seja, entre o caráter historial de uma "história do ser" – a história pensada a partir de seu próprio ser, enquanto exercício do destino no destino – e o historicismo sustentado pela factibilidade dos fatos, sustentado por uma historiografia verificável – a história entendida como uma enriquecida disciplina específica, segura sobre o muito que efetivamente acumula em saber, e ignorante, contudo, de sua própria essência (e isso para poder ser a ciência determinada que se propõe a ser).

Finalmente, foi com Marcos Martinho dos Santos que aprendemos sobre a origem etimológica da palavra "ficção", a qual provém do verbo latino *fingere*. Deste "derivam tanto 'ficção' (< lat. *fictio*) como 'figura' (< lat. *figura*), de modo que 'ficção' signifique 'figuração'." "No sentido próprio, *fingere* pertence a um grupo de verbos que se referem às artes plásticas. Daí, distingue-se de *pingere* ('pintar'), pois este refere-se à arte de representar algo na superfície de um material, aplicando-lhe cores, ao passo que *fingere* se refere à escultura, isto é, à arte de representar algo no próprio volume do material, plasmando-o. Daí, distingue-se de *scalpere* ('esculpir'), pois este refere-se à arte de plasmar um material talhando-o, ao passo que *fingere* se refere à arte de plasmar um material moldando-o. Daí, distingue-se de *fabricari* ('fabricar'), pois este refere-se à arte de moldar materiais duros, como o ferro e o bronze, ao passo que *fingere* se refere à arte de moldar materiais moles, como argila e cera."

Depois de todo este magnífico contorno pela dimensão plástica (a modelação de *imagens* icônicas em materiais brandos) da raiz etimológica de "ficção", Martinho dos Santos demonstra a aplicação de *fingere*, no sentido figurado, à matéria sonora, matéria mais amoldável do que qualquer outra, isto é, à palavra e, daí, à arte poética e oratória. Por este caminho, ele chega à equiparação deste verbo latino com o grego *poieîn* (fazer), "de que derivam *poíeses*, *poietés* e *poíema*, de modo que poesia seja figuração, poeta seja figurador, poema seja figura"[9].

Citamos estas quatro esferas de um mesmo aprendizado (desde o nosso ponto de vista) com o propósito de contextualizar a questão sobre a existência de Pitágoras. Mário Ferreira dos Santos, abre o capítulo introdutório deste seu livro com a contraposição do lendário e ficcional ao histórico. Temia ele que a dimensão ficcional fosse, como muitos o

---
[9] Martinho dos Santos, M. Artigo inédito.

fazem, tomada de refém por aqueles que, de forma extremamente suspeita, militantemente argumentam a inexistência deste que é um dos fundadores do Ocidente. Como o campo ficcional é fértil em assimilar demandas projecionais que cada contexto histórico tende a agregar sob a forma de novos dados, adequados às novas necessidades culturais de interpretação de uma figura lendária que lhe é importante, poder-se-ia, então, afirmar que tal temor, ao menos relativamente, se justifica.

De fato, quando nos restringimos à historiografia, a falta de comprovação justifica as dúvidas sobre a existência historiográfica de Pitágoras. Ao contrário de uma determinada existência, uma inexistência, contudo, é difícil de ser atestada. O normal é o levantamento de dúvidas sobre uma *improvável* existência.

Dúvidas não decidem, mas cobram decisões. Especialmente quando as dúvidas apontam para uma forma específica de inexistência, a inexistência sob o ponto de vista historiográfico – que não é necessariamente o histórico em seu enlace essencial com a dimensão historial da história –; especialmente quando a existência historiograficamente questionada pode ser historialmente atestada pelos grandiosos efeitos de uma obra de dimensões civilizatórias (como a que a doutrina pitagórica incontestavelmente engendrou), então, tais decisões, que decidem sobre uma dúvida que se impôs por falta de dados historiográficos, integram o amplo campo das convicções.

Amplitude, contudo, ainda não é profundidade. Uma instância lendária pode ser uma imaginária resposta coletiva a lacunas historiográficas. Apenas responder a tais lacunas confere um papel menor à ficção. Por tal tipo de resposta, sem dúvida, deturpações, motivadas pelas necessidades de recontextualização sócio-cultural, podem adentrar o espaço relativamente aberto de uma lenda. Mas, mesmo aí, a inclusão de dados culturalmente novos e supostamente impertinentes ainda obedece a uma adequação possível, determinada, de certa forma, pelo outro lado, ou seja, pela dinâmica estrutural da abertura intrínseca do espaço lendário. A própria lenda porta a capacidade de comportar os dados que lhe serão inclusos.

No que tange à recepção dos novos significados passivamente atribuídos, a adaptabilidade que comporta um protagonista lendário do porte de Pitágoras retrata às avessas sua capacidade de continuar a emitir significados, e, por eles, continuar cordialmente a pulsar em outros tempos e contextos culturais. Não é este quase o mesmo caso, ressalvando as mais que justas diferenças de contexto, daquele que também padece dúvidas sobre sua existência historiográfica e que o próprio Ferreira dos Santos, dada a inequívoca intenção fusional entre tomismo e pitagorismo de sua filosofia, põe em comparação neste mesmo capítulo introdutório, ou seja, o caso do mestre, cujos efeitos de sua obra situam-no como cofundador de nossa civilização, e que também nada escreveu? Não é este exatamente o caso de Jesus?

Tal como aponta Mário Satz, só a contraparte ativa do vigor radiante de Jesus enquanto arquétipo eterno de mestre, redentor e *imago Dei* – uma transbordante irradiação arquetípica não adestrável por nenhuma coercitividade doutrinária – pode explicar, em comunhão com a necessidade projetiva dos fiéis, obediente ao tempo, que um mesmo e unívoco Jesus se desdobre na sucessão temporal em um Jesus apostólico, um patrístico, um cosmocrata e bizantino, um românico, um gótico e um renascentista; e que, na simultaneidade de diferentes culturas cristãs, um Jesus seja moreno, outro loiro, um terceiro ruivo, e, finalmente, para além de dados raciais, um xamã de características tribais africanas, um revolucionário de feições sul-americanas, e um outro, europeu, fundamentador teocrático de setores da *Opus Dei*[10].

Todos estes, diagnostica Satz, não deixam de ser Jesus na exata medida em que Jesus não é nenhum deles. Ao nosso ver, com a figura de Pitágoras ocorre um funcionamento análogo, um funcionamento que, ao menos em parte, poderia explicar não somente a unidade em meio à multifacetação de sua figura, como também a existência de outros Pitágoras, ou seja, de outras pessoas que assim se autodenominaram ou receberam este nome, não por acaso ou deturpação, mas, sim, por uma "assinatura de escola" (ou, como Ferreira dos Santos aponta neste mesmo livro, um título dado a quem atingiu um elevado grau iniciático), ou ainda por acreditarem ser uma reencarnação do original – dado que ganha relevância quando, frente à presença do elemento transmigracionista na visão grega da jornada anímica, vemos um líder neoplatônico do porte de Proclo (séc. V d.C.), último encabeçador da Academia fundada por Platão em 386 a.C., declarar ser uma reencarnação, con-

---

[10]Satz, M. *O Dador Alegre*. Trad. Euclides L. Calloni. São Paulo: Ed. Ground, 1991, p.23.

forme uma mensagem recebida em sonho, da alma de Nicômaco de Gerasa (séc. II d.C.)[11].

O papel mais significativo da dinâmica ficcional, no entanto, não é passivo, mas ativamente criativo. Não é uma resposta exterior do imaginário coletivo às sobrecitadas lacunas historiográficas, mas, sim, uma proposta interior e imaginal que se perfaz através do espaço da interpretação pessoal, ou seja, o espaço íntimo e profundo da imaginação criadora. Trata-se de uma proposta que se dá desde dentro da instância lendária, proposta ao mesmo tempo pessoal e universal de alguém que, ao testemunhar uma "estória" por si e, acima de tudo, em si, percorre em sua interioridade a estrutura de todas e cada uma das etapas de tal "estória", e vive, a cada estágio, os conteúdos desta. Mais uma vez, juntos com Mario Satz, exemplifiquemos através da figura de Jesus.

Perante a separação física empreendida pela cronologia linear, nenhum cristão, por exemplo, conhece a Jesus pessoalmente, e todo cristão só pode, e deveria, conhecer pessoalmente a Jesus, conhecer pessoalmente a "pessoalidade" divina por ele presentificada. Para explicar a dimensão fundamental de tal conhecimento, Satz cita *1 Coríntios 4.5*, onde São Paulo, empregando a palavra grega *egénisa*, fala de um gerar em relação ao crístico de Jesus. E Satz assim conclui: "Se para conceber o que Jesus quis representar e transmitir é preciso *engravidar* e dá-lo à luz, exige-se de cada um de seus eventuais discípulos um processo embriológico *às ocultas* consigo mesmo antes de ver a luz que ele viu"[12].

A conquista alquímica de um pleno estado de recepção torna um discípulo capaz de engravidar-se, de gestar seu mestre nele interiorizado, de alimentá-lo com seu próprio ser, e, exacerbando a criatividade imaginal que já vinha perfazendo este processo, de partejá-lo e conduzir tal fruto ao amadurecimento de uma exteriorização, de uma manifestação objetiva, uma manifestação capaz de ser compartilhada por todos aqueles, e somente por aqueles, que tenham alçado o mesmo nível de devoção, de concentração intelectual, espiritual, noética.

Ferreira dos Santos, no mesmo capítulo introdutório, informa-nos da descoberta, no início do séc. XX, de um sítio arqueológico que atesta a existência de um templo pitagórico no primeiro século de nossa era. Sua

---
[11] Cf. Levin, F. Introduction. In: *The Manual of Harmonics, of Nicomachus the Pythagorean*. Trad.: Flora R. Levin. Grand Rapids: Phanes Press, 1994.
[12] Satz, M. *op. cit.*, p.24.

declarada intenção é a adição de uma informação histórica sobre uma prova historiográfica a mais da provável existência de Pitágoras. De fato, a descoberta em questão é significativa quanto a dimensões do pitagorismo e de toda uma vida, sustentada no transcorrer de séculos, empreendida por sucessores, seguidores e discípulos de Pitágoras, amantes deste amante da sabedoria, e, pelos ensinamentos dele, praticantes do amor por ela, os quais compartilhavam a inequívoca certeza de sua existência. Talvez pela própria grandiosidade historial de sua existência, Pitágoras resista e venha sempre a resistir à historiografia. Sua existência historiográfica, quando muito, continua a ser uma probabilidade, e o resultado historiográfico da sobrecitada descoberta não ultrapassa a existência de um templo que dista em setecentos anos da suposta vida do mestre.

O mais importante, então, seja, quiçá, a sempre arriscada decisão de versar tão convictamente, como o faz Ferreira dos Santos, sobre a existência de Pitágoras, mesmo que tal bela e profunda convicção, a convicção do verdadeiro pitagórico que ele é, ainda tivesse que se desvelar no confronto com a historiografia, e, para além deste, pudesse até mesmo, ao nosso ver, ser enriquecida pela suposição historiográfica da provável inexistência do mestre. Expliquemo-nos.

Marcia Sá Cavalcante Schuback, leitora profunda de Heidegger – e habilitada ao ponto de traduzir o magistral curso deste último, *Heráclito*, obra através da qual tivemos o privilégio de intelectualmente conhecê-la –, com as adequadas palavras de seu trabalho, *A Doutrina dos Sons de Goethe a Caminho da Música Nova de Webern* (um trabalho de seleção, tradução e comentários), pode ajudar-nos. *Imaginando* uma conversa entre Goethe e Anton Webern (este último fortemente influenciado, tal como um verdadeiro discípulo, pelo anterior) através do entrelaçamento dos respectivos textos de cada um destes autores, ela situa esta imaginada conversa em um "outro tempo", "no tempo da interpretação", ou seja, para além do "tempo histórico dos fatos, definidos pela medição precisa de um tempo e lugar." Citaremos agora um trecho da autora sobre este "outro tempo", permeando-o com alguns comentários

"No tempo da interpretação, a conversa entre criadores de tempos distantes, distintos e impossíveis de serem alcançados cronologicamente não deve ser entendida como uma conversa imaginária, mas como imaginação. A imaginação não é uma fraqueza do entendimento, que começa onde acaba o entendimento e as suas ciências, dentre elas a ciência historiográfica. (...) A pretensão de que o entendimento nada possui de imaginação talvez seja a única grande fraqueza do entendimento. E como toda fraqueza quer sempre esconder-se, a ciência, com seu ideal de exatidão, *finge* não ser imaginação a imaginação que deveras a sustenta." (grifo nosso)

O trecho citado começa pela primorosa distinção de "conversa imaginária" e "imaginação", destacando esta última como meio para o encontro, impossível na linearidade cronológica, de criadores separados pelo tempo. A imaginação não é um ornamento, uma bordadura do entendimento, mas a raiz deste último. Os percalços históricos que levaram a ciência a recalcar a base imaginativa do entendimento, culminaram no citado fingimento (enquanto ficção de-formante): a separação tanto entre dois mundos (que deveriam ser duas facetas de um mesmo mundo intermediário), o da inteligibilidade e o *mundus imaginalis*, quanto entre das faculdades humanas de "inteligir" e imaginar, uma única separação que faz o entendimento tender à palidez conceptual.

"Provar alguma coisa não é muito difícil. Basta escolher as premissas e encontrar os meios. Difícil é ter uma convicção, é saber-se testemunho e testemunhar segundo a verdade desta condição. Não há fato sem versão, não há dado sem imaginação e interpretação. Difícil é pois entender que em toda compreensão histórica opera sempre a imaginação, a possibilidade, um tempo em devir."

O aparato formal da demonstração de uma "verdade", a escolha de premissas e meios enquanto uma operação técnico-epistêmica não mais do que relativamente difícil, não se equipara à dificuldade da tensa composição entre uma aspiração à verdade e a transparência da forma que traduz tal verdade e do próprio olhar no qual esta aparece. A verdade desta condição, ou seja, a convicção da plena assunção do saber-se testemunho e assim testemunhar, torna a opacidade de um mero ponto de vista olhar translúcido, um olhar que "transvê", vê, através da configuração dada, uma outra por esta prometida.

A estrutura geométrica quase perfeita presente em uma rosa promete sua plena perfeição para além da extensão de passado, presente e futuro, ou seja, para além das etapas cronológicas de imaturidade, apogeu fugaz e decadência. O tempo em devir presente sob a forma de uma promessa não é um futuro enquanto extensão cronológica, mas o futuro acenado que se dá através da imaginação, um futuro que poderia inserir-se na concepção de tempo que Ferreira dos Santos denomina como intensista.

"História é imaginação não porque pode ser escrita em estilo poético e nem porque pode chegar a reconhecer que precisa inventar certos sentidos por falta de testemunhos. É imaginação porque constituindo a vida do homem, inscreve o passado no presente a partir de uma perspectiva de porvir, desde uma estrutura de sentido, não sendo arqueologia do morto, mas poética do sempre possível. Quando se assume a história como poética do possível e, assim, como a integração de passado e presente numa imaginação de futuro, pode-se perceber que autores de épocas diversas podem ser contemporâneos. (...) O tempo da contemporaneidade ultrapassa o lugar preciso de uma sucessão de tempos. Define-se mais como ritmo e pulsação do que como linearidade temporal.[13]"

Esta última seqüência do trecho que nos foi irresistível citar, e que tão primorosamente relê o tempo histórico à luz de uma concepção musical do tempo, fala por si mesma. Fala-nos da necessidade intrínseca da transfiguração poética do tempo, uma transfiguração que não responde à carência de "certos sentidos por falta de testemunhos." Responde à necessidade de uma vertical aproximação mútua que se dá pelo descenso corporificador de "uma estrutura de sentido", presentificada através de uma não-linear e imaginada "perspectiva de porvir", e pelo ascenso sutilizador da cronologia temporal que integra "passado e presente em uma imaginação de futuro."

Através da imaginação do tempo, aproximamo-nos do tempo da imaginação, ou seja, através do exercício da faculdade da imaginação ativa, conectamo-nos com o *mundus imaginalis*, uma faculdade e um mundo que enraízam e contrafaceiam o "inteligir" e a inteligibilidade na constituição, pelos sobrecitados movimentos ascensional e descensional, de um mundo intermediário entre a sensibilidade corpórea e a intelectividade espiritual. Estes dois movimentos, que pela aproximação mútua se desvelam como um único e simultâneo, repousam tensionalmente em uma nova forma de contemporaneidade, a contemporaneidade de um intensista tempo interior e musical, criativamente forjado e criativo, e não apenas cronologicamente dado. Atualizada mais como ritmo e pulsação, ela

---

[13] Schuback, M. S. C. *A doutrina dos sons de Goethe a caminho da música nova de Webern*. Rio de Janeiro: Ed. UFRJ, 1999, p. 8-10.

ultrapassa e compreende, pela "poética do *sempre* possível", a linearidade temporal. Somente a imaginação, enquanto poética do sempre possível, é capaz, para além de toda lembrança, de uma especial "re-cordação" do passado à luz de uma especial esperança de futuro, uma esperança que, para além de toda expectativa, nas poéticas palavras de São João da Cruz, tanto espera quanto alcança. Sob a luz da imaginação de um futuro, ou seja, do vislumbre de uma promessa que se cumpre enquanto promete e promete enquanto se cumpre, tal recordação separa-se abismalmente da memória entendida como uma faculdade psicológica, cognitiva. Pois o recordar guiado pela imaginação, ao colocar o coração no passado, traz este para a mesma pulsação cardíaca da contemporaneidade.

Mário Ferreira dos Santos, sem dúvida, aceita a dimensão ficcional da biografia de Pitágoras, e lida tranqüilamente com ela. Por todo seu livro, encontramo-lo colhendo e interpretando, a partir de todas as fontes disponíveis, os indícios assumidamente lendários desta. Outra coisa não poderíamos esperar de um filósofo que criou uma personagem filosófica, de grande atividade intelectual e jornalística, sintomaticamente denominada Pitágoras de Melo, cuja autonomia criativa adquiriu tal desenvoltura que, como um mestre partejado a partir do interior de seu criador, passou a modelar, segundo suas próprias palavras, quem o havia criado.

Nossa única ressalva, portanto, situa-se na aceitação de antemão de um confronto de ficção com a questão historiográfica. Como, segundo Heidegger, a historiografia, mesmo não constituindo "uma relação suficiente com o historial no seio da História", talvez seja "um meio incontornável de presentificar o historial"[14], poder-se-ia, então, inconclusivamente concluir que, do ponto de vista historiográfico, deve ter existido *um* Pitágoras. Mas isso não impede que *o* Pitágoras, mais verdadeiro que o historiográfico, exista e tenha existido para quem nele crê, dotando-lhe ou não com existência historiográfica, tal como Pitágoras de Melo inequivocamente existiu para Ferreira dos Santos, e pode existir para todos aqueles que conheçam e compartilhem a força de sua convicção.

Pitágoras, contudo, resiste à historiografia. O primeiro e mais decisivo sintoma disso leva-nos de volta ao fato que, há pouco, colocamos. Em uma época em que seus contemporâneos escreveram, e que nos legou preciosos fragmentos (como os de Tales e o de Anaximandro), aquele a

---
[14]Heidegger. M. A Sentença de Anaximadro. In: *Os Pré-socráticos*. Trad.: Ernildo Stein, São Paulo: Ed. Abril Cultural, 1978, p.22.

quem é atribuído o nascimento da palavra *filosofia*, perante a coaguladora força historiográfica da escrita, Pitágoras, um dos mestres do Ocidente, nela não se refugiou: ele nada escreveu. Este não-escrever deve ser entendido como indício de algo muito maior. Pois mesmo que tivesse escrito – e a ele alguns atribuem o *Hieròs Lógos*, um texto que não nos chegou e que, na suposição de existente, Ferreira dos Santos deduz não ultrapassar de um livro de máximas simbolicamente escritas –, isto não diminuiria o que, aqui, seu não-escrever simboliza: que o brilho primordial de seu empreendimento jamais caberia dentro de um registro historiográfico. Mais do que nunca incitando nossa imaginação, luminosos indícios lendários, articulados pelo propósito de traduzir este fulgor, foram-nos generosamente transmitidos pela dimensão ficcional de sua biografia.

Hoje, nossa cultura, qualitativamente esgotada, mais do que nunca para Pitágoras se volta em busca de seu pleno brilho primordial. Tal brilho, pela incomparável ofuscação (que une luz e obscuridade), provocou e vem provocando, por todos os cantos, grandes intuições filosóficas.

Pitágoras é um dos representantes primordiais do momento crucial em que o esboçar dos passos sucessivos de uma fisiologia, antropologia e teologia, antes simultâneas no mito, daria nascimento à filosofia e, com esta, ao Ocidente. Entrelaçados indissociavelmente na verticalidade do mito, dois elementos fundamentais, palavra e número, iniciaram seus respectivos desdobramentos horizontais, suas respectivas histórias. Necessitamos, em nome do aprofundamento da compreensão de Pitágoras e de sua abordagem pela filosofia de Ferreira dos Santos, delinear o trajeto de tais elementos dentro do contexto deste translado crítico.

PALAVRA E NÚMERO: DOIS DESDOBRAMENTOS ANÁLOGOS

Dentro da forma primordial de relação com a realidade, ou seja, dentro da experiência com a linguagem originária do mito, encontramos o poder presentificador de palavras e enumerações, estas últimas acompanhadas de progressões e proporções ordenadoras. Destes elementos primordiais – palavra e número –, nasceram duas respectivas vertentes exegéticas que, entretecidas, se desdobraram historicamente de maneira análoga. Ambas as vertentes assumiram formas desveladoras que se cristalizariam em dois conjuntos respectivos de disciplinas. Acompanhando o objetivo do desvelamento exegético da essência, quiçá, comum de palavra e número, tal desdobramento, ao dela distanciar-se, velá-la-ia, ao discipliná-la e, portanto, cientificizá-la.

A palavra mítica é ortodoxa e tautegórica. Em tal ortodoxia, vemos, paradoxalmente, os poetas primordiais, arcaicos, interlocutores inequívocos dos deuses, versarem diferentemente sobre os eventos originários, e "divergirem" quanto às enumerações e ordenações destes. Por esta "divergência", pode-se encontrar, dentro da ortodoxia, um tipo de heterodoxia que se diferencia por tal inclusão. Quanto ao plano tautegórico, a despeito do fato indubitável de o mito, expressando a verdade do que é, não representar, mas, sim, apresentar as origens, nele encontramos planos alegóricos, uma alegoria realizada no seio desta tautegoria, e diferenciando-se por isso. A esse propósito, em *Mito e Filosofia*, Fernando Bastos, comentando as idéias do grande filósofo luso-brasileiro Eudoro de Souza, explica-nos que a alegoria mítica se faz pertinente "à medida que seja entendida como a significação do significado tautegórico e originário do mito". É no *állos*, no áltero, que o *tautós*, o mesmo, se apresenta[15].

Nas histórias análogas de palavra e número subjaz um mesmo movimento aparentemente paradoxal. Palavra e número deixavam aos poucos de ser presença, de *apresentar* a verdade do que é, para funcionalmente *representar*.

A apresentação se dá pela instância fusional; a representação, pela funcional. A instância fusional da realidade simbólica é aquela na qual, tautegoricamente, símbolo e simbolizado estão tão indissociavelmente fundidos, tão "co-incidentes" que se poderia afirmar serem o mesmo. No seu *Tratado de Simbólica*, Ferreira dos Santos dispõe tal instância, em meio a vários níveis hierarquizados de simbolicidade, como a mais elevada que há. Como tal "co-incidência" também é aquela de necessidade e possibilidade, este nível de simbolicidade sempre se dá por uma co-intuição do divino com o próprio divino (quiçá o ponto mais importante, dentro da macroproposta de fusão da simbólica pitagórica com o tomismo, da filosofia de Ferreira dos Santos).

Uma representação é, por definição, funcional. Nela, o representante situa-se dentro de uma margem de facultação, de alternativas na representação. Este último, enquanto irremediavelmente áltero frente ao re-

---

[15]Bastos, F. *Mito e Filosofia*. Brasília: Edunb, 1991, p.48.

presentado, pode ser substituído por outro. Por isso, uma representação pode até mesmo, como mero meio de significação, ser abolida. Ela é sempre uma alternativa, uma alusão, uma alegoria, um dizer através de um outro.

Jaa Torrano diagnostica, no que tange à palavra, os sintomas mais importantes desta transformação: em contraposição à poesia épica, o despontar, quase um século depois de Hesíodo, da poesia lírica, com uma métrica mais livre, predisposta à descrição de individuais disposições de ânimo do poeta, caracterizando "uma nova forma de manifestação da palavra, nascida e própria das novas condições trazidas pela *pólis*, pela reforma hoplítica, pelo uso do alfabeto." Tal métrica mais livre, esclarece uma direção, uma aspiração, que culminaria com a liberdade polirrítmica da prosa, da elaboração prosaica inaugurada pelos primeiros pensadores jônicos no mesmo momento e, solidariamente, ao nascimento da lírica.

Por esse caminho, a palavra apontava para a uma relativa perda de seu pleno poder presentificador, descensionalmente ganhando, em troca, dimensões que se acrescentariam à anterior: a da cotidiana operacionalidade pragmática, ligada à mera comunicabilidade, à vulgar troca de informações e opiniões (voltada, portanto, para a *dóxa*), e a da dimensão do pensamento filosófico, palavra lógica voltada para a ontologicidade, palavra epistêmica, decorrentemente conceptual e abstrata, e, portanto, tendente a uma palidez inerente ao conceito, à opacidade ôntica. "A língua grega começa a adquirir palavras abstratas (sobretudo pela substantivação de adjetivos no neutro singular); e o pensamento racional começa a abrir novas perspectivas a partir das quais imporá novas exigências."[16]

No que tange ao número, este também foi levado a uma relativa abdicação de seu pleno poder presentificador, para que, descensionalmente, novas dimensões fossem a esta acrescentadas. Reza uma das notícias que, por exemplo, nos chegou sobre Tales, ter ele sido, obviamente, além do grande pioneiro do pensamento ocidental, um grande comerciante, habilidade que contava com seu talento matemático. Tal como a palavra, o número desceu rumo a estas novas necessidades, rumo a uma logística aplicada, ou seja, à dimensão funcional inédita de uma mate-

---

[16]Torrano, J. O Mundo como Função de Musas In: Hesíodo. *Teogonia, a origem dos deuses*. Trad.: Jaa Torrano. São Paulo: Ed. Iluminuras, 1995, p.17

mática vulgar ligada à atividade comercial (correspondendo, portanto, à *dóxa*); e, em compensação, galgaria, por outro lado, um elevado índice de abstração inerente à dimensão epistêmica indissociável do pensamento filosófico desde o início da instância especulativa deste último (a *epistéme physikê*).

A trajetória do entendimento do número, brevemente esboçada acima, levou, portanto, à sua tripartição, uma tripartição hierárquica da aritmética. Encontramo-la formulada por, entre outros, Nicômaco de Gerasa, uma figura-chave na história da matemática e da tradição pitagórica.

Em seu *O Número de Ouro*, Matila Ghyka – autor internacionalmente reconhecido e muito apreciado por Ferreira dos Santos –, citando a Nicômaco, expõe a tripartição hierárquica do número (exposição recapitulada no presente volume) e a decorrente divisão da teoria dos números em disciplinas: no ápice, o número divino ou o número-idéia, ou ainda o número puro, que integrava uma aritmologia "de tendências metafísicas",[17] entendida como só completamente acessível para os integrantes do mais elevado nível iniciático; na parte intermediária, como um suporte da anterior, o número científico abstrato, tratado "segundo um método silogístico rigoroso de tipo euclidiano" e integrando a aritmética propriamente dita, dirigida aos filósofos e não aos principiantes; e, na parte mais inferior, os números concretos, integrando uma aritmética para negociantes, a *logistiké*, mais uma técnica do que propriamente uma ciência, que, longe da dos verdadeiros números, se ocupa meramente dos objetos enumeráveis.[18]

Caminhos análogos seguiram os desdobramentos inaugurais de palavra e número. Interessa-nos aqui, mais especificamente, o *lógos*, a palavra dos pensadores – filósofos e sofistas –, e o *epistemikós arithmós*, o número científico que Ghyka nos explicou como inserido na rítmica argumentativa, silogística, da demonstração. Interessa-nos o rumo de gradual separação empreendida por ambos: como ambos estavam, de certa forma, implícitos na instância da qual gradativamente se desgarrariam; como, em um primeiro momento, ambos nasceram enquanto *versão* destas suas origens míticas; como, em um segundo, ainda mantive-

---

[17]Lembramos que Ghyka e Ferreira dos Santos compartilham da posição que toma o pitagorismo já platonicamente, metafisicamente, e que a referência de ambos a Nicômaco outra coisa não faz senão confirmar tal perspectiva.
[18]Ghyka, M. C. *El Numero de Oro*. Trad.: J. Bosch Bousquet. Barcelona: Ed. Poseidon, 1968, p.22-23.

ram-se transitivamente a estas *convertidos*; e, finalmente, como, ao romper com a eqüidistância reflexiva frente a suas origens, transformaram-se, submetidos a um novo quadro de seu entendimento, em instrumento de uma *inversão* ou *subversão*, uma vez que este processo levou à constituição de um corpo independente de disciplinas. Este, aos poucos, disciplinou o fundamento originário sob o crivo dos paradigmas daquelas, ou seja, passou a determinar, pelo enrijecimento de métodos e procedimentos, a própria fonte a partir da qual deveria ser determinado.

Heidegger, por sua vez, demonstra, exemplificando através do fragmento VIII de Parmênides, a plena identidade primordial de *mýthos* e *lógos*, ambas as palavras significando "a palavra que pronuncia". "Para o grego pronunciar é: manifestar, fazer aparecer, ou seja, o aparecer e o que é mediante seu aparecer, sua epifania (...) Mito e *lógos* separam-se e opõem-se onde nem o mito nem o *lógos* podem manter-se em seu ser primordial. Isto se deu em Platão[19]." Jaa Torrano, em "Mito e Verdade em Hesíodo e Platão", informa-nos que, no que tange à designação grega de "palavra", *mýthos*, *lógos* e *épos* eram sinônimos, antes de suas respectivas especializações em função das diferentes experiências que se possa ter da linguagem[20].

A palavra retórica (*lógos*) nasceu como exegese da palavra mito-poética (*mýthos*) e desta distanciou-se pela cristalização de uma outra forma de experiência com a linguagem e com o pensamento. Esta experiência veio a constituir uma ciência ou uma arte do discurso: a retórica. Ao lado de uma retórica tomada em si mesma, ou seja, ao lado do manuseio puramente lógico (e psicológico) da linguagem praticado pelos sofistas, Parmênides inaugurava uma retórica filosófica, um discurso tido como plenamente capaz de verdade, uma lógica capaz de ontologia, capacidade excessiva assentada na identificação de ser e pensar, de verdade e o que o pensamento lógico pode provar, de realidade e noção de realidade.

Somos todos parmenidianos. Parmênides continua a ser "nosso pai", pai do pensamento ocidental, mesmo depois do famoso "parricídio" que um de seus diletos filhos, Platão, se viu, no *Sofista*, obrigado a cometer, tanto para salvaguardar uma retórica filosófica, ou seja, a possibilidade da concepção "paterna" do discurso – enquanto meio de

---

[19]Heidegger, M. *Que Significa Pensar?* Trad. Haraldo Kahnemann. Buenos Aires: Ed. Nova, s.d., p.16.
[20]Torrano, J. *op. cit*. In: *Letras Clássicas*, n° 2, São Paulo, Ed. Humanitas/ FFLCH-USP, 1997, p.13.

transmitir verdades –, quanto para salvar a própria ontologia do exagero parmenidiano no que tange à inessencialidade do não-ser. Voltemos, porém, para efeito da comparação que ora realizamos, à história análoga do número.

Nos mitos, os números integram o plano supraqualitativo dos atributos relativos aos deuses e das indefinidas articulações entre os deuses. Nos eventos originários – caracterizados por derivações não-eróticas, casamentos, filiações, oposições, confrontos, etc. – há encadeamentos de contigüidades hierárquicas que podem ser traduzidos como relações (razões), proporções, harmonias, simetrias, contrações tensionais, etc.. De tais ordenações, despontou toda uma matemática primordial, eminentemente qualitativa, que, sem descartar sua indispensável base quantitativa, integrava uma aritmosofia mística que contemplava, dentro da aritmologia pitagórica, os significados das enumerações antes mitograficamente implícitas. Tais significados aritmosóficos eram, de fato, passíveis de demonstração, um procedimento que, dentro da divisão dos discípulos em ouvintes (*akousmatikoí*) e estudantes (*mathematikoí*), era um privilégio destes últimos.

A decorrente matemática crivada pela demonstração silogística, muito possivelmente, nasceu como acoplamento exegético dentro da aritmologia pitagórica. Por apontar gradativamente para a pura logística, este movimento traria à luz e cristalizaria estruturas que, embora subjacentes à aritmologia antecedente, ganhariam corpo próprio e cada vez mais independente, um corpo axiomático, disciplinado, científico.

Somos todos pitagóricos. Toda nossa arte – em especial as artes geométricas e a musical –, salvo breves momentos obscurantistas, assim o atesta. Se uma paternidade, tal como a apontada em Parmênides, pudesse ser compartilhada ou dividida com outro pai, esse outro pai seria, sem dúvida, Pitágoras.

Outro pai, outro parricídio? E novamente envolvendo aquele polêmico filho, como não poderia deixar de ser, o maior herdeiro e transfigurador do pitagorismo, Platão? Para precisar qualquer das respostas possíveis à pergunta proposta, devemos, antes, indagar se entre a doutrina pitagórica da imitação e a platônica da participação há continuidade ou ruptura. Na medida em que são radicais as diferenças históricas que determinaram uma necessária ruptura entre Platão e Pitágoras, melhor é indagar se há predominância de uma continuidade em meio à ruptura, ou desta última em meio à anterior. Ou ainda se o predomínio de uma sobre a outra caracteriza duas abordagens válidas, cada uma portadora, segundo o seu ponto de vista, de sua verdade.

O Pitágoras platônico na visão pitagórico-tomista de Ferreira dos Santos

Aristóteles, na *Metafísica* 987 b 10, sintetiza o maior ponto de semelhança, para alguns a identidade, entre pitagorismo e platonismo: "Platão somente mudou o nome, pois os pitagóricos dizem que as coisas existem por imitação dos números, enquanto que Platão, por participação". Apenas uma mudança de nome. Até aqui – mas, como veremos, somente até aqui – Aristóteles vê na indiscutível relação das duas doutrinas a predominância da continuidade.

Este é sem dúvida o ponto de vista de Ferreira dos Santos, patenteado pelas inúmeras vezes em que, sem inquietações, equipara as idéias platônicas aos números pitagóricos, e efetivamente demonstra-o à luz dos fragmentos pitagóricos, a despeito das corretíssimas ressalvas que o autor de *Pitágoras e o Tema do Número* faz, neste livro, às incompreensões aristotélicas da doutrina pitagórica. Como já esboçávamos acima, há, para ele, uma inquebrantável continuidade que encaminha o progredir em etapas evolutivas da filosofia: do pitagorismo ao platonismo, deste ao aristotelismo (com as mencionadas ressalvas), e destes marcos amadurecidos do pensamento grego à Escolástica medieval, incluindo nesta cadeia de desenvolvimento os aprimoramentos renascentistas ibéricos de uma nova linha independente da escolástica, cujo expoente máximo, segundo seu habilitado ponto de vista, é Francisco Suarez, um dos maiores inspiradores da filosofia concreta de Ferreira dos Santos.

Voltando, contudo, à mesma obra do estagirita, um pouco mais adiante, (i 6, 987 b 22) ele sintetiza a cabal diferença entre Platão e os pitagóricos: "ele [Platão] *separa* os números das coisas visíveis, enquanto eles [os pitagóricos] dizem que os números *são* as próprias coisas e *não interpõem objetos matemáticos entre elas.*" (grifos nossos)

A doutrina da participação é a intermediação que se traduz pela interposição de objetos matemáticos. Tais objetos integram um mundo dianoético enquanto ponte entre a fugacidade sombria das coisas visíveis e a realidade perene das idéias. Na medida em que *eîdos* significa 'ponto de vista', esta realidade última somente pode ser contemplada por um outro olhar, noético, intelectivo. Entre as duas visibilidades – a sensível, enquanto ponto de vista empírico, e a intelectível, coincidente com um ponto de vista metacósmico –, uma terceira, a da inteligibilidade (enraizada na imaginabilidade), porque mediana e aclimatadora, permite, se praticada, a ascensão à Realidade. Uma ponte pressupõe um abismo dado, o da separabilidade que acompanha a transcendentalização do ser, que, por sua vez, resulta em uma metafísica da transcendência; e para que não houvesse dúvida alguma quanto a esta perspectiva, Platão "separa os números das coisas visíveis."

Aristóteles foi, de fato, fiel às afirmações pitagóricas de que as coisas *são* números, que elas os *imitam*. Ferreira dos Santos, profundo conhecedor de Aristóteles e, como atestará o leitor por suas citações neste livro, completamente cônscio destas afirmações do Filósofo, diagnostica aí uma de suas incompreensões centrais sobre o pitagorismo: a pressuposição aristotélica de que os pitagóricos faziam confusão entre os números imanentes às coisas e os a elas transcendentes, ou seja, entre o número *in re* e o número *ante rem*, ou ainda entre o número concreto e o número eidético. Por este caminho, a utilização do verbo ser – em "as coisas *são* números" – refere-se à proporcionalidade intrínseca, à forma concreta determinada pela presença da causa na coisa; já o verbo imitar – em "as coisas imitam os números" –, refere-se aos números que antecedem ontologicamente às coisas, e, portanto, servem de modelo às mesmas. Dessa forma, a afirmação de que Platão "separa os números das coisas visíveis" seria plenamente aplicável à doutrina pitagórica, pois nela já estava implícita.

No contexto da distinção aristotélica entre Platão e os pitagóricos, poder-se-ia, contudo, concluir, a despeito de não ser esta a intenção do Filósofo, que os pitagóricos são, na verdade, *perì phýseos*, ou seja, "a-bordam" a natureza em uma plena suficiência sobrenatural, em uma física suficientemente metafísica[21].

Ferreira dos Santos, veria nesta posição não mais que uma parcialização, uma incompletude, uma ênfase em apenas uma das dimensões do real, um exagero do ôntico em detrimento do ontológico. Junto com Ghyka, além das demonstrações apodícticas desdobradas a partir dos próprios

---

[21]Rizek, R. Teoria da Harmonia em Platão. In: *Letras Clássicas* nº 2. São Paulo: Ed. Humanitas / FFLCH-USP, 1998, p.259.

fragmentos, ele conclama a autoridade, incontestável sem dúvida, de Nicômaco, mas desconsiderando (coerentemente à sua posição) que este neopitagórico, além de posterior a Platão, é muito posterior a este (séc. II de nossa era). Ora, o que Ferreira dos Santos talvez não tenha levado em conta é a possibilidade de que a confusão cometida por Aristóteles quanto ao pitagorismo tenha sido motivada precisamente pelo que, para os pitagóricos primordiais, pré-platônicos, é fusão.

Como atestará o leitor, o Autor faz por diversas vezes, pertinentemente, acompanhar este seu livro de outros dois de sua autoria: o *Tratado de Simbólica* e *O Um e o Múltiplo em Platão*. De fato, os três juntos, apenas destacando-os de uma vasta obra enciclopédica e auto-implicante, reúnem os elementos completos da posição de Ferreira dos Santos sobre o Pitágoras platônico e o Platão pitagórico. Em meio a estes, encontramos a refutação ao que seria o dualismo em Platão e, portanto, o supostamente prenunciado no pitagorismo.

A questão poderia ser assim formulada: o Um (que Ferreira dos Santos correta e preventivamente adjetiva de supremo), que, sendo absolutamente um, permanece eternamente como um, é o mesmo um que se integra como elemento na díada, enquanto indivisibilidade contraposta à divisibilidade? A resposta do Autor, entretecida de forte argumentação, é um sólido não. Do contrário, a unidade suprema, que se mantém acima de toda e qualquer possibilidade de divisão, estaria diminuída ao plano da contraposição a um outro princípio, o qual, dado o rebaixamento do anterior, seria tão principial quanto o primeiro. E este outro princípio, em última análise, por ser a díada indeterminada, que abarca uma outra unidade, é identificável com a matéria. Como Ferreira dos Santos demonstra a falácia desta posição em Pitágoras e em Platão, a possibilidade de tal dualismo é, então, definitivamente descartada.

Em todas as argumentações de Ferreira dos Santos é vital uma distinção de planos. Quantos níveis de unidade há? Para uma melhor compreensão das distinções que neste livro são propostas, podemos recorrer a Proclo, que, em seu *Comentários sobre o Timeu de Platão*[22], distingue quatro níveis fundamentais, a saber: o um dos deuses, que é um somente; o um do *noûs*, do intelecto, que é mais um do que múltiplo; o um da alma

---

[22] Cf. Proclo. Commentary on the Harmonies of Plato's Timaeus. Trad Joscelyn Godwin. In: Godwin, J. *The Harmony of the Spheres. A sourcebook of the Pythorean Tradition in Music*. Rochester, Ed. Inner Traditions Int., 1993.

que é o *hén-dyás*, o um-múltiplo, que é igualmente um e múltiplo; e, finalmente, o um corpóreo, que é mais múltiplo do que um. Todos os erros doutrinais cometidos, especialmente os de Aristóteles (esmiuçados neste livro, entre outros), proviriam da confusão entre tais planos.

No entanto, chamamos a atenção do leitor para que, quando comentamos há pouco a metafísica platônica da transcendência, não falávamos em dualismo, mas em separabilidade inerente à objetivação transcendental do ser. Surpreendentemente para nós, sempre que Ferreira dos Santos, ao desarmar as confusões – ou, como por vezes ele mesmo denomina, argumentos sofísticos – de Aristóteles, se aproxima da questão da imanência, esta é reduzida ao plano material, sendo, portanto, refutada juntamente com o mencionado dualismo. Contudo, podemos indagar se as definições pitagóricas de número (fonte, raiz das coisas) não nos colocam mais perante princípios subjacentes do que propriamente transcendentes, princípios que, em sua subjacência, não deveriam ser classificados apenas como a parcialização dada por uma visão excludente da forma *in re* (na coisa) em detrimento das outras formas fundamentais de abordagem, especialmente a *ante rem* (ontologicamente antecedente à coisa).

Por certo, a filosofia dialética de Ferreira dos Santos, por abarcar formalização e axiomatização, categorização e matematização, sempre poderá classificar uma "metafísica da imanência" como integrando um grau restrito, parcial e insuficiente. Mas o que pretendemos é apenas pôr em foco a admissão de uma possibilidade: a plena suficiência da *phýsis* para os primórdios pré-historiográficos do Ocidente, que incluiriam Pitágoras e os pitagóricos primevos. Se inserimos a arcaica experiência grega da *phýsis* dentro da perspectiva historiográfica, classificando-a como um modo de representação datado de dois mil e quinhentos anos atrás, então tomamos *phýsis* por natureza, e assim supomos entender a percepção, normalmente taxada de ingênua, que tinham dela os gregos pré-socráticos.

Inserir Pitágoras na historiografia verificável da história da filosofia significa tomá-lo platonicamente. E ao fazê-lo, também implicitamente contextualizar a *phýsis* dentro do modo que ela passaria a ser entendida com Platão e Aristóteles: uma certa região do ente já delimitada pelas contrabalizas humanas do *lógos* e *éthos*. Ao invés de determinar, a *phýsis* é, nessa perspectiva, determinada como o objeto de estudo da física, que já integra a platônica tripartição da filosofia junto com a ética e a lógica. Quão distantes, por esse viés, estaríamos do "ente múltiplo em sua totalidade", que tudo abarca, da *phýsis* enquanto "o emergir que sempre durou e dura"[23], o despontar espontâneo em si mesmo, o próprio emergir e apenas este! Se permitimos a inserção de Pitágoras nos primórdios pré-historiográficos da experiência arcaica da *phýsis*, é, então, nesta dimensão (a da própria *phýsis*) que se dá esta fusão que abarca até mesmo os deuses submetidos ao Destino.

É sob essa luz que devemos entender uma "metafísica da imanência", expressão de David Fideler, que, por sua vez, a remete a Cornelia de Vogel. Diferentemente da concepção platônica de número como forma transcendente, e para a qual necessitamos intelectualmente ascender, a ênfase pitagórica, para Fideler, dá-se sobre a imanência do número. Conclui ele que "os estudos matemáticos são, para Platão, uma *preparação* para a contemplação dos princípios divinos; para os pitagóricos [primordiais], os estudos matemáticos *são* a contemplação dos princípios divinos." Estas afirmações concordam com as de Cornelia de Vogel, para quem a contemplação da Lei divina, enquanto conteúdo do estudo matemático, "era um contato direto com a Realidade divina: a Divindade imanente no cosmos." Sim, como quase todos, de Vogel concorda com um Platão pitagórico, mas pontua a radical diferença entre a doutrina pitagórica do número e a teoria platônica das formas. A filosofia de Platão é uma metafísica da transcendência, ao passo que a filosofia pitagórica é uma metafísica da ordem imanente[24].

A produção filosófica de Ferreira dos Santos é fortemente assentada em princípios e procedimentos tradicionais, lógicos e axiomáticos (sempre dialetizados por uma plêiade de métodos dialéticos integrados em sua dialética concreta), o que atesta seu vínculo à idéia de uma filosofia perene, atualizada pelos ápices da tradição filosófica ocidental, que lhe permitem a constante evolução, ampliação e aprofundamento crítico. Seu objetivo, sempre em nome do real e mais completo conhecimento, é, em suas próprias palavras, uma filosofia positiva e concreta "que pertence a todos os grandes ciclos culturais da humanidade, mas que en-

---

[23] Heidegger, M. Heráclito de Éfeso. In: *Os Pré-Socráticos*. Trad.: Ernildo Stein. São Paulo: Ed. Abril Cultural, 1978, p.129-8.
[24] Fideler, D. Introduction. In: *The Pythagorean Sourcebook and Library*. Trad.: Kenneth Sylvan Guthrie. Grand Rapids: Phannes Press, 1987, p.34-5.

controu seu desenvolvimento máximo no pensamento grego, e a sua coroação no pensamento ocidental, sob as linhas, sem dúvida, criadoras e analíticas da Escolástica"[25].

A busca de Ferreira dos Santos por uma filosofia universal explicita-se no seu conhecimento de outras "filosofias", melhor dizendo, de perspectivas doutrinais de outras tradições. Em sua obra, encontramos significativas e bem contextualizadas menções – por vezes, no corpo do texto; por vezes, sob a forma de epígrafes e citações – de textos sagrados do hinduísmo, budismo e taoísmo, entre outros. É dentro desse amplo contexto que a importância do pitagorismo é constantemente relembrada e atestada como uma das mais primordiais atualizações da filosofia perene em uma maneira propriamente filosófica e especificamente ocidental.

Em meio a praticamente todos os títulos de sua vasta e enciclopédica obra, impressiona a ostensiva remissão a Pitágoras, por constantemente fundamentar todos os desdobramentos de sua filosofia – platônicos, aristotélicos, tomistas, scotistas e suaristas – na doutrina pitagórica. Acreditava em evolução e aprimoramento da filosofia, desde que suas circunvoluções se caracterizassem por uma circumpolaridade, ou seja, por uma aproximação crescentemente esclarecedora (concreta, positiva e dialética) de um eixo perene, a qual lhe autorizava, por crer-se próximo deste último, a criticamente diagnosticar os "erros" cometidos, quase sempre por exageros parcializadores, no percurso histórico da filosofia. Compreendia a distinção de níveis na forma e no objeto do conhecimento como meios indispensáveis para um entendimento pleno da realidade, ôntico e ontológico, não compactuando, no entanto, com qualquer identificação estacionária e reducionista da atividade filosófica com um destes níveis. Daí provém sua grande resposta, a dialética concreta, que abordaremos mais adiante.

É realmente sintomático sua diligência em diagnosticar erros cometidos no transcurso da história da filosofia. Isto só pode dar-se dentro de uma filosofia que se desenvolve, em sentido amplo, escolasticamente. Como já esboçamos no início do Prefácio, a filosofia de Ferreira dos Santos tem este tom. Para ele, a construção da filosofia concreta surge como uma decorrência rigorosamente ontológica de princípios mostra-

---
[25] Galvão, N. S. N. e Santos, Y. L. Monografia sobre Mário Ferreira dos Santos. Inédito

dos e demonstrados apodicticamente. A filosofia concreta é uma decorrência, não apenas dedutiva, mas sobretudo dialética de verdades ontológicas que cabe ao homem postular. Aprofundemos este ponto até a raiz da posição de Ferreira dos Santos. Deixemos que ele mesmo fale. "Nossa posição na filosofia é muito clara. Só aceitamos na filosofia uma autoridade [a da demonstração], e a demonstração necessita ser apodíctica, isto é, com juízos universalmente válidos; enquanto não chegamos a isto consideramos o trabalho ainda incompleto. (...) Partimos do seguinte: há uma *sophía* que é 'suprema *sophía*', que é a verdade das coisas em si mesmas, das coisas tomadas em si mesmas, para si mesmas. Esta marcha do homem para esta *sophía*, para este conhecimento, este afanar, este esforço é propriamente a filosofia[26]."

Em outro momento ele afirma: "Parto da posição pitagórica: Pitágoras, diz-se, afirmou que era um amante da Sabedoria, da suprema Sabedoria, que cointuímos com a própria Divindade. Este afã de alcançá-la, os esforços para atingí-la, os caminhos que percorremos para obter essa suprema instrução (daí chamá-la de *Mathesis Megiste*, que é a suprema instrução), todo esse afanar é propriamente a Filosofia. Assim, posso admitir que há vários caminhos, embora só haja um caminho real. Como *fundamentava* [grifo nosso] Pitágoras, repetido depois por Aristóteles, que a única autoridade na Filosofia é a demonstração, sendo que esta deve ser apodíctica, e, se possível, com juízos necessários e até exclusivos, a Filosofia construída desse modo só pode ser uma: positiva e necessariamente concreta...[27]"

Tal como a escada de Jacó (imagem recorrente em suas obras), no ápice do escalonamento da escada da suprema instrução, temos a suprema *sophía*, a qual atingimos por uma cointuição com a própria divindade. Parte do verbete da *Enciclopedia Filosofica – Centro di Studi Filosofici di Gallarate*, sobre Ferreira dos Santos, pode ajudar-nos na elucidação deste ápice e desta escada.

"A síntese filosófica de F. dos S. é, ao mesmo tempo, tradicional e pessoal. (...) Ele procura uma conciliação entre a pitagórica *Mathesis Megiste* e a sabedoria infusa de S. Tomás (...). Esta seria alcançada, segundo o próprio Aquinate, por meio de uma cointuição sapiencial e de certo

---

[26] Galvão, N. S. N. e Santos, Y. L. Monografia sobre Mário Ferreira dos Santos. Inédito
[27] Galvão, N. S. N. e Santos, Y. L. Monografia sobre Mário Ferreira dos Santos. Inédito

instinto divino. Nisto, segundo M. F. dos S., consiste a filosofia como ciência ou melhor como supraciência e sabedoria dos princípios. Ela é *concreta* porque nos faz conhecer as coisas em suas íntimas raízes, e não tem por objeto idéias *a priori*; deve ser *positiva*, quer dizer construtiva e não puramente crítica e negativa; ela é *apodíctica* e não somente problemática e provável. Ela poderá lançar uma ponte entre a metafísica e a religião cristã revelada e poderá constituir um novo método de apologética e de catequese especialmente adequado aos ambientes culturais de hoje. Juntando numa síntese mais profunda os elementos de convergência dos maiores filósofos, desde Pitágoras, Platão, Aristóteles até Santo Tomás, Scot, Suarez, e integrando com maior objetividade, à luz das contingências históricas de cada pensamento, os pontos de divergência, F. dos S. elabora um sistema ao qual, em homenagem a Pitágoras, e por causa do método dialético empregado, deu o nome de *Matese*. (...) F. dos S. acusa a filosofia moderna e contemporânea de atitudes negativas, como subjetivismo, abstratismo, ceticismo, ficcionismo, nihilismo, desesperacionismo... (...) Entretanto, nos grandes mestres da filosofia moderna descobre e aproveita verdades parciais de relevante valor. (...) Apóstolo incansável e solitário da *sabedoria* no sentido tradicional e antigo, M. F. dos S. esforçou-se por formular uma filosofia que, embora sempre aberta a novos problemas, fosse ao mesmo tempo, de nome e de fato, 'perene' e 'ecumênica'[28]."

Ante esta magnífica síntese da filosofia de Ferreira dos Santos, é impossível para qualquer estudioso não se submeter à eficiência da formulação de sua intenção filosófica. Ao afirmar o caráter universal, perene e ecumênico da filosofia, sua perspectiva filosófica não apenas recupera, mas, de certa forma, acaba por identificar-se com o passado, como se este já contivesse todos os desdobramentos posteriores: o pitagorismo conteria em si o platonismo que, por sua vez, fundido ao aristotelismo (sob a tonalidade cristã), conteria o tomismo, sendo, por fim, a filosofia concreta de Ferreira dos Santos a síntese de toda essa trajetória. Com o aval deste passado, da Antigüidade e da Idade Média, a filosofia de Ferreira dos Santos teria como uma de suas missões avaliar, sob o crivo de sua dialética concreta, os acertos e os erros, do passado recente e do presente, gerados por exageros e parcializações.

---
[28] Galvão, N. S. N. e Santos, Y. L. Monografia sobre Mário Ferreira dos Santos. Inédito

Temos, em primeiro lugar, como um divisor de águas, uma perspectiva gnóstica, representada por um derradeiro salto de excelência na escada da realidade e do conhecimento, a cointuição sapiencial, salto este que, por tê-lo realizado, leva Ferreira dos Santos a uma afirmação de princípio, e que, pelas suas próprias palavras, é seu ponto de partida: há uma *sophía*, que é a suprema sabedoria. Uma tal sabedoria, em seu *status* divino, é atemporal. À medida que o filósofo a cointuiu, ele participa de tal dimensão, e, ao mesmo tempo, forçosamente integra-a, como um supremo valor, em sua avaliação dos acertos e erros da filosofia moderna e contemporânea.

Este ápice, que ainda integra e simultaneamente já não integra a referida escada, não fica, contudo, "lá em cima", desprovido, como fundamento, de fundamentação. Não, se este fundamento é, enquanto ápice, o fundamento de cima, do qual, de certa forma, toda a escada depende (como se estivesse nele pendurada), ele necessita ser sustentado pela totalidade desta escada, em sua gradativa transitividade ascencional e descensional. É aqui que encontramos uma das palavras mais usadas em toda vasta obra de Ferreira dos Santos, um termo técnico que define *o* procedimento metodológico por excelência: a única autoridade por ele aceita, já fundamentada, notem bem, em Pitágoras e formulada por Aristóteles, é a demonstração, que deve ser apodíctica.

Como resultado disso, a filosofia de Ferreira dos Santos ingressa no tempo, mais no começo propriamente dito da filosofia, começo que, já fora do pensamento originário, a situaria como ciência das ciências e, por esse caminho, ligá-la-ia à matematização do pensamento. Em suma, aqui a filosofia de Ferreira dos Santos vincula-se ao início da tradição filosófica ocidental, ingressa, portanto, no passado e, só sob o crivo deste, no presente. E é o passado da tradição filosófica ocidental, o passado que melhor traduziu a atemporal *sophía* suprema no tempo glorioso do pensamento grego e da escolástica medieval, que julgará, com a contribuição pessoal da dialética concreta de Ferreira dos Santos, os erros da filosofia do passado recente e do presente.

Dessa forma, se um filósofo, por um lado, recusa-se, às vezes em nome de uma justificável prevenção frente a devaneios delirantes de metafísicas insólitas, a uma ascensão aos princípios ontológicos, privar-se-á do que sua recusa supostamente pretendia, vale dizer, privar-se-á, por ater-se (ou pior, atar-se) à dimensão concreta da realidade, da sua própria compreensão. Se, por outro, após uma ascensão através de um veio já de antemão extremamente particularizado, estaciona, por uma excessiva e excludente sobrevalorição qualquer (material, formal, operacional, etc.), em um aspecto unilateral de um dos níveis escalonados, por mais supostamente elevado que seja este último, não ultrapassará o vão e parcial abstratismo.

Nesse sentido, o escalonamento hierárquico de níveis de realidade e dos respectivos graus processuais no seu conhecimento determina a constituição de uma escada que, tal como "a escada de Jacó", exige do pensador o exercício dialético da ascensão e do descenso, procedimentos necessários para apreendê-la como duas facetas, a serem integradas, da mesma e una realidade íntegra, ôntico-ontológica, a ser entendida.

No pensamento de Ferreira dos Santos, a atemporal *sophía* suprema encontra sua formulação áurea na "suprema instrução", que tem suas bases sedimentadas no pitagorismo e na evolução deste ao tomismo. Aquilo que esta evolução já respondeu por diversificadas vias demonstrativas, está respondido, ou seja, pode ser confirmado ou aprofundado, e até mesmo enriquecido e dialetizado com novas perspectivas, mas não deveria ser negado, esquecido ou negligenciado. À luz da formulação de uma suprema instrução formalizada e axiomatizada, sua dialética permite-lhe diagnosticar erros na filosofia moderna e contemporânea.

Não é incomum encontrar filósofos diagnosticando erros do passado e do presente. Ao nosso ver, Martin Heidegger concebe o errar de uma forma surpreendente, elevando-o à totalidade dos desdobramentos da historiografia do ser dada na história da filosofia. Para efeito de uma comparação, examinemos a concepção heideggeriana de erro.

"Errar é humano." Como é comum nesta forma de transmitir verdades, a profundidade do ditado popular escapa ao senso comum, embora, como todos os ditos deste tipo, para este esteja voltado. Normalmente, entendemos que o erro é costumeiro nas ações dos seres humanos. De alguns? Da maioria? Não, a frase é radical, ela não separa uma grande ou pequena parte dos homens, ela envolve todo o humano no erro. Só o homem, em confronto com o que não erra, os comete. Minerais, vegetais e animais estão fora da alçada do dito, estão aquém de erros e acertos, e não estão em cogitação. O dito, portanto, confronta o humano com o sobre-humano e com os ecos de uma sobre-humanidade no homem. Adão, confrontado com a imortalidade perdida, foi *condenado a errar* pela terra em busca do pão com suor da fronte. Erro, aqui, expressa a condição humana por excelência, a mortalidade. Um cachorro, por exemplo, apenas acaba. Só o homem morre, ou seja, somente ele é capaz, através de sua mortalidade, de postar-se perante a imortalidade.

Pode-se transpor esta noção de erro, ontoantropologicamente ampliada, para a história da filosofia, mas na condição de uma releitura de seus desdobramentos historiográficos, a partir do caráter historial da história. Este último, aborda a história enquanto uma "história do ser". Porém, uma vez que, como aponta Heidegger, "o ser não possui história como uma cidade ou um povo", o caráter historial da história do ser determina-se somente a partir da maneira de como o ser propriamente acontece, dá-se, antecedentemente a todos e quaisquer desdobramentos concretos da "profusão do ser", de suas formas entificadas no e por meio do entendimento[29].

O caráter historial da história do ser, não descartando sua historiografia, não se identifica com nenhuma de suas configurações historiográficas, pelas quais o ser, em incessantes transformações, pôde e pode manifestar-se. O referido caráter, portanto, situa-se no "presentar-se", na antecedência imediata da presentificação do ser, ou seja, no ato mesmo pelo qual ele se dá, doando seu próprio dom, antes de estar configurado "como o *Hén*, o unificante único-uno, como o *Lógos*, o recolhimento que guarda o todo, como a *idéa*, *ousía*, *enérgeia*, *substantiva*, *actualitas*, *perceptio*, mônada, como objetividade, como formalidade do impor-se no sentido da vontade, da razão, do amor, do espírito, do poder, como vontade da vontade, no eterno retorno do mesmo[30]". Tais desdobramentos, mesmo perante sua antecedente fundamentação historial, já integram uma verificável historiografia dos modos de manifestação do ser, de como ele, crescentemente encoberto pela sucessão de suas presentificações, apresenta-se ao pensamento em cada época histórica.

É por este caminho que Heidegger traduz sua ampla noção de erro pela expressão "falsa interpretação" (expressão neutra, desprovida de intenções julgadoras), aplicável a cada um dos referidos desdobramentos. A história não se reduz à sua historiografia e deve ser pensada a partir de seu próprio ser, em sua essência, pelo qual o histórico, enquanto exercí-

---

[29] Heidegger, M. Tempo e Ser. In: *Heidegger*. Trd.: Ernildo Stein. São Paulo: Ed. Abil Cultural, 1979, p. 261.
[30] Heidegger, M. Tempo e Ser. In: *Heidegger*. Trd.: Ernildo Stein. São Paulo: Ed. Abil Cultural, 1979, p. 260-1.

cio do destino no destino, integra o "império da errância", errando, através de falsas interpretações, ao redor do que é historialmente essencial.

"Sem esta errância", que peregrina pelo desdobramento da profusão de transformações do ser, "não haveria", diagnostica Heidegger, "relação de destino a destino, não haveria História[31]." A cada "erro" caracteriza-se um novo passo histórico, uma nova forma de encaminhamento que, enquanto mais um elo de uma e única corrente, qualifica uma diversa "falsa interpretação". A cada nova e diversa "falsa interpretação", mensura-se e dimensiona-se, sob a ótica de seu modo de representação, todas as "falsidades" anteriores, ou seja, ressistematiza-se o passado e, a partir deste, o futuro à luz do modo vigente de entendimento do momento histórico presente. Mesmo perante o inegável privilégio de integrar os últimos elos desta corrente histórica – como frutos tardios, que somos, da história da filosofia –, estes permanecem dentro de tal corrente. Pois, enquanto modalidades de representação do mundo, eles ainda são fases, mesmo que as últimas, que continuam a integrar o conjunto de maneiras de encaminhamento processual que persistem em explicar a história "sem jamais pensar os fundamentos de seus princípios de explicação a partir da essência da História, e esta a partir de seu próprio ser[32]".

Do ponto de vista ontoantropológico, errar é confrontar-se com a possibilidade de imortalidade através da mortalidade assumida e não mais camuflada. Tal assunção é o primeiro passo para que um homem seja o que é, homem. Do ponto de vista do caráter historial da história, errar é "processo", isto é, encaminhamento de representações crescentemente encobridoras do presentar-se. Quando assumidas e compreendidas como ciclo ao redor do que é historialmente essencial, tais representações encaminham-se para um crepúsculo que já não mais seria a ante-sala horizontal e sucessiva de mais um modo de manifestação. Encaminham-se, portanto, para o "último extremamente ultrapassante", que é o primordialíssimo em direção ao qual incessantemente erramos. Tal *éskhaton* é o portal para a terra historial: uma noite gestante de uma nova aurora, à qual Heidegger nomeia o "de-cesso do destino do ser", o desaparecimento do modo do ser até agora manifestar-se na sua verdade ainda oculta[33].

---
[31] Heidegger, M. A Sentença de Anaximandro. In: *Os Pré-Socráticos*. Trad.: Ernildo Stein. São Paulo: Ed. Abril Cultural, 1978, p. 27-8.
[32] Heidegger, M. *op. cit.* p. 22.
[33] Heidegger, M. *op. cit.* p. 22.

É através de um futuro não cronológico, no qual os primórdios préhistoriográficos se projetam, e para o qual incessantemente erramos, que podemos, atentando para o "de-cesso" onde cessam os "pro-cessamentos", dar-nos conta do "império da errância", e reler, desde a história pensada em sua essência, a totalidade e cada um dos desdobramentos históricos da filosofia como um processamento de sucessivos modos de representação, ou seja, de sucessivas "falsas interpretações" compulsoriamente compartilhadas.

Trata-se, portanto, de uma outra concepção de tempo e de outra concepção de "erro", bem diferente daquelas que avaliam a filosofia moderna e contemporânea, tanto à luz de princípios matéticos quanto do passado áureo que os formulou.

O Ocidente identifica-se com a via propriamente filosófica inaugurada por Pitágoras. Nesse sentido, é extremamente justa a inserção desta imponente figura no ápice da escada, na mesma "escada de Jacó" em cujo topo encontramos, de acordo com a postura escolástica de Ferreira dos Santos, a *sophía* suprema. Nesta escada, Aristóteles, segundo o Autor, segue a direção ascensional, enquanto Platão, a descensional. Pitágoras, contudo, mantém-se no topo.

Toda nossa discussão concentra-se na possibilidade deste topo dos pitagóricos primordiais ser simultaneamente *átopos*. Mário Ferreira dos Santos entende-o como um lugar, especial que seja, ainda dentro da escada, inclusive historiograficamente. Tal inclusão, faz justiça à explícita aceitação dos meios antológicos – lógicos e dialéticos – que esta escada comportou e pode comportar. Sua obra discute a totalidade da escada através das possibilidades atualizadas e atualizáveis dentro em seus degraus. Heidegger, por outro lado, põe esta totalidade, como que já desde fora, em discussão.

Segundo Heidegger, o que denominamos filosofia é tão contundente e exclusivamente ocidental que não nos precisaríamos referir a ela como "nossa" ou como ocidental, e, portanto, não deveríamos designar perspectivas doutrinais de outras tradições pelo termo filosofia. A filosofia, segundo ele, é, em sua essência, "tão originariamente ocidental que carrega dentro de si o fundamento da história do Ocidente. E é unicamente desse fundamento que nasce a técnica. Só existe uma técnica ocidental. Ela é a conseqüência da 'filosofia' e nada além disso."[3,4]

---

[3] Heidegger, M. *Heráclito*. Trad., Marcia Sá Cavalcante Schuback. Rio de Janeiro: Ed. Relume Dumará, 1998, p. 17-8.

Uma técnica tão exclusivamente ocidental quanto a filosofia que a gerou! Eis uma tônica constante e peculiar da filosofia de Heidegger, e a maior dissonância com a perspectiva de Ferreira dos Santos. Pois trata-se de uma tônica cuja fundamental é o entrelaçamento, tendente à confusão, de *epistéme* e *tékhne*, a primeira definida pelo filósofo como "o entender-se com alguma coisa", e a segunda, como "o reconhecer-se em alguma coisa". "Por detrás desse fato histórico-lingüístico esconde-se uma predeterminação da essência técnica do saber ocidental (...)[35]."

Tal entrelaçamento foi sendo estabelecido em conjunção com a tripartição da filosofia – em física, ética e lógica –, que já estava implícita em Platão, e foi posteriormente apresentada de modo explícito por Xenócrates.

"Desde a fundação da Academia, por Platão, e desde a fundação da 'escola peripatética', por Aristóteles, o que hoje recebe o título distintivo de filosofia surge numa relação bem cultivada com o que chamamos de 'ciências'. A partir de então, esse imbricamento da filosofia com as ciências tornou-se decisivo tanto para a 'própria filosofia' como para 'as ciências'. Desde então, são abundantes as tentativas de se pensar a filosofia como uma espécie de 'ciência', como a mais universal, a mais rigorosa, como a 'ciência mais elevada'. (...) O curioso é que aquilo que não passa de conseqüência de um fundamento e somente pode ser sua conseqüência, a 'ciência' [entendida como *tékhne*], passa a imperar sobre o fundamento, isto é, sobre a filosofia, invertendo a relação entre fundamento e conseqüência. O dependente busca submeter e dominar aquele de quem depende[36]."

Tal como ocorre com as ciências, a filosofia, desde Platão, dividi-se e mantém-se dividida em disciplinas. "As coisas de que trata a disciplina só podem vir à palavra [*lógos*] enquanto e à medida que a disciplina e seu aparato metodológico permitem. (...) Não é tanto a coisa, o seu fundamento e sua 'verdade' que decidem o que pertence 'à coisa', mas sim a disciplina que confina a coisa enquanto objeto da disciplina[37-38]."

---

[35] Heidegger, M. *op. cit.* p. 225.
[36] Heidegger, M. *op. cit.*, p.239.
[37] Heidegger, M. *op. cit.*, p.240.
[38] Heidegger diagnostica: "a ciência nunca atinge senão o que seu modo de representação admitiu *a priori* como seu objeto possível" Heidegger, M. A Coisa. Trad. Eudoro de Souza. Apêndice in: Souza, E. *Mitologia*. Lisboa: Ed. Guimarães, 1984, p.255.

Para chegar aos resultados finais deste disciplinamento técnico da filosofia, Heidegger mais adiante afirma: "o que pertence à 'coisa' só se decide *pelas* perspectivas e direcionamentos da investigação que a disciplina prescreve como meta de seu próprio conteúdo, enquanto único caminho possível de objetivação das coisas". Assim, "a lógica só admite a visão do *lógos* segundo a orientação questionadora que lhe é própria". "Para a lógica, o *lógos* é o *légein* enquanto enunciado, juiz. É a atividade da *ratio*, é ação racional. A 'lógica' é a doutrina da razão[39]." E, finalmente, como conclusão, ele assevera: "A 'lógica' é a metafísica do *lógos*. Como metafísica, a lógica já decidiu a maneira e o teor em que o *lógos* constitui tema e objeto do pensamento, ou seja, já decidiu a essência do *lógos*. (...) Não poderia 'a lógica' ser o que se perde da essência do *lógos*? (...) Não temos uma única razão para garantir que a 'lógica' seja a única meditação própria e conforme com o *lógos*. Ao contrário: temos razões suficientes para afirmar que precisamente 'a lógica' não apenas bloqueou, como impediu e impede o desdobramento essencial do *lógos*[40]".

Ferreira dos Santos aceita criticamente, desde dentro, todas as conquistas da lógica, da aristotélica à hegeliana, incorporando-as, ao conservar sua validade dentro do campo intrínseco de sua pertinência, e superando-as. É impossível, neste ponto, não remeter o leitor, para efeito de uma comparação com os apontamentos heideggerianos, à sua estupenda obra *Lógica e Dialética*, na qual a incorporação e superação recém-mencionadas ficam evidentes.

"Podemos conceber o cosmos como em devir, como em alteração constante. Mas se admitirmos o cosmos como um *todo*, não podemos conceber esse todo em devir (em alteridade), mas apenas como idêntico a si mesmo. (...) Assim a mutabilidade, que o devir revela na parte, não implicaria a privação ou ausência de imutabilidade do todo enquanto tal. Por sempre se terem tomado posições excludentes, a mutabilidade seria a privação da imutabilidade, quando ambas podem ter positividade, embora se oponham e se 'contradigam', sem que tal implique a exclusão de uma em benefício da outra."

Eis uma magnífica explicação dos passos 35-7 do *Timeu*, de Platão. A esta defesa da dimensão plenamente tensional (harmônica, ao nosso ver)

---

[39] Heidegger, M. *Heráclito*. Trad., Marcia Sá Cavalcante Schuback. Rio de Janeiro: Ed. Relume Dumará, 1998, p. 244-5.
[40] Heidegger, M. *op. cit.*, p. 243.

da dialética, segue-se um parágrafo no qual Ferreira dos Santos evidencia as interpretações parciais de Heráclito e Parmênides, com as respectivas reduções da imutabilidade à mutabilidade e vice-versa, que ignoram "a boa solução" que reside na compreensão da referida positividade dos opostos.

"Enquanto tudo isso se dava na filosofia grega, Pitágoras já tinha oferecido a solução a tal polêmica, cujos ecos vêm até os nossos dias. Um conceito dialético de mutabilidade-imutabilidade nos leva mais facilmente a compreender que os dois, embora opondo-se, afirmam positividades. (...) De qualquer forma, não podemos fugir ao conceito dialético de mutabilidade-imutabilidade. E bastaria uma análise simples do nosso conhecimento, que nos leva a ver ôntica e ontologicamente os fatos, para compreendermos a inseparabilidade dos opostos, que a função seletiva de nosso espírito nos leva a separar para poder dar ordem ao acontecer, que não podemos, intuitivamente, captar em sua totalidade."

Segue-se, a partir destas colocações, uma primorosa distinção entre juízo formal e juízo dialético:

"O papel judicatório da razão, formalmente considerado, atribui a um conceito abstrato outro abstrato. E temos o juízo formal. O juízo dialético está na atribuição ao conceito concreto de um conceito concreto, que *com* ele *cresce*. Desta forma, a dialética inclui em si a Lógica Formal, mas a ultrapassa, *conservando-a* (Aulfhebung). O raciocínio formal consiste em inferir juízos formais de outros juízos formais. O raciocínio dialético, em inferí-los concretamente, como contidos na concreção, isto é, identificados na unidade, que são examinados na mente, mas sempre considerados como presentes e fisicamente inseparáveis do todo que fazem parte, a fim de evitar as quedas no abstratismo, que é sempre deficiente e quase sempre prejudicial. Todo fato é um silogismo para a dialética. E o processo silogístico é uma análise da concreção. Por isso, e para isso, é preciso nunca esquecer que a dialética é uma lógica da existência, e não meramente formal[41]." E mais adiante, conclui:

"Duas proposições contrárias, na Lógica Formal, não podem ser ambas verdadeiras, mas podem ser ambas falsas. Existencialmente, através da dialética, ambas podem ser verdadeiras, porque se referem a atualizações da unidade que se contradizem, não enquanto tais, mas enquanto com-

---
[11] Ferreira dos Santos, M. *Lógica e Dialética*. São Paulo: Ed. Logos, 1964, p. 192-4.

ponentes tensionais esquemáticos do ser de que se trata, pois se referem à unidade e não à formalidade de esta ou aquela. (...) Onde há incompatibilidade formal, pode não haver dialética. A Lógica Formal é a lógica do ou...ou...(excludente). A Dialética é a lógica do *também*; portanto, é includente. Uma não nega a autonomia da outra. A Dialética reconhece a procedência da Lógica Formal, enquanto em sua ordem, em sua esfera, que é a das abstrações, mas busca realizar outra verdade, na esfera da concreção. Da cooperação entre ambas, com suas atividades nitidamente delineadas, surge a decadialética[42]."

Cremos que os trechos selecionados dão uma visão da diferença que estamos a apontar. Diferentemente da abordagem totalizante de Heidegger, que põe em questão, desde fora, a totalidade dos encaminhamentos processuais do enquadramento histórico da metafísica ocidental, a de Ferreira dos Santos, não menos total, é uma síntese desde dentro da filosofia, dentro das variações mais ou menos parciais sobre a configuração temática metafísica proposta e em grande parte resolvida pelo pitagorismo. Nada menos justo, quando recordamos sua admiração, quiçá um verdadeiro amor, por Nietzsche, precisamente aquele que Heidegger situa no outro extremo da mesma cadeia metafísica iniciada por Platão.

Foi desde dentro da determinação metafísica do pensar a essência, dentro desta escada, que Ferreira dos Santos, aspirando uma síntese perene e ecumênica, construiu sua filosofia. Em meio à dimensão enciclopédica de sua ampla e profunda obra, totalizante, mas não totalitária, somos levados à certeza de que, frente à sua inabarcável teia de implicações, ela realmente é fruto de uma cointuição sapiencial de seu Autor. Daí provém a ineludível impressão, para todos que se dedicam à sua obra, de uma total pré-organização, que somente poderia dar-se além, mas não independentemente, do gigantesco conhecimento enciclopédico daquele que a produziu. Ou seja, trata-se de uma pré-organização antecipada por tal cointuição e que, muito possivelmente, foi aos poucos decodificada no seio do processo de sua produção.

Nesta decodificação gradual, destaca-se seu *Tratado de Simbólica*, livro-chave para o entendimento das conexões entre a intuída antecipação organizacional e a simbólica pitagórica dada pelo escalonamento ontológico das "leis", representadas pelos dez primeiros números intei-

---

[42] Ferreira dos Santos, M. *op. cit.*, p. 210-1.

ros, dispostas pela "Década". Esta última, é o sumo original de uma simbólica metamatemática corporificadora da *suprema instrução*, meta da filosofia, enquanto caminho para a *sophía* suprema, para a qual a totalidade da obra pitagórico-tomista de Ferreira dos Santos já estava, e estaria por todo o seu restante, a desvelar.

Foi dentro do campo da tradição filosófica ocidental que Mário Ferreira dos Santos pôde acrescentar suas contribuições, entre elas a sólida posição de um Pitágoras já plenamente metafísico. Foi pelos desenvolvimentos de sua constante inspiração no pitagorismo que ele formulou sua decadialética, que, tal como elucidada em *Lógica e Dialética*, articula dez campos tensionais escalonados em cinco planos entrelaçados, e, segundo suas próprias palavras, porta o traço distintivo de ser "aplicável ao âmbito da Filosofia Prática, a que se dedica à dramaticidade do homem, à sua ação, e não à Filosofia Especulativa, para a qual a Lógica Formal e a Lógica Maior são mais adequadas[43]."

A decadialética surge, como vimos, da cooperação da esfera abstrata da lógica formal com a da concreta da dialética. Isto a situa como uma forma de raciocínio central dentro da dialética concreta de Ferreira dos Santos. A realização máxima desta última é dialetizar as abstrações, ou seja, dialetizar o aparentemente não-dialetizável em prol da concreção ôntico-ontológica de um ser real. Com isso evita-se a redução de toda uma gama de outros raciocínios dialéticos a um único plano determinado, o plano de uma competência intrínseca, excludentemente ligado à dimensão mutável do real e completamente divorciado da imutabilidade indiscutivelmente presente nele. Com efeito, evita-se que a própria dialética, reduzida a tal plano, padeça da contraposição estanque aos planos estanques, categóricos e formais da Filosofia Especulativa. Pois a dialética concreta, ao visar à superação dos patamares abstratos, formalizados e axiomáticos da lógica formal, dialetiza-os, e assim o faz aspirando a uma supradialeticidade, uma síntese concreta que supera a antítese entre o dinâmico e o estático, conservando-a no seio desta superação.

As diversas vias metodológicas empregadas pela inteligência humana para alcançar a demonstração são enunciadas pelo Autor no início do segundo capítulo deste livro, a saber: a via formal aristotélico-escolástica, a dedutivo-indutiva e a indutivo-dedutiva, a demonstração *more geome-*

---

[43] Ferreira dos Santos, M. *op. cit.*, p. 155.

trico, a *reductio ad absurdum*, a *e converso*, a da dialética idealista, a dialética socrático-platônica e o método circular de Raimundo Lúlio. E no ápice de tal escalonamento, de acordo com suas próprias palavras, encontramos "a nossa *dialética concreta*, que inclui a pentadialética, a decadialética, a dialética simbólica e a dialética noética[44]."

Em suma, a dialética concreta propõe-se à tensional e simultânea visão integrada das oposições que *com crescem* como positividades na totalidade de um ser concreto. Ela, enquanto instrumento de constante discernimento dos limites dos abstratos juízos lógicos frente à ontologicidade real (concreta), efetiva a dialetização entre planos, envolvendo aqueles pressupostos como dialéticos e os formalizados entendidos como não-dialéticos. Foi sob a inspiração de uma tal dialetização entre planos que nos propusemos ao diálogo crítico entre as tonalidades discordantes que neste Prefácio confrontamos, as tonalidades de dois gigantes: a daquele que não ficou adormecido, mas cujo pungente despertar ainda não pôde ser assimilado pelo sonâmbulo país em que viveu, ou seja, a de Mário Ferreira dos Santos, filósofo que fundamentou toda sua obra em Pitágoras, e a de Martin Heidegger, filósofo que paradoxalmente nada escreveu sobre aquele que não escreveu, o mestre de Samos, mas cuja abordagem sobre a plenitude da arcaica experiência grega da *phýsis* pode ser condizente com um pensador originário que nasceu por volta de 570 a.C..

A resolução dos conflitos aqui expostos, como não poderia deixar de ser, fica sob a responsabilidade de cada um dos leitores deste importante livro, que, além de expor brilhantemente os fundamentos do pitagorismo, nos incita ao pensamento filosófico. Finalmente, não podemos deixar de sugerir, aos que aqui se iniciam no pensamento desse importante filósofo brasileiro, um aprofundamento pela leitura e estudo da totalidade de sua obra.

RICARDO RIZEK
São Paulo, 21 de março de 2000.

---

[44] Ferreira dos Santos, M. *Pitágoras e o Tema do Número*. São Paulo: Ed. Matese, 1965, p. 21.

N. do Ed.- Ricardo Rizek é professor de composição e musicologia na Escola de Música da Faam-FMU. Suas pesquisas pautam-se pelas constantes pontes entre a prática musical e uma filosofia pitagórica da arte ocidental em geral, abordagem que, evidentemente, exige tanto um sólido conhecimento tradicional como uma incessante reformulação da teoria musical à luz dos princípios simbólicos e estéticos. Nesse sentido, destaca-se, além de sua atividade pedagógica regular, suas sistemáticas análises de obras cinematográficas e sua coordenação de diversos grupos de estudo voltados para a pesquisa de uma perspectiva cosmológica nas artes e especialmente na música.

INTRODUÇÃO

"*Deus fez os números inteiros, todos os outros são obra dos homens.*"
(KRONEKER).

"*Eu sou tudo o que foi, e tudo o que será, e meu véu jamais algum mortal ainda o retirou.*" (Ísis, segundo a inscrição de Saís, relatada por PLUTARCO).

A publicação deste meu trabalho é o final de um impulso que desde a juventude tomou forma em mim. Quando nos bancos escolares ouvia as primeiras aulas de filosofia, de mestres conspícuos e profundos, sempre me provocou grande inconformidade a maneira como era exposta a filosofia pitagórica. E algumas vezes, dirigindo-me ao meu iniciador na filosofia, perguntava-lhe se não havia falsificação, e muita grosseira, na apresentação de uma filosofia, cujo papel era inegável sobre todo o processo do pensamento europeu. Ele mesmo me confessava que assim aprendera, assim transmitia o conhecimento, e que não encontrara obras capazes de lhe expor um pensamento, outro que o proferido em suas aulas.

Tais fatos, tiveram sempre sobre mim uma influência importante e tomei a deliberação de, no decorrer de minha vida, procurar todos os meios para estudar devidamente o pitagorismo e, sobretudo, a figura de Pitágoras, que exercia sobre mim uma fascinação extraordinária.

Os anos decorreram e verifiquei quão difícil era coligir material para um estudo aprofundado dessa posição filosófica. Nas minhas viagens a vários países, fui adquirindo tudo quanto encontrava que tratasse do assunto, para, posteriormente, organizar um quadro de tendências. Seria longo descrever o trabalho que dispendi, o trabalho que nunca poupei, pois se tenho algum mérito, considero este o mais elevado: o de ser incansável trabalhador, para o qual todas as horas do dia são horas de obrigação.

A leitura dos mais variados autores me colocou numa posição decidida: o pitagorismo foi a mais falsificada das correntes filosóficas. Esta verdade patenteou-se aos meus olhos após a leitura de tantos livros, de todos os quadrantes do pensamento e que revelavam a presença de velhos preconceitos, vindos de Aristóteles, que foi, sem dúvida, um dos maiores culpados dessa falsificação, o que demonstramos neste livro e também em nosso *Aristóteles e as Mutações*, onde comentamos a famosa obra do estagirita e demonstramos as grosseiras falsificações, fundadas em autores menores e "soi-disant" pitagóricos, ou por erros de acepção comum e até sofística, o que favoreceu uma visão muito alheia a verdade do pensamento do mestre de Samos.

Reconheci, por tudo isso, quão difícil era realizar um trabalho de síntese do pensamento real daquele grande filósofo. Tal trabalho exigiria tempo e muito cuidado, pois os elementos de que dispunha eram insuficientes. Havia necessidade de joeirar tudo e tirar o que era genuinamente pitagórico do que não o era, de origem de autores suspeitos ou dos copistas. Em suma, era preciso realizar obra de doxógrafo. E não podia deixar de reconhecer as grandes dificuldades que teria de enfrentar. O que primeiramente se me afigurou como imprescindível era coligir, do material pitagórico, o que revelava maior coerência com as afirmações do mestre de Samos, afirmações sobre os quais não pairasse nenhuma dúvida quanto, pelo menos, a autenticidade ideológica.

Seguindo e utilizando sempre os métodos da Filosofia Concreta, que criei para com ela construir uma visão coerente e sólida do pensamento, cuja justificação ainda farei oportunamente, foi me possível realizar obra de doxógrafo, sem, porém, fundar-me em critérios subjetivos de apreciação, o que é próprio de toda *doxa*, mas fundar-me em critérios objetivos, capazes de dar a solidez desejada às premissas que minhas teses podem propor. Meu livro é mais obra de exegese, mas fundada no método que criei para o exame do pensamento filosófico, método que, para mim, tem-se mostrado valioso e criador, e me tem permitido invadir com segurança os caminhos mais difíceis e também encontrar soluções e nitidez onde outros tem encontrado penumbra e confusões. Sobre o valor desse método, para os que me lêem, seu julgamento não será difícil, depois de penetrarem no estudo de minhas obras. Quanto aos que não me lêem, nada posso dizer-lhes nem tampouco eles sobre o que faço e o que empreendo.

Este livro é, já, uma realização do emprego do meu método dialéticoconcreto, e as conclusões obtidas estão fundadas em bases reais e históricas suficientes para assegurar a justeza das minhas afirmações, as quais sempre procuro demonstrar.

MÁRIO FERREIRA DOS SANTOS

CAPÍTULO I

O PENSAMENTO PITAGÓRICO[1]

Pitágoras (de Samos – 569?-470? a.C.). Segundo alguns, foi discípulo de Ferécides, de Siros e de Anaxágoras, porém, são contraditórias as informações que nos oferecem os historiadores. No entanto, tudo indica que formou sua cultura no Oriente, no Egito, em Babilônia, em Creta, por onde viajou. De retorno a Samos, tentou fundar aí uma escola, mas tendo que abandonar sua pátria, foi residir na Itália do Sul, por volta de 530, na aristocrática Crótona, onde fundou uma comunidade, ou ordem religioso-moral, que se estendeu a outras cidades, às quais foi, por vezes, chamado como legislador, influindo em seus costumes políticos e sociais. É difícil separar a obra pessoal de Pitágoras da de seus discípulos e de sua escola, bem como o que há de lenda e de realidade, razão pela qual preferimos aqui examiná-lo dentro do pitagorismo.

Sabe-se que Aristóteles escreveu uma obra em três volumes sobre o pitagorismo porém, irremediavelmente, perdida. Nas passagens sobre o pitagorismo, que encontramos esparsas em seus livros, conclui-se que devera ter-se dedicado, seriamente, ao exame dessa doutrina. Contudo, é de salientar que apenas cita três vezes o nome de Pitágoras, enquanto ao referir-se a esta doutrina, constantemente refere-se aos "pitagóricos", aos que "se dizem pitagóricos". A análise que Aristóteles faz do pitagorismo refere-se propriamente à doutrina como a concebiam os discípulos posteriores, e não ao pensamento do sábio de Samos. Como a cons-

---

[1] Capítulo retirado da Sinopse da História da Filosofia, do Dicionário de Filosofia e Ciências Culturais. Mário Ferreira dos Santos, São Paulo, Ed.Matese, 1966.

trução do verdadeiro pensamento de Pitágoras é obra de exegese e implica providências que não caberiam no âmbito de uma Sinopse da História da Filosofia, preferimos tratar a seguir do "pitagorismo", e não, propriamente, de Pitágoras, deixando a nossa crítica para depois.

O movimento pitagórico — Movimento não só intelectual, mas religioso-moral e político. Organizado em forma de comunidade, com iniciações, linguagem simbólica, cercado de mistérios e de segredos, onde predominam o respeito sagrado à palavra de ordem e a obediência cega. Representava um movimento, que foi combatido severamente pelas organizações e governos democráticos da época. Os pitagóricos foram dissolvidos por um movimento popular. Pitágoras conseguiu fugir para Metaponto, onde faleceu. A missão da escola de Crotona era ensinar métodos de purificação, reservados aos iniciados. Atribuem ao pitagorismo a promessa de uma vida futura, após a morte, onde os homens seriam recompensados, desde que cumprissem as ordens da organização e os princípios morais estabelecidos. A escola estava aberta tanto aos homens como às mulheres, independentemente de nacionalidade. Apresentam-na como uma doutrina cheia de tabus e proibições, cujas significações têm servido para diversas interpretações. A crença na transmigração das almas, através dos corpos de homens e animais era uma das crenças dessa doutrina, não, porém de Pitágoras, mas de alguns de seus discípulos.

A concepção de Anaxímenes de que o mundo estava submerso no infinito também era aceita por Pitágoras.

Para ele, todas as coisas são números. Considerava, assim, a relação entre os números e as formas geométricas. Atribuía aos números valor ontológico. Afirmam que, quando esteve na Pérsia, conheceu Zaratustra ou Zoroastro. Cultivavam os pitagóricos a matemática e a música, e, sobretudo, a geometria, como Filolau de Tebas e Arquitas de Tarento. Consideravam a música como meio para excitar e acalmar os sentimentos, e aplicavam-se a ela, não só prática mas teoricamente. Para alguns pitagoricos, os números não eram pensados como coisas abstratas, mas como *algo de real*. O *ponto* era o equivalente ao 1; a *linha* ao 2; a *superfície* ao 3; os *corpos* ao 4. (Na verdade, esse não era o pensamento pitagórico de grau superior).

O número dez, a famosa *tetractys*, é o número principal; ela é a soma dos quatro primeiro $(1+2+3+4=10)$.

Diz Filolau que o número 10 "tem uma grande força, enche o todo, atua em tudo, e é começo e guia da vida divina, celestial e humana" (tudo tem ponto, linha, superfície, volume). Com os pitagóricos, aparece o tema da libertação do homem ao se bastar a si mesmo. A preocupação pela alma conduz os pitagóricos posteriores à doutrina da transmigração ou metempsicose, relacionada com o problema da imortalidade. Pitágoras foi um iniciado nas especulações da astronomia oriental. Descobrindo a relação fundamental da altura dos sons, com a longitude das cordas que vibram, submeteu o fenômeno do som à invariabilidade de uma lei numérica.

O assombroso dessas proporções inteligíveis, móveis e imateriais, acessíveis ao matemático, que expressam a regularidade das aparências sensíveis e do fluxo dos fenômenos, tinha fatalmente que impressionar Pitágoras. Daí, chegar a atribuir um princípio de realidade ao *símbolo* e de causalidade ao *signo*, era fácil aos pitagóricos, como observam vários críticos modernos.

Em todas as coisas estão os números. Das contradições fundamentais nasce a simbolização em opostos: par e impar, direita e esquerda, repouso e movimento, macho e fêmea, reto e curvo, bem e mal.

São os números que ordenam a constituição do universo. Essa aritmologia do neopitagorismo, do platonismo pitagorizante, foi prosseguida por muitos pitagóricos, conjuntamente com investigações matemáticas e cosmológicas.

Entre os mais famosos discípulos, próximos e posteriores, que seguiram suas doutrinas, estão: Filolau, Arquitas de Tarento, Alcmeon de Crotona, Epicarmo de Cos, Hipodamo de Mileto, Teofrasto, Aristóxeno de Tarento, Heráclides de Ponto, Eudemo, Dicearco de Messênia, Duris de Samos, Andrônio, Diodoro de Eretria, Moderato de Gades, Apolônio de Tiana, Nicômaco de Gerasa, etc.

Temas pitagóricos: a) as doutrinas dos pitagóricos são uma mescla de ciência e crenças religiosas; b) reexistência, imortalidade, transmigração das almas (metempsicose), parentesco dos vivos, ciclo das coisas (eterno retorno dos acontecimentos já acontecidos); c) alma como princípio do movimento; d) o universo vivo, o conceito de *Cosmos*, a ordem universal, e a harmonia entre os contrários, que é uma doutrina característica dos pitagóricos; e) os números são a essência das coisas, porque sem o número não seria possível conhecê-las; mutabilidade dos números e imutabilidade do um. (Há influência do *pitagorismo* na ciência moderna, cujas teorias atômicas terminam por ter uma noção apenas matemática da energia subatômica. Só é compreensível à razão o que é espacializado, portanto, numerável).[2]

Atribui-se, também, a Pitágoras o primeiro emprego da palavra *filósofo*, termo que se tornou universal, significando os investigadores do absoluto e intérpretes do mundo, *estudiosos da sabedoria*.

O PITAGORISMO

A afirmativa comum de que para o pitagorismo os números são sensíveis, deve-se atribuir apenas a alguns pitagóricos, e não a Pitágoras, nem aos grandes discípulos, que receberam os ensinamentos diretos do mestre ou de discípulos que com ele privaram. O pitagorismo é uma das concepções mais caricaturizadas e falsificadas na história da filosofia, e isso se deve, sobretudo, ao caráter iniciático dessa doutrina, que exigia uma *mistagogia* toda especial, para que o discípulo chegasse ao conhecimento dos segredos da escola.

Essa a razão por que neste trabalho temos de nos furtar ao estudo mais acurado da matéria e atermo-nos ao que é comumente divulgado, frisando, porém, a validez relativa e improvável da maioria das afirmações, provindas de Diógenes Laércio, de Pedro e Stobeu, que se utilizaram de textos apócrifos. Ademais, o intuito de menoscabar os pitagóricos, por razões, sobretudo, de ordem política, levaram a muitos a atribuir-lhes afirmações que jamais fizeram.

As dificuldades em estabelecer com segurança qual o verdadeiro pensamento pitagórico, levou Zeller a estabelecer, como certas, estas afirmações fundamentais: 1) que o sistema pitagórico, tal como o conhecemos, é obra de distintos homens em diversos tempos; 2) que é difícil discernir, nele, os elementos que, propriamente, pertencem a Pitágoras. Consequentemente, é mister reconhecer, no pitagorismo, um processo de desenvolvimento, que foi elaborado em diversos estágios e que teve contribuições das mais diversas origens.[2]

Podemos ainda salientar que as divisões dos pares de contrários, que abaixo reproduzimos, sabe-se, hoje, que não pertencem a Pitágoras.

---

[2] A lenda está presente na vida de Pitágoras. Os Versos Áureos, que lhe são atribuídos, são de composição de seus inúmeros discípulos, possivelmente de Lysis.

Depois foram atribuídas a Alcmeon. Hoje, contudo, sabe-se que provieram, posteriormente, de pitagóricos menores.

As polaridades são:

01) Limitado – ilimitado
02) Par e impar (o 2 é o primeiro número par, e 3, o primeiro impar)
03) Unidade – pluralidade
04) Esquerda – direita
05) Masculino – feminino
06) Quietude – movimento
07) Reto – curvo
08) Claro-escuro
09) Mau – bom
10) Quadrilátero – oblongo

Outras classificações – como o 1, simbolizando a Razão; 2, a Opinião; 3, a Santidade; 4, a Justiça; 5, o Matrimônio; 6, o princípio da Vida; 7, a Saúde; 8, o Amor, a Amizade; 9, a Justiça em grau superior e, 10, o número sagrado e perfeito, etc. – são também da mesma espécie que as anteriores.

Não consideremos apenas lenda o que se escreveu sobre a vida de Pitágoras, porque há, nessas descrições, sem dúvida, muito de histórico e de verdadeiro. O difícil, porém, está em separar o que é histórico do que é fruto da imaginação e do ficcional.

O fato de negar-se, peremptoriamente, a historicidade de Pitágoras (como alguns o fazem), por não ter, à mão documentação bastante, não impede que seja o pitagorismo uma realidade empolgante na história da filosofia, cuja influência atravessa os séculos até nossos dias.

Acontece com Pitágoras o que aconteceu com Shakespeare, cuja existência foi tantas vezes negada. Se não existiu Pitágoras de Samos, houve com certeza alguém que construiu essa doutrina, e que, por casualidade, chamava-se Pitágoras. Podemos, assim, parafrasear o que foi dito quanto a Shakespeare. Mas, pondo de lado esses escrúpulos ingênuos de certos autores, que preferem declará-lo como não existente, como se houvesse maior validez na negação da sua historicidade do que na sua afirmação, vamos dar sinteticamente elementos que nos auxiliarão para melhor compreensão de uma figura que tem sido impiedosamente falsificada durante vinte e cinco séculos.

Em 1919, perto de Porta Maggiori, sob os trilhos da estrada de ferro, que liga Roma a Nápoles, foi descoberta uma cripta, que se julgou a princípio fosse a porta de uma capela cristã subterrânea. Posteriormente, verificou-se que se tratava de uma construção dos tempos de Cláudio (41 a 54 d.C.) e que nada mais era do que um templo, onde se reuniam os membros de uma seita, que afinal averiguou-se ser pitagórica. Sabe-se hoje, com base histórica, que antes, já em tempos de César, proliferavam os templos pitagóricos, e se essa seita foi tão combatida, deve-se mais ao fato de ser secreta do que propriamente por suas idéias. Numa obra de Carcopino[3] há um amplo relato desse templo. E foi inegavelmente essa descoberta tão importante que impulsionou novos estudos, que se realizaram sobre a doutrina de Pitágoras, os quais tendem a mostrar o grande papel que exerceu na história, durante vinte e cinco séculos, essa ordem, que ainda existe e tem seus seguidores, embora esteja em nossos dias, como já esteve no passado, irremediavelmente infectada de idéias estranhas que, a nosso ver, desvirtuam, como iremos provar, o pensamento genuíno de Pitágoras de Samos.

É aceito, quase sem divergência, por todos que se debruçaram a estudá-lo, que nasceu em Samos, entre 592 e 570 antes da nossa era; ou seja, naquele mesmo século em que surgiram grandes condutores de povos e criadores de religiões, como Gautama Buda, Zoroastro (Zaratustra), Confúcio e Lau-Tsê. As cinco maiores figuras, às quais se deve um papel eminente na história do pensamento humano, quer religioso, quer filosófico.

Inúmeras são as divergências sobre sua nacionalidade; uns, afirmam ser de origem egípcia; outros, síria ou talvez natural de Tiro.

Relata a lenda que Pitágoras, cujo nome significa o *Anunciador pítico* (Pythios), era filho de Menesarco e de Partêmis, ou Pythaia. Tendo esta, certa vez, levado o filho à Pítia de Delfos, esta sacerdotisa lhe vaticinou um grande papel, o que levou a mãe a devotar-se com o máximo carinho à sua educação. Consta que Pitágoras, desde criança, se revelava prodigioso e teve como primeiros mestres a Hermodamas de Samos, depois Ferécides de Siros, e posteriormente, aluno de Tales de Mileto e ouvinte

---

[3] Carcopino, Jerome. La Basilique pythagoricienne de la Porte Majeure. Paris, L'Artisan du Livre, 1943.

das aulas de Anaximandro. Foi discípulo de Sonchi, um sacerdote egípcio, conheceu Zaratustra ou Zoroastro, em Babilonia, quando de sua estada nessa grande metrópole da antiguidade.

Conta-nos a lenda que o hierofonte Adonai aconselhou-o a ir ao Egito, onde foi iniciado nos mistérios nos santuários de Mênfis, Dióspolis e Heliópolis. Fez um retiro no Monte Carmelo e na Caldéia, quando prisioneiro de Cambisis, e daí conduzido para a Babilonia. Nessa metrópole, conheceu o pensamento das antigas religiões do Oriente e freqüentou aulas ministradas por famosos mestres.

Para muitos, estamos nas brumas da pura lenda, pois não há assentamentos históricos suficientes que confirmem a veracidade destes fatos. Mas, fundados, também, em tais modos de pensar, pouca coisa restaria para afirmar-se como verdadeiramente histórica de grandes vultos do passado, pois vimos em nossos dias, negar-se valor histórico a Cristo, pelo simples fato de seus contemporâneos não terem notado seu valor. Ele foi visto pelos fariseus e letrados da época como um mero taumaturgo, que pregava idéias inaceitáveis.

Não é de admirar, pois, – sobretudo, entre os gregos, cujos conhecimentos históricos são incompletos – que não tenham transmitido com a máxima segurança a historicidade de Pitágoras, como também a de muitos outros filósofos. Ademais, houve vários Pitágoras, em diversos setores, confundidos, muitas vezes, com aquele que fundou a escola de Crótona, não sendo, portanto, de admirar a perplexidade e o cepticismo que se apossam de muitos, quanto aos relatos que se costumam fazer de sua vida. Mas a verdade é que o pitagorismo existiu, e existe ainda, e deixou uma obra monumental, sobre a qual podem debruçar-se os estudiosos.

Observa-se, porém, em todas as fontes que nos relatam a sua vida, que realizou na juventude, inúmeras viagens e peregrinações, tendo voltado para Samos com a idade de 56 anos. Seus ensinamentos atraíram muitos discípulos, mas provocaram, também, a inimizade de Policrates, tirano em Samos, fazendo-o exilar-se na Magna Grécia (Itália), onde em Crótona, fundou o seu famoso Instituto. Dizem Nicômaco e Jâmblico que, em certa ocasião, Pitágoras pronunciou um discurso, o qual influiu decisivamente na fundação da sua sociedade, onde os membros se propunham a praticar a comunidade de bens, entregues à meditação, através do que alcançariam o caminho do saber, da *Mathesis Suprema (Megisthe)*, a suprema *sophia*, a suprema sabedoria. Para tanto, era preciso amá-la, e aqueles que fossem *amantes do saber*, seriam filósofos (de *philo* eu amo, e *sophia*, saber), de onde ele cunhou o nome que depois se universalizou: *philosophia*. O conhecimento, a *gnosis*, permitiria que o homem penetrasse, seguindo os caminhos humanos, a *via* que levaria à *Mathesis Suprema*, a suprema instrução. Só o conhecimento nos daria a felicidade, pois afirmava ele que a felicidade suprema consiste na verdadeira *eudamonia* da alma, na contemplação da harmonia dos ritmos do Universo, ou melhor, reproduzindo as suas palavras *"tes teleiótetos tón arithmôn"* , a perfeição dos Números, o número como ritmo a proporção, como nos conta Clemente de Alexandria.

Antes de chegar a Magna Grécia, esteve em contato com os órficos, já em decadência, no Peloponeso, tendo conhecido a famosa sacerdotisa Teocléia de Delfos.

Mas é na Itália que vai desempenhar um papel extraordinário. Funda o famoso Instituto, o qual, combatido pelos democratas de então, foi finalmente destruído, contando-nos a lenda que em seu incêndio, segundo alguns, ele pereceu junto com os seus mais amados discípulos, enquanto outros, afirmam que conseguiu fugir, tomando um rumo ignorado.

Segundo as fontes mais fidedignas, Pitágoras deve ter falecido entre 510 e 480. A sociedade pitagórica continuou após a sua morte, tendo desaparecido quando do famoso massacre de Metaponto, depois da derrota da liga crotoniata. A fraternidade pitagórica teve um grande papel histórico na liga crotoniata, por sua influência política quase absoluta. Segundo se sabe, havia nessa época, três espécies de iniciados: os *filósofos contemplativos*, que eram os *matemáticos*; os *nomotetes*, aos quais cabiam a direção política e a atividade social; e os *políticos*, que não haviam ainda alcançado os graus de iniciação, e que eram instrumentos para a execução dos planos que elaboravam os dirigentes. Havia, para os escolhidos, um grau de noviciado e uma iniciação de *grau de aprendiz*, que levava cinco anos (grau de *paraskeiê*, de preparação), seguindo-se, depois, o de *cathartysis*, de purificação (*catharsis*), que corresponde ao companheiro maçônico, e, finalmente, o de *teleiôtes* (de *telos*, fim) que era o de *mestre*, ao qual eram reveladas as primeiras e últimas causas das coisas.

Após a catástrofe, salvaram-se apenas Lysis e Filolau, que possivelmente, (e há suficientes elementos a favor dessa possibilidade), nem tenham conhecido Pitágoras pessoalmente. Junto com eles salvaram-se alguns noviços, entre os quais, Hipócrates de Quios, que viveu depois em Atenas, Hiparco e Hípias, posteriormente considerados traidores, por terem revelado certos segredos da ordem, merecendo a "excomunhão". Dos seguidores próximos dessa época salienta-se Arquitas de Tarento, considerado um dos dez maiores pitagóricos.

O próprio Filolau também foi considerado por muitos pitagóricos como traidor, por haver publicado trabalhos, nos quais revelava aspectos da filosofia de Pitágoras, e também por ter vendido três livros secretos a Dion, irmão de Dionísio o Antigo.

O pitagorismo na cultura grega – São muitas vezes os gregos acusados de haverem imposto um modelo ao mundo, de terem racionalizado de tal modo o mundo fenomênico, que o modelo, por eles construído, impôs-se como sendo a própria realidade. Nessa capacidade de ultrapassar as fronteiras da aparência estaria, em suma, toda a razão do chamado "milagre grego". E ainda se acrescenta que esse modelo foi apenas um ato de fé.

Essa maneira dual de visualizar o mundo não surge com a filosofia grega. Esta apenas lhe deu novos contornos e novas justificações. Ela pertence a toda maneira religiosa e psicológica do grego considerar o mundo, sempre feito à imagem dos deuses, em que o mundo dos fenômenos copia ou participa da realidade superior do mundo das formas. Assim, se pode estabelecer que o mais típico no pensamento grego é a visualização dos dois planos, o plano das idéias puras e imutáveis, eternas e ingeneradas, e o plano do mundo das aparências, do fenômeno, mundo do devir, da constante mutação das coisas.

É precisamente em Pitágoras que essa maneira de ver toma uma forma filosófica e torna-se o fundamento de toda a sua doutrina. Para muitos, é esse o *grande mito* grego, e, quando dele se afasta, a Grécia afunda-se nas formas viciosas da sofística. Poder-se-ia dizer, à imitação de Spengler, que toda a essência da cultura grega está na aceitação desse mito, suficiente para explicar sua arte, sua religião, sua filosofia, sua política, seus ideais e também o seu desfecho melancólico.

Todo o afã de seus grandes filósofos, como Pitágoras, Sócrates e Platão, cingiu-se à justificação dessa tese. Aristóteles, com seu empirismo racionalista, seria apenas um bárbaro, no conteúdo mais nobre desse termo. Realmente, vinha ele das fronteiras da Grécia, e isso nos explicaria porque se afastara do grande mito, buscando outra maneira de visualizar o mundo. Também essa a razão porque influíra tanto, depois, no Ocidente, através da Escolástica. Seu modelo não era helênico.

Se passarmos os olhos pelos cultos gregos, desde os mais primitivos até o pitagorismo, tomado aqui em seu sentido religioso, realmente os dois planos são patentes. Na decadência, as religiões de empréstimo, cultos vindos do Oriente, já não eram gregos, eram pseudomorfoses de uma cultura, porque apenas se revestiam de algumas formas exteriores da Grécia, mas seu conteúdo não tinha mais raízes na alma daquele povo, porque este já a perdera.

Há, em tudo isso, um pouco de razão. Mas seria primarismo pensar que apenas nessa explicação pudéssemos incluir todo o filosofar grego.

Bastaria um sucinto exame do pitagorismo para, desde logo, termos de nos afastar dessa teoria. Os cultos dionisíacos eram de origem trácia e é impossível ocultar as influências que o misticismo oriental e também o de origem egípcia, exerceram sobre o pensamento religioso dos gregos em seus primórdios. É inegável que o orfismo, vindo da Frígia, sofreu influências fenícias, e a fusão desses dois cultos se deu, sem dúvida, graças ao contato com os egípcios e o Oriente. Na verdade, o pitagorismo não está infenso do orfismo, uma vez que, após Pitágoras, é difícil distinguir os autores órficos dos autores pitagóricos. Muitos dos rituais e cerimônias destes foram cópias de outras, de origem órfica. E são fatos como esses que permitem considerar Pitágoras como um verdadeiro reformador do orfismo. Mas seria erro não considerar, contudo, as inovações extraordinárias que ele trouxe a tal culto, e, de tal modo, que a sua doutrina termina por tomar uma fisionomia própria. Todo o século V, e parte do século IV, sofreram sua influência. Grandes foram os pitagóricos deste período, como Timeu, Arquitas de Tarento, Filolau e Teodoro. Uma das suas maiores figuras foi sem dúvida Sócrates, cujo acabamento se processa no seu grande discípulo Platão, a expressão mais brilhante do pitagorismo, como, de resto, do pensamento humano. Em Platão, o pitagorismo encerra a sua grande fase.

Assim como a Academia platônica, depois da morte do mestre, dele se afastou, também se podem acusar os movimentos neo-pitagóricos, de se terem afastado do mestre de Crótona. Platão nunca fez uma declaração pública de que era pitagórico, como também não o fez Sócrates. E era natural, porque o pitagorismo estava fora da lei. A doutrina platônica permanece dentro do âmbito dos dois planos.

Este mundo, o mundo fenomênico, é feito à imitação de um modelo eterno e imutável, o mundo verdade, o mundo das formas puras. Há, entre os críticos de Platão e Sócrates, alguns que duvidam da filiação pitagórica desses autores. As afirmativas de Aristóteles são julgadas insuficientes. Contudo, Xenofonte, no retrato que faz de Sócrates, apresenta-o como um pitagórico, quando diz : "Ele era um destes pitagóricos em busca da redenção."

Toda a terminologia platônica das idéias-formas é pitagórica: *eidos, idea, skhema, morphê*.

A doutrina das formas tem, sem dúvida, aquela origem, e quando Platão, em seus diálogos, fala dos "amigos das idéias", quer referir-se a eles. E hoje, através do que sabemos, Espeusipo, que sucedeu a Platão, seu tio na Academia, antes de Xenócrates, escreveu um tratado "sobre os números pitagóricos", o que nos indica que o ensino dado na Academia era pitagórico.

Pitágoras não somente semeou com suas idéias todo o processo filosófico grego, como também o mais fundamental das suas doutrinas chegou até nossos dias, pois a ciência moderna é mais pitagórica do que foi em qualquer tempo.

Ao considerar que o número é o fundamento das coisas, ele introduziu o cálculo na física, e aliou a matemática à ciência, o que permitiu o grande progresso que esta conheceu. Pitagóricos foram Timáridas, que criaram a Álgebra, Teodoro de Cirene, mestre de Teeteto, Anaxágoras de Clazômene, mestre de Péricles e que estudou as noções do infinito, Arquitas, Oinópides e Eudoxo, astrônomo, e, finalmente, Platão, cujos ensinamentos matemáticos, com métodos racionais, prepararam o advento do grande pitagórico Euclides. Temos ainda que salientar Asclépios, cujo papel foi muito importante na medicina, Alcmeon, o primeiro a praticar a dissecção, e o maior de todos, Hipócrates de Cos, o precursor da medicina moderna, e sem esquecer o poeta Píndaro.

O ensino dos sofistas foi, sem dúvida, um movimento contra a doutrina dos pitagóricos.

É mister que se distinga a doutrina exotérica do pitagorismo da sua doutrina esotérica, a que era dirigida aos profanos e a que cabia apenas aos iniciados.

Quando se perguntava aos pitagóricos: "qual a essência de qualquer coisa", respondiam, invariantemente, com uma dupla asserção: "As coisas consistem em números" e "as coisas são formadas à imitação dos números".

É uma maneira primária de agir essa de considerar que os números fossem como o são as partículas que o homem comum concebe como formadoras da realidade.

A verdadeira doutrina só pode ser interpretada assim: as coisas consistem em números sob o plano *eidético*, e são formadas, no plano natural, graças às leis matemáticas, que as regulam, à imitação dos números. Materialmente, as coisas imitam os números e são, por isso, também números. Não há contradição aí, senão aparente, como teremos ocasião de ver mais adiante.

No *Sofista* (238 b), diz Platão: "Segundo o nosso modo de ver, o número, em seu conjunto, é o Ser." A qual *ser* ele se refere, veremos oportunamente.

Inegavelmente, a matemática teve seu grande impulso epistêmico com os gregos. É com eles, realmente, que se desenvolve a demonstração. Não se deve pensar que, com aqueles, tenha-se iniciado a demonstração, a prova, porque já a empregavam os egípcios. Há um fragmento da obra de Demócrito, que é expressivo. Ao descrever suas viagens ao Egito, diz: "Percorri muitos países... e conversei com muitos homens sábios, mas quanto à combinação das linhas com a demonstração, ninguém me ultrapassou, nem mesmo aqueles que, no Egito, chamamos *os harpedonatas*..."

Ninguém o ultrapassou na demonstração (*apodeixos*, de onde *apodítico*, demonstração, prova); passagem dos *Strômatas*, de Clemente de Alexandria. Atribuía Demócrito aos *harpedonatas* uma ciência demonstrativa, que não superava a dele, o que comprova que os egípcios usavam também a demonstração na matemática, o que, aliás, decorre do próprio espírito da matemática.

Muito antes de Demócrito, os pitagóricos dedicavam-se à demonstração. Pitágoras, segundo os documentos de que dispomos, afirmava sempre aos discípulos a diferença que se devia estabelecer entre a *doxa* e a *epistéme*. O ideal pitagórico da *Mathesis Megiste. Suprema*, da suprema instrução, só poderia ser alcançado pelo homem através da epistéme, do saber culto, da *sophia* demonstrada, que é o caminho do homem anelante de saber, desse ser que ama o conhecimento, o filósofo (de *philon*, eu amo e *sophia*, saber). É preciso considerar as profundas raízes filosóficas que o pitagorismo lança na Grécia e na Magna Grécia, e que dão ao pensamento grego um novo rumo. O *amante do saber* que se satisfaz apenas em saber o que há, e como se dá, mas também o porquê do que é.

Mas até este ponto ainda não se caracteriza a contribuição do pensamento pitagórico. Sabemos que havia uma forte dose de cepticismo entre os gregos e Pitágoras trouxera para os gregos as grandes contribuições da matemática, da física e das artes. E, ante esses, é natural que demonstrasse os seus conhecimentos e procurasse provar as suas teses. Não é sem fundamento que se atribui a Pitágoras a fundação da geometria baseada em teoremas demonstrados. Nem só na matemática, mas também na filosofia ele expunha aos iniciados as razões de suas teses, demonstrando-as.

Vejamos estas palavras de Nicômaco de Gerasa: "Os antigos, que sob a direção espiritual de Pitágoras, deram em primeiro lugar à ciência uma forma sistemática, definiram a filosofia como o amor do Conhecimento. As coisas incorpóreas — como as qualidades, as configurações, a igualdade, as relações, os *arranjamentos*, os lugares, os tempos... — são, pela essência, imitáveis e incambiáveis, mas podem, acidentalmente, participar das vicissitudes dos corpos aos quais eles estão ligados." E prossegue: "E se, acidentalmente, o Conhecimento se ocupa também dos corpos, suportes materiais das coisas incorpóreas, é contudo a estas que ele se ligará especialmente. Pois essas coisas imateriais, eternas, constituem a verdadeira realidade. Mas o que está sujeito à formação e à destruição...(a matéria, os corpos) não é atualmente real por essência."

O caráter especulativo da filosofia grega, a busca dos juízos apodíticos, universalmente válidos, em contraposição aos juízos meramente assertóricos, que vemos surgir nas obras da filosofia ocidental, surgem, sem dúvida, graças às grandes contribuições do pitagorismo. A *Mathesis*, a suprema instrução, é algo ativo, que o homem deve afanar-se em conquistar. Esse afanar-se pelo saber é um apetite, um amor ao conhecimento da *Mathesis*, é a *filosofia*. O conteúdo desse conhecimento é um *mathema*, cuja arte em alcançá-lo é a *mathematika*, arte de obter os conteúdos do saber supremo. Nesse sentido, a matemática é o saber supremo dos pitagóricos, e não no sentido tomado comumente de disciplina que estudas as abstrações de 2º grau.

Chamemo-la de *Metamatemática*, que é a verdadeira filosofia para Pitágoras. E era ele que dizia que o verdadeiro amante do saber é aquele que expressa com clareza o que sabe, e procura demonstrar o que sabe, seguindo as normas da matemática, isto é, fundando-se em juízos apodíticos, universalmente válidos. Quando se intitulava um *amante do saber, um filósofo,* não dizia tudo quanto exigia do verdadeiro discípulo, mas apenas o que era possível dizer aos não-iniciados.

A verdadeira filosofia, para Pitágoras, é a Metamatemática, a arte que consiste em alcançar os conteúdos do saber supremo, e que demonstra suas afirmações *(teses)* por meio de juízos apodíticos (universalmente válidos), a verdadeira *ciência* em suma.

Para que uma disciplina se torne *epistêmica* deve afastar-se da *doxa*, das opiniões, da matéria sobre qual todos opinam e apresentam pontos de vista diametralmente opostos, a ponto de o que é afirmado com convicção de certeza e de verdade por um, ser considerado falso por outro, como sucede no âmbito das chamadas ciências culturais. A avaliação de um conhecimento só pode ser obtida epistêmicamente, se o critério que serve de avaliação fundar-se realmente em bases objetivas. E como se obterão tais bases senão nas demonstrações apodíticas, como as que nos oferece a matemática?

A *doxa* funda-se em critérios subjetivos, a *epistéme* em critérios objetivos. Para essa razão, a estética moderna, que está ainda no âmbito da *doxa*, permite que os seus estudiosos se digladiem em campos opostos e até contraditórios; o que é possível, porque não se estabeleceu ainda a fundamentação apodítica dos postulados estéticos, pelo menos entre os estetas modernos, que ignoram os trabalhos dos pitagóricos. Assim se pode estabelecer que, nas ciências naturais, onde os critérios objetivos predominam, é mais fácil a matematização no bom sentido, enquanto nas ciências culturais, devido à predominância de preconceitos enraizados, a matematização, também empregado o termo em sentido pitagórico, torna-se mais difícil, não, porém, impossível, como desejam alguns, na ânsia natural de se entregarem às divagações e às afirmações imponderadas e fáceis.

"Nenhuma pesquisa merece o nome de ciência se ela não passa pela demonstração matemática." Máxima de Leonardo da Vinci, genuinamente pitagórica e genuinamente grega, pois é o espírito da ciência grega que nela está presente. A demonstração é uma característica do espírito lógico grego e da sua retórica. É o que notamos nos diálogos de Platão, onde as demonstrações buscam ser as mais convincentes possíveis. Já o podíamos notar nos discursos de Demóstenes, onde ele busca destruir os argumentos do adversário e revelar o absurdo que neles está contido. É, sem dúvida, com Pitágoras que o método demonstrativo se desenvolve para alcançar seus pontos altos em Hipócrates de Cós, nos *Analíticos* de Aristóteles, e na surpreendente realização dos *Elementa* de Euclides, que o aplica de maneira extraordinária e definitiva.

Diz Paul-Henri Michel:[4]

"Mas os Pitagóricos não são primitivos! Se, segundo eles, todas as coisas são números, não é somente porque todo objeto sensível pode ser considerado como uma "coleção", como a soma de suas partes indivisíveis. O número existente em si, fora da pluralidade dos objetos materiais, assim como a grandeza, o que nos leva a outro aspecto da teoria, à transcendência e à noção do número *modelo* das coisas. O *arithmós* (que não se deve confundir, como parece fazê-lo tantas vezes Aristóteles com o *plethos*), traduz-se no ser por uma harmonia. Firmados nesta convicção pelo exame das cordas vibrantes, os Pitagóricos podiam enunciar, no catecismo dos acusmáticos: "Que há de mais sábio? O número."

E adiante afirma que os pitagóricos tinham apenas uma visão quantitativa do número no início, e que só depois tenderam a qualificá-lo.

"Essa dupla providência não foi jamais talvez consciente; sem dúvida, não foi jamais explicitada pelos Pitagóricos, mas estava subjacente em sua concepção do número. Só ela pode justificar essa espécie de fascinação que os números, tomados individualmente, exerceram em seu pensamento, e que, ademais, não se exerceu apenas em sua escola."

Esta afirmação é, porém, em parte, procedente, porque, no estudo do primeiro e segundo grau (graus de *paraskeiê* e de *catartysis*), o número estudado é o quantitativo, como abstração da quantidade. Mas o número, em sentido qualitativo, vetorial, modal, etc., é examinado, posteriormente, à proporção que o iniciado penetra nos conhecimentos mais elevados. Seria ingenuidade pensar que todo o pensamento matemático de Euclides estivesse exposto em seus *Elementa*, que é obra de iniciação geométrica.

Esta é a razão porque, no Instituto de Pitágoras, estava à entrada o dístico que, posteriormente, Platão copiou: "Aqui não entra quem não conhece geometria." Em outras palavras, a iniciação é impossível a quem não adquiriu os hábitos demonstrativos da geometria.

E que realmente era assim (que o número quantitativo era apenas um grau inferior do conhecimento matemático) comprova-o o desprezo que

---

[4] Michel, Paul -Henri – "De Pythagore a Euclide" Paris, Societé d'éditions Les Belles Lettres, 1950.

revelavam os pitagóricos pela *Logistikê*, a arte de cálculo e ao número de cálculo, demonstrando que não confundiam o *arithmós* pitagórico com o número sensível, o número de conta, de cálculo, de medida apenas.

Não é o número *(arithmós)* apenas uma abstração de segundo grau da quantidade, como se poderia julgar se nos basearmos apenas nas obras dos pitagóricos de grau de *paraskeiê*. Não há dúvida que a constante na exegese pitagórica, que se conhece através dos tempos, sempre confundiu o conceito do número em seu aspecto genérico com o número quantitativo, que é apenas uma espécie de número, ou seja, que é apenas "esquema da participação da quantidade". Esse aspecto quantitativo é a diferença específica do gênero *arithmós*, mas não é tudo e apenas ele. É este um modo de ver que insistentemente teimamos em salientar, embora reconheçamos que há pitagóricos que jamais alcançaram outra visão, senão a meramente quantitativa, como se observa na obra de alguns pitagóricos e neo-pitagóricos.

Que não são os números a última natureza das coisas, é evidente em face das afirmações da escola de que o número tem sua origem na combinação harmônica do ilimitado e do limitado (infinito e finito, par e impar). Ademais, o Um não é número.

Por outro lado, também não se pode afirmar que a concepção do mundo de Pitágoras fosse atomística, pois neste caso, haveria o descontínuo como última natureza das coisas. Não procede essa afirmação, porque ele afirmava que o último *hipokeimenon*, o último sustentáculo das coisas, é o *aither*, o éter, e este é pura continuidade e imutabilidade em sua essência.[5]

Para os pitagóricos havia, sem dúvida, uma *matemática transcendente*, em oposição à *matemática imanente*. Esta última é a que corresponde às abstrações da quantidade, enquanto a primeira é aquela que se refere às formas ou idéias, seguindo a ordem que expusemos da matematização ontológica, como o fizemos em *Filosofia Concreta*. Há, no diálogo *Das Leis* de Platão, várias alusões a essa matemática transcendente, que só era conhecida e manejada pelos iniciados em graus mais elevados, inclusive na escola platônica.[6]

Entre os pitagóricos ilustres, podemos citar Cercops, Petrônio de Hilera, Brotino de Metaponto, Hipaso de Metaponto, Califônio de Cni-

---

[5] À primeira conclusão chega P. Kucharski, ao criticar as opiniões de E. Taylor em seu Étude sur la doctrine pythagoricienne de la tétrade.
[6] León Robin em Platon (Paris, Alcan, 1935) teceu comentários nesse sentido.

dos, Demócedes de Crotona, Parmenisco de Metaponto, Epicárnio de Siracusa, Icco, Parônio, Ameinias (mestre de Parmênides), Xuto, Boidas, Trasíalas, Teodoro de Cirene, Eurito de Crotona, Lysis (a quem se atribuem os *Versos Áureos*), Arquipos de Tarento, Opsimos de Requim, Fáleas de Calcedônia, Enópedes de Quios, Hipócrates de Quios, Ocelo de Leucínia, Nicretas de Siracusa, Ecfanto de Siracusa, Xenófilo de Cálcis, Diócles, Equecrates, Polinastro, Fantônio, Ário, Proso de Cirene, Amiclas de Tarento, Clénias de Tarento, Damônio, Fíntias de Siracusa, Simos, Minômides, Eufranor, Eicônio de Tarento, e as famosas pitagóricas Tiyka, Filtys, Cratesicléia, Teano, Lastenéia, Abrotélia, Execratéia, Eliasia, Tyrsenis, Peisirrode, Nisteadousa, Boiô, Babelyka, Kleaickna, Ekelô, Keilonis e Muia.

CAPÍTULO II

JUSTIFICAÇÃO DO MÉTODO USADO NESTE LIVRO

Em *Filosofia Concreta*, justificamos o método por nós empregado nessa obra, na qual, realizamos uma matematização do pensamento filosófico, fundada em juízos universalmente válidos, ou seja, de modo apodítico. Nele, examinamos as diversas vias usadas pela inteligência humana para alcançar a demonstração: a via formal aristotélico-escolástica, primarcialmente dedutiva, a via dedutivo-indutivo e o indutivo-dedutivo, a demonstração a *more geométrico*, a *reductio ad absurdum*, a *converso*, a da dialética idealista, a dialética socrático-platônica, sobretudo indutiva na busca do *logos* analogante, o método circular de Raimundo Lúlio e, finalmente, através da análise dialética, a nossa *dialética concreta*, que inclui a pentadialética, a decadialética, a dialética simbólica e a dialética noética.

Na demonstração das teses, que são as positividades do pensamento filosófico, conquistadas pelo homem através dos tempos, usamos diversas vias demonstrativas, com o intuito de evidenciar que, por todos os caminhos que o homem construíra até então, para alcançar a verdade, que lhe é acessível, obtinha o mesmo resultado, que era o que havíamos postulado de *tético* (de tese).

A *Filosofia Concreta*, por nós exposta, como se vê pelo livro que leva esse título é uma decorrência não apenas dedutiva, mas sobretudo dialética das verdades ontológicas que ao homem cabe postular. E verificamos, então, que as teses posteriores, algumas insuspeitas nos primeiros momentos, tinham, a seu favor, fundamentos tão sólidos, que as tornavam *ipso facto*, apodíticas, universalmente válidas. Sem jamais apelarmos para os roteiros místicos, foi-nos possível tanger os mais elevados caminhos do filosofar, apenas seguindo os métodos que havíamos preconizado.

Sabemos, sem a menor dúvida, que a muitos pode parecer que essa tentativa é contrária à verdadeira natureza da filosofia. Para estes, a filosofia é um campo de demonstrações verossímeis, de asserções dominadas pela *doxa*, pela opinião, que apesar da base teórica, não são suficientes, contudo, para assegurar ao homem a certeza, o assentimento firme da mente humana sem temor de erro.

Entretanto, por muito ponderáveis e respeitáveis que sejam estas *opiniões*, estamos certos de que a obra que realizamos evidenciou, de modo categórico e indiscutível, que a busca das positividades, na filosofia, era possível do modo como havia sido feita. Procuramos, ademais, por todos os meios ao nosso alcance, evitar que a esquemática humana, em sentido meramente psicológico, influísse de modo decisivo nos exames a proceder. Receávamos, fundados na suspicácia, que exige o exame da capacidade epistemológica do homem, que os juízos de valor fossem tão poderosos que desfigurassem o próprio raciocínio, impelindo as afirmativas que melhor se coadunam com os nossos desejos mais ocultos. Por essa razão, procuramos sempre dar aos conceitos por nós empregados um conteúdo tão rígido quanto possível, eminentemente ontológico, desprezando até as acepções formais, e as que evidentemente estão influenciadas pela esquemática que decorre da nossa experiência. Estabelecemos, assim, para os conceitos, não acepções arbitrárias, nem as meramente adequadas ao nosso modo de filosofar, mas aquelas que necessariamente tem de ter, quando ontologicamente construídas.

Assim, verificamos que o conceito de *infinito*, independentemente da esquemática humana, só poderia ter um conteúdo ontológico, que era o de apontar o ser absolutamente independente de outro, cuja única razão de ser encontrar-se-ia em si mesmo. Desta forma, não só fugíamos à conceituação grosseira do infinito extensistamente considerado, como é o infinito quantitativo, mas também, do infinito intensistamente considerado, como seria o qualitativo. Alcançamos, assim, ao que poderíamos dizer, a única e verdadeira essência do conceito ontológico de infinito, e as outras acepções, que por acaso pudessem ser usadas, seriam apenas análogas, aquela, nunca, porém, idêntica. Dessa forma, evidenciou-se, para nós, que apenas um ser poderia ser infinito, pois o conteúdo ontológico desse conceito excluía a possibilidade de um dualismo, e ainda mais de um pluralismo. Se a construção que realizamos, à qual chamamos de *Filosofia Concreta*, repete, aqui ou ali, positividades dessa ou daquela doutrina, não ficava a nossa maneira de filosofar subordinada a tais ou quais tendências, mas apenas que tais ou quais tendências participavam de positividades inerentes à natureza da própria estrutura da *filosofia concreta*.

Não é deste modo esta filosofia uma síntese de positividades alheias, uma *sincrise* de positividades axiologicamente escolhidas, como pode parecer a quem não a tenha apreendido em toda a sua realidade. A construção da filosofia concreta não surge como a obra que realiza o arquiteto. Este escolherá previamente os materiais usáveis e adequados ao que projeta realizar, e lhes dará, afinal, a ordem que corresponde ao que previamente havia construído em sua mente. A filosofia concreta não surge de uma adaptação mais ou menos hábil de positividades dispersas, conexionadas numa totalidade coerente. Ela surge como uma decorrência rigorosamente ontológica de princípios mostrados e demonstrados apoditicamente.

E se ora aqui, ora ali, encontramos uma tese, que é a mesma, desta ou daquela doutrina, é porque esta ou aquela captaram tais positividades, sem que a filosofia concreta fosse uma reunião de materiais dispersos.

Pois bem, nesse momento em que empreendemos o exame do pensamento de Pitágoras, não poderíamos deixar de seguir os métodos por nós já estabelecidos. Poucas vezes, na história do pensamento humano, uma doutrina foi tão desvirtuada, tão desfigurada e tão caricaturizada, não só por seus discípulos, como por seus exegetas, e pelos adversários, como o foi o pensamento do sábio de Samos.

Ninguém pode negar que o pensamento pitagórico teve um papel grandioso na história do filosofar humano. Talvez nenhuma outra doutrina possa apresentar uma lista de nomes tão grandiosos, como o pode fazer o pitagorismo em geral. E este não só apresenta um número imenso de discípulos, como, por sua vez, fecundou o pensamento de toda a filosofia posterior. E em toda parte, em todo o pensamento humano, encontramos sempre uma presença persistente de uma ou outra tese pitagórica. Mas, apesar de tudo isso, jamais se assistiu, no processo filosófico, tamanha incompreensão, tão grandes divergências, apreciações tão díspares até entre os próprios discípulos, como se verifica no tocante ao pensamento de Pitágoras.

Todas as religiões, todos os pensamentos religiosos, que surgiram nesses vinte cinco séculos, todas as doutrinas, teorias e até correntes filosóficas, todas, sem exceção, receberam o influxo desse pensamento, como veremos.

Foi considerando tudo isso que resolvemos agir de modo diverso.

Usando do mesmo método empregado em *Filosofia Concreta*, resolvemos classificar como duvidosa toda afirmativa sobre o pitagorismo, inclusive aquela expressa por discípulos considerados como os mais perfeitos porta-vozes do pensamento do fundador da escola itálica. Deste modo, colocamos de lado tudo quanto possa padecer dúvida, e procuramos, no pensamento até então posto, aquelas afirmativas sobre as quais não poderia padecer dúvida, isto é, aquelas afirmativas que todos os pitagóricos reconhecem como imediatamente emanadas do fundador dessa doutrina.

Não bastava, porém, esse trabalho de rigorosa seleção. Era mister ainda partir de uma tese sobre a qual não houvesse a menor dúvida. Esta tese teria um papel auxiliar, e atuaria no nosso exame na mesma proporção em que atua a matemática nas pesquisas científicas.

Este ponto de máxima importância é o que chamamos o *ponto de coerência*, cujo exame necessitamos fazer, pois, sem bem esclarecê-lo, não nos será possível avançar através da construção que pretendemos apresentar nesta obra.

Entende-se por *coerência*, em suas linhas gerais, a união mais ou menos estreita que se forma entre dois seres, ou os elementos que constituem as partes de uma totalidade. Tem ela origem no verbo *haeo*, cujo particípio passado dá *haesum*, de onde vem a palavra herdeiro, que, juntando-se à preposição *cum*, dá *coerência* em português, que nos indica a presença unida numa totalidade dos elementos que a constituem.

Deste modo, pode-se falar em coerência física, química, vital, social, etc. Mas, empregamos ainda o termo coerência ao referirmo-nos ao conjunto das idéias expostas, que obedecem a nexos lógicos ou psicológicos, que as entrosam e as formas adequadas umas às outras, tornando umas congruentes com as outras, chamando-se de *incoerente* todo e qualquer pensamento que se afaste desse nexo.

Se perpassamos os olhos sobre a obra dos realmente grandes filósofos, observa-se, facilmente, que a coerência é uma normal presente na exposição das suas idéias. Na análise que se faz da obra de um pensador, pode ser encontrado um ou outro pensamento que se afaste do nexo ou que afirme algo incongruente com os postulados fundamentais, nos quais se baseia o seu pensamento. Muitas vezes, porém, tais acusações são mais o produto de precipitadas análises, pois um exame mais cuidadoso e rigoroso termina por demonstrar que essa incoerência não é real.

Por outro lado, pode-se observar, ainda, que um filósofo, no decorrer do processo de sua obra, nem sempre é coerente com os fundamentos por ele previamente estabelecidos, ou, então, nota-se que, num dado momento, em face de determinado aspecto, propõe postulados em desacordo com os princípios fundamentais. Poderíamos chamar de *incoerência subjetiva*, a que se verifica na obra de um autor, constituída pelos famosos *cochilos*, tão proverbiais, dos quais não se livram nem os maiores (*Aristóteles, insignis, negligentia in scribendo,* lembremo-nos).

Mas há outra coerência, que é a que queremos estabelecer agora.

Colocados, com o máximo cuidado e clareza, os postulados fundamentais de um pensamento filosófico, pode o exegeta, desde que obedeça a um extremo rigor ontológico e dialético, desenvolver o pensamento de um autor com coerência, o que é, na verdade, possível, e, depois de estabelecido o roteiro rigorosamente ontológico, subitamente toparse com um postulado incongruente com o anteriormente afirmado ou em contraposição aos fundamentos desse pensamento.

É, mesmo uma norma fácil, até certo ponto, e a qual, tanto Aristóteles como os escolásticos, deram muito da sua atenção, a que consiste no seguinte: julga-se da validez, da força de um pensamento filosófico, quando este pensamento, levado até as últimas conseqüências, não revela absurdos. Se se obedecer a um rigor dialético, no sentido que tomamos este, facilmente se verificará que poucas são as doutrinas que resistem a esse exame. E muitas, mais cedo do que outras, fazem ressaltar o absurdo, quando menos se espera.

A esta segunda coerência, chamá-la-emos de *coerência objetiva*.

Se quisermos examinar a obra pitagórica (e queremos nos referir à de Pitágoras), encontramos grandes dificuldades pela frente, pois, na verdade, teremos de nos fundamentar nas afirmativas daqueles que se proclamaram seus discípulos. Dos livros, que se diz que Pitágoras escreveu, se é que os escreveu nenhum chegou as nossas mãos. É presumível, e com bastante razão, que *O Hieros Logos (a palavra sagrada)*, que se atribuiu a Pitágoras, fosse apenas um livro de máximas simbolicamente escritas, as quais só poderiam ser devidamente interpretadas por aqueles que estivessem familiarizados com o seu pensamento.

Sabemos, ademais, (porque é esta uma constante na obra dos pitagóricos), que Pitágoras e a ordem que ele fundou, proibiam, terminantemente, que se tornasse exotérico o pensamento, os conhecimentos, que só cabiam aqueles iniciados em grau superior. Deste modo, o verdadeiro pensamento da ordem pitagórica estava reservado apenas aos que atingiam os graus iniciáticos mais elevados, e de modo algum podiam tornar-se esotéricos, naquele momento histórico.

Queremos chamar a atenção do leitor para Filolau, que é, inegavelmente, um dos discípulos de maior projeção, e que, segundo os dados históricos, de que dispomos, possivelmente tenha conhecido Pitágoras, o que dizemos com muitas reservas, mas que foi discípulo, certamente, de outros mestres, que tiveram contato direto com o fundador da escola itálica.

Filolau foi acusado de traidor pelos pitagóricos de sua época, porque havia ele tornado exotéricos certos conhecimentos, que deviam permanecer guardados, ocultos, e que só deveriam ser revelados quando chegasse o momento oportuno, isto é, quando o homem merecesse, ou já tivesse alcançado um grau tão elevado, que poderia conhecê-los sem lhes causar prejuízos maiores.

É este um ponto de magna importância, repetimos, porque restaram de Filolau inúmeros fragmentos que muito nos podem guiar para um conhecimento mais exato do pensamento pitagórico, e que podem servir, ademais, para compararmos as teses que oportunamente iremos expor com as suas afirmativas[7]. Se o pensamento de Filolau, esotericamente exposto, não se coadunasse com os ensinamentos mais secretos da ordem pitagórica, não poderíamos compreender porque lhe foi atribuída a pecha de traidor e revelador de segredos. A não ser que provisse de discípulos que desconhecessem o verdadeiro pensamento pitagórico, e que julgaram que o que ele revelara deveria permanecer oculto. Mas, seja como for, através dos tempos, todos os autores reconheceram nele

---

[7] Reproduzimos em capítulo próximo os seus fragmentos mais significativos, bem como alguns de outros autores.

uma autoridade incontestável. No método que obedecemos nesta obra, não iremos partir apenas de Filolau, mas, sobretudo, de outros pontos que julgamos mais seguros e irrecusáveis, sem que nos afastemos das contribuições desse grande discípulo, sempre que suas afirmativas forem coerentes com os fundamentos que teremos oportunidade de precisar. E veremos, ademais, que Nicômaco de Gerasa também expôs o pensamento pitagórico, em certos aspectos, com uma coerência também irrecusável. Ainda outros, em certas passagens, oferecem-nos valiosos elementos para a justificação do que oportunamente exporemos.

Estabelecidos esses pontos sobre a coerência subjetiva e objetiva, em relação a Pitágoras, somos levados a dizer que, como não temos às mãos obra escrita por ele, que pudesse servir de ponto de referência para as análises sobre o seu pensamento, não podemos afirmar nem a coerência nem a incoerência, subjetivamente consideradas. Não é possível afirmar-se que Pitágoras foi ou não incoerente. Como, porém, observa-se que os grandes filósofos caracterizam-se pela coerência em suas obras, podemos partir desse postulado de que a obra de Pitágoras deveria ser subjetivamente coerente. Mas, fundando-nos na coerência objetiva, de que acima falamos, podemos construir, graças aos métodos da nossa dialética, as teses fundamentais do seu pensamento, e partir delas para construir a sua concepção com rigor e coerência. Podemos, assim, estabelecer como devia ter pensado Pitágoras, e, como nada se pode afirmar quanto à coerência ou à incoerência subjetivas, podemos estabelecer o postulado de que o seu pensamento deve ter sido, pelo menos, objetivamente coerente.

Estabelecido o pensamento pitagórico com coerência objetiva rigorosa, podemos examinar todas as opiniões expostas por seus discípulos e também por aqueles que se intitularam seus seguidores, comparando suas afirmativas com as que constituirão o que vamos chamar *pythagorikon*, como o diriam os gregos.

É o que passaremos a examinar, depois de reproduzirmos e comentarmos alguns dos fragmentos mais importantes.

CAPÍTULO III

FRAGMENTOS PITAGÓRICOS

Fragmentos de Filolau

Reproduzimos, a seguir, alguns fragmentos de Filolau, valiosos como pontos de apoio para os exames que se impõem realizar no decorrer desta obra.

Fr. 1º. – a. *O ser, que pertence ao mundo (cosmos), é um composto harmônico de elementos ilimitados e de elementos limitados: é assim tanto do mundo (cosmos) em seu todo, como de todas as coisas que ele encerra.*

b. *Todos os seres são necessariamente limitados ou ilimitados, ou ao mesmo tempo limitados e ilimitados; mas não poderiam ser todos apenas ilimitados...*
(Este corresponde ao fr. 2 de Diels).

Distinguem-se estas teses:

1) Há um ser que pertence ao mundo (cosmos). Consequentemente, deve haver outro ser que não pertence ao mundo.

2) O primeiro é um ser composto; portanto, deve haver outro que não é composto.

3) A composição do primeiro é constituída da harmonia de elementos opostos, ilimitados uns (*apeiron*) e limitados (*perainóntôn*) outros.

4) Compostos são, pois, o cosmos como um todo, e também as partes que o compõem.

5) Todos os seres (*eonta*) são, necessariamente, (*anánka*) limitados ou ilimitados: ou, simultaneamente, limitados e ilimitados.

Não podem, porém, ser todos ilimitados.

O fragmento continua:

Ora, já que é claro que os seres não podem ser formados nem de elementos que sejam todos limitados, nem de elementos que sejam todos ilimitados, é evidente que o mundo, em seu todo, e os seres, que estão nele, são um composto harmonioso de elementos limitados e de elementos ilimitados. É o que se observa nas obras de arte, (as realizadas pelo homem). Destas, as que são feitas de elementos limitados, são elas limitadas; as que são feitas de elementos limitados e ilimitados são, ao mesmo tempo, limitadas e ilimitadas, e as que são feitas de elementos ilimitados, parecem ilimitadas.

Podemos deduzir as seguintes teses:

6) Que os seres deste mundo (cosmos) não podem ser formados de elementos apenas limitados. Neste caso, onde o atomismo dos pitagóricos, que alguns afirmam?

7) Nem tampouco pode ser o cosmos um composto de seres ilimitados.

8) O cosmos é um conjunto harmonioso dos seres limitados e ilimitados. E este são constituídos, harmonicamente, de elementos limitados e ilimitados; são *ex* (desde, de), pois, em grego não é expresso o verbo, mas apenas a preposição que dá o sentido do que é feito *de*, a matéria *de* alguma coisa.

9) Há distinção, assim, entre o mundo (cosmos) e a cultura, as coisas feitas pelo homem, (*tais ergois*), ou seja, a distinção entre a Natura e a Cultura. Naquela, as coisas são como acima dissemos. Mas, nesta, podem ser criadas de apenas elementos ilimitados, ou de apenas limitados e ilimitados, segundo parecem (*phaneontai*).

10) Verificar-se-á oportunamente que, para Pitágoras, o número é a combinação harmônica do par e do ímpar, do limitado e do ilimitado, cujo sentido apofântico teremos a oportunidade de clarear mais adiante.

Continuam os fragmentos:

"E todas as coisas, as que pelo menos são conhecidas, tem número; pois não é possível que uma coisa qualquer seja ou pensada ou conhecida sem o número. O número possui duas formas próprias: o ímpar e o par, e uma terceira, proveniente da combinação das duas outras, o par-ímpar. Cada uma dessas formas é suscetível de 'formas' muito numerosas, que cada uma individualmente manifesta."

11) É atribuído a Filolau, por Nicômaco de Gerasa, que "a harmonia é universalmente o resultado dos contrários; que ela é a unidade do múltiplo, o acordo dos discordantes." Se essa passagem pode ser posta em dúvida como de autoria de Filolau, não se pode duvidar que este é o conceito de harmonia, aceito pelos pitagóricos, como ainda veremos. O número é uma combinação harmônica do par e do ímpar. O par e ímpar antecedem ao número, como se verá. E, segundo o texto, o que se depreende é o que se segue:

As coisas conhecidas o são, porque são limitadas-ilimitadas. Noutro fragmento, citado por Jâmblico, Filolau afirma que "de antemão (*a priori*), um objeto de conhecimento não pode ser conhecido se for ele apenas ilimitado"; isto é, se revelar apenas imparidade, ausência de paridade, de algo que se coloque de par a outro, que se assemelha a outro, para o qual se tenham esquemas que permitam uma assimilação.

Para que algo seja, portanto, cognoscível (*gignoskoménon*), exige-se o número, ou seja, que tenha um número (paridade de imparidade). O número possui duas formas próprias (*ideai, eide*): paridade e imparidade.

Cada uma dessa formas (*eide*) é susceptível de "formas" (*morphai*) muito numerosas, que cada uma, individualmente, aponta (manifesta). *Morphê* corresponde melhor ao termo de alemão *Gestalt*. Seriam *Gestalten*, formas constitutivas, estruturais, da coisa.

Prossegue Filolau:

"Eis o que há quanto a natureza e a harmonia: a essência das coisas é uma essência eterna: é uma natureza única e divina, cujo conhecimento não pertence ao homem; contudo, não seria possível que nenhuma das coisas que são, e por nós conhecidas, chegassem ao nosso conhecimento, se essa essência não fosse o fundamento interno dos princípios de que o mundo foi formado: ou seja, dos elementos limitados e dos elementos ilimitados. Ora, já que esses princípios não são semelhantes entre si, nem de natureza semelhante, seria impossível que a origem do mundo fosse formada por eles, se a harmonia não tivesse intervindo, seja de que modo essa intervenção tenha sido produzida. Com efeito, as coisas semelhantes e de natureza semelhante não tiveram necessidade da harmonia; mas as coisas dissemelhantes, que não tem nem uma natureza semelhante, nem uma função igual, para poderem ser colocadas no conjunto ligado ao mundo, devem estar encadeadas pela harmonia."

12) Traduz-se, em geral, o termo *estô* por *essência*, como o faz também Diels por *Wesen*, essência. Contudo, pode-se observar que, em Arquitas, em Stobeu, e em outros pitagóricos, esse termo é usado em oposição a *morphê* (forma estrutural, figurativa, exterior), e indica propriamente a substância, como *ousia*. Tomada *essência* neste sentido, a tradução está certa. Portanto, ela é eterna. Na natureza, a sua essência (o seu último sustentáculo) é eterna, única e divina. Eterna, no sentido do que dura sempre (*eviterna*), e o conhecimento exaustivo dessa essência não pertence ao homem. Mas, sem essa essência, nada chegaria ao nosso conhecimento, porque nada teria um fundamento, pois ela é o fundamento, interno dos princípios de que o mundo foi formado. Ela é o fundamento dos elementos limitados e dos elementos ilimitados, que constituem o mundo (*natura, cosmos*).

13) Não poderia constituir-se a ordem do mundo se não houvesse uma harmonia entre elementos tão dissemelhantes para encadeá-los numa totalidade (*holos*).

Mas os dessemelhantes, os que não tem uma natureza semelhante, os seres heterogêneos, para se harmonizarem e formarem uma unidade (*holos*), tem de ter entre si algo que os *analogue*. Quem diz semelhança diz o *mesmo* e o *desigual*, como quem diz dessemelhança, diz que *difere* e o que se *repele*. Se entre os seres houvesse uma separação absoluta seria impossível a harmonia. Essa a razão porque, para haver harmonia, afirmam os pitagóricos, impõe-se uma analogia, um *logos analogante*, que analogue as partes heterogêneas. O pitagorismo não é pluralista de nenhum modo.

E o que analoga, em última instância, todas as coisas, é o Um, e este não é o número.

"*O Um (Unidade, monas) é o princípio de todas as coisas*", diz Filolau.

Veremos, mais adiante, que o Um, aqui, é o *Monas* e não *Hen*. É mais a unidade que, propriamente, o Um, que é o Ser Supremo do pitagorismo.

Prossegue Filolau, neste fragmento, examinando um ponto de magna importância para as futuras análises, que empreenderemos:

"*Não se deve crer que os filósofos (os pitagóricos) comecem por princípios por assim dizer opostos: eles conhecem o princípio que está colocado acima desses dois elementos..., pois é Deus que hipostasia o limitado e o ilimitado.*" Mostra Filolau que "*é pelo limite que toda série coordenada das coisas se aproxima bastante do Um, e que é pela infinidade, que se produz a série inferior. Assim, acima desses dois princípios, eles (os filósofos) colocavam a causa única e separada, distinta de tudo pela excelência (valor). É essa causa que Arquenetas chamava a causa antes da causa: e é ela que afirma com força ser o princípio de tudo, e da qual Brontinos diz que ela ultrapassa em potência e em dignidade toda razão e toda essência."* (Vide mais adiante os fragmentos de Arquitas).

14) O Um é o Ser Supremo, Deus. Este está acima dos contrários, acima do limitado e do ilimitado. O limite aproxima as coisas ao Um, mas não o atinge, e é pela ilimitação que se produz a série inferior. Deus é a causa das causas, a causa primeira de todas as coisas, e ultrapassa em dignidade a todas elas.

"Aquele que comanda e governa tudo é um Deus um, eternamente existente, imutável, imóvel, idêntico a si mesmo, diferente de todas as coisas."

"Deus mantém todas as coisas como em cativeiro, e revela que é um e superior a matéria."

Manter em cativeiro é ser *senhor* de todas as coisas. É tê-las, ou seja: nada há fora dele, porque é ele o princípio e sustentáculo de todas as coisas.

Referindo-se ao mundo (*cosmos*), que sempre existiu, através de mutações, diz Filolau: *"... já que o motor age de toda eternidade"* (*ab aeterno*, pois é governado por um princípio, cuja natureza é semelhante a do mundo, mas cuja força é todo poderosa e soberana), *"e continua eternamente a sua ação, e que o móvel recebe sua maneira de ser do motor que age sobre ele, resulta, necessariamente, daí que uma das partes do mundo imprime sempre o movimento, que a outra recebe, sempre passiva. Uma é inteiramente o domínio da razão e da alma; a outra, da geração e da mutação: uma é anterior em potência e superior, a outra posterior e subordinada. O composto dessas duas coisas, do divino eternamente em movimento, e da geração sempre mutável, é o Mundo. Eis porque há razão em dizer-se que ele é a energia eterna de Deus e do devir, que obedece às leis da natureza que muda. O Um permanece eternamente no mesmo estado e idêntico a si mesmo; o resto constitui o domínio da pluralidade, que nasce e que perece. Contudo, as próprias coisas, que perecem, salvam sua essência e sua forma, graças à geração, que reproduz a forma idêntica à do pai que as engendrou e as modelou."*

Estas passagens de Filolau demonstram de modo categórico que jamais consideraram que o número (*arithmós*) fosse a última essência e a razão de ser de tudo quanto há, mas apenas a razão próxima das coisas e não a última.

E é a razão (mas a que é desenvolvida pelo estudo das matemáticas), que é a verdadeira faculdade de discernir e de julgar. Mas, para Filolau, como também para os pitagóricos, não é a vulgarmente considerada, mas a Razão desenvolvida pelo estudo das matemáticas, essa que é capaz de compreender a natureza de tudo, e que tem alguma afinidade de essência com aquela, pois "é da natureza das coisas que o semelhante seja compreendido pelo semelhante", afirmava ele.

FRAGMENTOS DE ARQUITAS

Damos, a seguir, alguns dos fragmentos de Arquitas, que melhor contribuem para os exames que pretendemos fazer.

FRAGMENTO 1º

"Há, necessariamente, dois princípios dos seres, um que encerra a série dos seres ordenados e limitados, e outra, a dos seres desordenados e ilimitados. Uma susceptível de ser expressada pela palavra, que nos é passível de ser compreendida, abarca os seres, e ao mesmo tempo determina e põe na ordem o não-ser.

Pois todas as vezes que ela se aproxima das coisas do devir, ela os coloca na ordem e na medida, e os faz participar da essência e da forma do universal. Ao contrário, a série dos seres, que se ausentam da palavra e da razão, atende as coisas ordenadas, destrói aquelas que aspiram à essência e ao devir; pois todas as vezes que se aproxima delas, assimila-as à sua própria natureza.

Mas, porque há dois princípios das coisas de gênero contrário, um princípio o bem, outro princípio do mal, há, necessariamente também, duas razões, uma da natureza benfeitora, outra da natureza malfeitora.

Eis porque tanto as coisas que devem sua nascença a arte (teknê), *como as que devem à natureza devem antes de tudo participar desses dois princípios: a forma e a substância.*

A forma é a causa da essência; a substância é o substrato que recebe a forma. Nem a substância pode, por si mesma, participar da forma, nem a forma, por si mesma, aplicar-se à substância; é, pois, necessário que haja uma outra causa que mova a substância das coisas e a leve à forma. Essa causa é primeira do ponto de vista da potência, e a mais excelente de todas. O nome que lhe convém é Deus. Há, pois, três princípios: Deus, a substância das coisas, a forma. Deus é o artista, o motor; a substância é a matéria, o móvel; a essência é como a arte, e o que, ao qual, a substância é levada pelo motor. Mas, como móvel, contém forças que são contrárias a si mesmo, — são as dos corpos simples — e que os contrários tem necessidade de um princípio que estabeleça neles a harmonia e a unidade, deve necessariamente receber as virtudes eficazes e as proporções dos números, e tudo o que se manifesta nos números e nas formas geométricas, virtudes e proporções capazes de ligar e de unir, na forma, os contrários que existem na substância das coisas. Pois, por elas mesmas, a substância é informe: apenas quando é movida para a forma, que ela se torna formada e recebe a relação racional da ordem. Do mesmo modo, se o movimento existe, além da coisa movida, é mister que exista um primeiro motor; há, pois, necessariamente, três princípios: a substância das coisas, a forma e o princípio que se move a si mesmo, e que é, por sua potência, o primeiro: esse princípio, não somente deve ser inteligente: deve estar acima da inteligência, e o que está acima da inteligência nós chamamos Deus.

É, pois, evidente que a relação de igualdade se aplica ao ser que pode ser definido pela linguagem e pela razão. A relação da desigualdade se aplica ao ser irracional, e não pode ser fixada pela linguagem: é a substância; eis porque todo devir e toda destruição se produzem na substância, e não se produzem sem ela."

Comentários: Há dois princípios: um, das coisas ordenadas e limitadas, dos seres finitos; e outros, dos seres ainda não ordenados e ilimitados (possíveis). Um princípio é proficiente, e outro, deficiente: um, do ser, e outro, do não-ser, do que ainda não é, ou do que não pode vir-a-ser.

A substância é o substrato que recebe a forma. Mas como se poderia dar a conjunção de ambas sem uma outra que as unisse, em suma, uma causa eficiente? Vê-se, desse modo, que, em contraposição a Aristóteles, muito antes deste, já se afirmava a causa material, a causa formal e a causa eficiente, sendo a formulação desta última atribuída a Aristóteles. E qual é essa causa eficiente? É Deus, que é primeira na potência, na excelência e na iminência. Para haver a adequação e a harmonização dos contrários, que são unificados em um todo, temos necessidade do *arithmós*, do número, que marca as proporções intrínsecas das coisas, que une os contrários.

O primeiro motor está acima da inteligência humana, e é Deus quem move todas as coisas. Arquitas, deste modo, deixava as bases do que seria, posteriormente, o pensamento de Aristóteles, o que demonstra quanto desavisado estava este sobre o genuíno pensamento pitagórico, pois não poderia nem deveria conhecer a obra de Arquitas, já que foram contemporâneos, tendo este morrido quando Aristóteles era ainda um jovem de 18 a 20 anos.

Fragmento 2º

"Os filósofos (pitagóricos), em resumo, não começavam senão pelos princípios por assim dizer contrários, mas acima desses elementos conheciam eles um outro

superior, como o atesta Filolau, que diz que Deus produziu (hypostesai), *realizou o limitado e o ilimitado, e mostrou que ao limite se relaciona (conexiona) toda a série que tem uma maior afinidade com o Um, e à infinidade, a que está acima. Assim, acima dos dois princípios, colocaram uma causa antes da causa* (aitían pro aitías) *a qual Filolau chama de princípio universal."*

Comentários: Este fragmento revela de modo inequívoco que, para os Pitagóricos, havia um princípio transcendente aos contrários, como já vimos ao comentar Filolau, um princípio à semelhança do que é prometido por Krishna e Arjuna, que lhe ensinará "a superar os pares de contrários", e a atingir o Um, princípio de todas as coisas, causa das causas; ou seja, a causa primeira. Não procedem, pois, as afirmações de que Pitágoras não tenha alcançado a um ser transcendente, o que ainda provaremos melhor mais adiante.

FRAGMENTO 3º

"De que unidade queres falar? É da unidade suprema, ou da unidade infinitamente pequena que se revela nas partes? Numa palavra, os pitagóricos distinguem a unidade e a mônada da qual numerosos antigos pitagóricos falaram, como o exemplifica Arquitas, que diz 'O Um e a mônada tem uma afinidade de natureza; mas diferem, contudo, entre si.' "

FRAGMENTO 3º BIS

"Arquitas e Filolau dão indiferentemente à unidade o nome de mônada, e à mônada o nome da unidade. A maior parte das vezes acrescentam à palavra mônada que não é a primeira, e que é posterior à mônada em si e à unidade."

Comentários: Estes dois fragmentos revelam nitidamente que não confundiam os pitagóricos a primeira Mônada com a segunda. Havia afinidade de natureza, mas diferiam entre si, distintas, pois.

Há uma Mônada primeira, transcendente a todas as coisas, que é a Mônada em si, o ser único, que tem em si sua razão de ser; portanto, nele, a essência e a existência se identificam, pois é o que é, porque é o que é: Deus, em suma, para o pensamento superior.

FRAGMENTO 4º

"O início do conhecimento dos seres está nas coisas que neles se produzem. Dessas coisas, que neles se produzem, umas são inteligíveis, outras são sensíveis;

as que são inteligíveis são imóveis; as outras, que são sensíveis, não movidas. O critério das coisas inteligíveis é o mundo (o cosmos); o critério das coisas sensíveis é a sensação.

Das coisas que não se manifestam os próprios seres, umas são a ciência, outras a opinião; a ciência é imóvel, a opinião é mutável.

É preciso, ademais, admitir essas três coisas: o sujeito que julga, o objeto que é julgado, a regra segundo a qual o objeto é julgado. O que julga é o espírito (o nous), ou a sensação; o que é julgado é a essência racional (o logos); a regra do juízo é o próprio ato que se produz no ser, que é ou inteligível ou sensível. O espírito é juiz da essência, quer se refira a um ser inteligível, quer se refira a um ser sensível. Quando a razão busca as coisas inteligíveis, ela se refere ao elemento inteligível, quando ela busca as coisas sensíveis, ela se refere ao elemento das coisas sensíveis. Eis de onde vêm essas falsas representações gráficas nas figuras e nos números, próprias da geometria, essas pesquisas sobre as causas e os fins prováveis, que tem por objeto os seres sujeitos ao devir e os atos morais, e os que são buscados na fisiologia e na política. É referindo-se ao elemento inteligível, que a razão conhece que a harmonia está na relação dupla; mas esse fato, que a relação dupla é consoante, não nos é atestada senão pela sensação. Na mecânica, a ciência tem por objeto figuras, números, proporções, quer dizer, elementos racionais; os efeitos são percebidos pela sensação: pois não se pode estudá-los e conhecê-los fora da matéria e do movimento. Numa palavra, é impossível conhecer o porquê (dià ti) de uma coisa individual, se não se tiver, de antemão, tomado pelo espírito a essência da coisa individual (ta ti enti ekaston). O conhecimento da existência (óti énti) e da qualidade (ontôs exei) pertencem à razão e à sensação: à razão, todas as vezes que nos expomos à demonstração de uma coisa por um silogismo, que conclui necessariamente: à sensação, todas as vezes que atestamos a essência de uma coisa pela sensação."

Comentários: É de máxima importância, para a nítida compreensão do pensamento pitagórico, a distinção entre *sophia e doxa*, entre ciência e opinião. A primeira é imutável, e mutável é a segunda.

Não é possível compreender coisa alguma apenas pelo conhecimento da coisa em sua extrinsecidade, se não se penetrar na essência da coisa individual, na sua intrinsecidade, que dá a via para alcançar o seu porquê *(di à ti)*. Quanto ao significado da ciência *(epistéme)* e de opinião *(doxa)*, teremos oportunamente o cuidado de examiná-lo.

Fragmento 5º

"*A sensação produz-se no corpo, a razão na alma. Uma é o princípio dos seres sensíveis; a outra, o princípio dos seres inteligíveis. Pois a multidão tem por medida o número; a longitude, o pé; o peso e o equilíbrio, a balança; a regra e a medida da retidão no sentido vertical como no longitudinal é o ângulo reto. Assim, a sensação é o princípio e a medida dos corpos; a razão, o princípio e a medida dos seres inteligíveis. Uma é o princípio dos seres inteligíveis e primeiros por natureza; a outra, o princípio das coisas sensíveis e segundas por natureza. Pois a razão é o princípio de nossa alma; a sensação, o princípio de nosso corpo. O espírito é o juiz dos objetos mais nobres; a sensação dos mais úteis. A sensação foi criada em vista do corpo, e para servi-lo; a razão, em vista da alma, e para fazer nascer a sabedoria. A razão é o princípio da ciência; a sensação da opinião* (doxa). *Uma tira sua atividade das coisas sensíveis, outras das coisas inteligíveis. Os objetos sensíveis participam do movimento e da mutação; os objetos inteligíveis participam da imutabilidade e da eternidade. Há uma analogia entre a sensação e a razão: pois a sensação tem por objeto o sensível, e o sensível se move, muda, e nunca é idêntico a si mesmo: também, como se pode ver, torna-se mais e menos, melhor e pior. A razão tem por objeto o inteligível; ora, o inteligível é por essência imóvel; eis porque não se pode conceber, no inteligível, nem mais nem menos, nem melhor nem pior; e da mesma forma a sensação vê a imagem e o ser segundo. A razão vê o homem em si; a sensação vê neles, não só o círculo do sol, como também as formas dos objetos artificiais. A razão é perfeitamente simples e indivisível, como a unidade e o ponto; o mesmo se dá quanto ao ser inteligível.*

A idéia não é nem o limite nem a fronteira do corpo: ela é apenas a figura do ser, o pelo que o ser é, enquanto que a sensação tem partes, e é divisível.

Dos seres, uns são percebidos pela sensação; outros, pela opinião, uma terceira categoria pela ciência, uma última pela razão.

Os corpos que oferecem resistência são sensíveis; a opinião conhece os que participam das idéias, e deles são como imagens. Assim, tal homem participa da idéia de homem, tal triângulo da idéia de triângulo. A ciência tem por objeto os acidentes necessários das idéias; assim a geometria tem por objeto as propriedades das figuras; a razão conhece as próprias idéias e os princípios da ciência e de seus objetos, por exemplo, o círculo, o triângulo, a esfera em si. Há, ainda em nós, em nossa alma, quatro espécies de conhecimentos: o pensamento puro (o nous), *a ciência, a opinião, a sensação: dois são princípios do saber: são o pensamento e a sensação; dois são deles o fim: são a ciência e a opinião.*

É sempre o semelhante que é capaz de conhecer o semelhante: a razão conhece as coisas inteligíveis; a ciência, as coisas cognoscíveis; a opinião, as coisas conjeturais; a sensação, as coisas sensíveis.

Eis porque é preciso que o pensamento se eleve das coisas sensíveis às coisas conjeturais, das coisas conjeturais às coisas cognoscíveis, das coisas cognoscíveis às coisas inteligíveis; e aquele que quer conhecer a verdade sobre esses objetos, deve reunir num conjunto harmonioso todos esses meios e os objetos do conhecimento. Estabelecido desse modo, pode-se representá-los sob a imagem de uma linha dividida em duas partes iguais, e em que cada uma dessas partes é, por sua vez, dividida da mesma maneira: separemos, pois, assim, o sensível, e dividam-no em duas partes na mesma proporção: essas duas partes se distinguiriam, uma pela clareza, outra pela obscuridade. Uma das seções do sensível encerra as imagens das coisas, e as que se percebem nas águas, e as que se vêem nos espelhos; a segunda seção representa as plantas e os animais, dos quais a primeira dá as imagens. O inteligível recebe uma divisão análoga em que as diversas espécies de ciência representam as imagens: pois os geômetras começam por estabelecer, por hipótese, o ímpar e par, as figuras, as três espécies de ângulos, e tiram dessas hipóteses a sua ciência; quanto às próprias coisas, deixam-nas de lado, como se as conhecessem embora não possam explicá-las nem a si mesmos nem aos outros; empregam as coisas sensíveis como imagens, mas tais coisas não são nem objeto nem o fim que se propõem em suas buscas e seus raciocínios, pois não buscam senão o diâmetro e o quadrado em si. A segunda seção é a do inteligível, objeto da dialética; ela não constrói verdadeiramente hipóteses: ela coloca princípios de onde se eleva para alcançar até o incondicionado, até o princípio universal; e, depois, por um movimento inverso, prendendo-se a esse princípio, ela desce até o termo do raciocínio, sem empregar um objeto sensível e servindo-se unicamente de idéias puras. Pode-se, também, por essas quatro divisões, analisar os estados da alma, e dar o nome de Pensamento ao mais elevado, de Raciocínio ao segundo, de Fé ao terceiro, de Imaginação ao quarto."

Comentários: Temos aqui, nitidamente, um apanhado da concepção gnosiológica do pitagorismo. Quatro são as espécies de conhecimento. A razão conhece as coisas inteligíveis; a ciência, as cognoscíveis; a opinião, as conjecturais, e a sensação, as sensíveis. A via do conhecimento parte da sensação (fundamento do racionalismo empirista de Aristóteles), através da opinião, das conjecturas, destas às cognoscíveis até alcançar as inteligências, os *eide*. E o verdadeiro conhecimento é *concreto*; é aquele que concreciona todos os lados da *via*, através de um conjunto harmonioso.

Temos aí expresso, de modo claro, a *via abstractiva* e a *via concretista* como as chamamos; a que separa mentalmente, e a que mentalmente reúne, que nos permite alcançar o incondicionado, princípio de todas as coisas.

E só depois de percorrer essas vias é que o espírito humano está apto a servir-se de *idéias puras*; ou seja, de metamatematizar o conhecimento filosófico, como o expomos em *Filosofia Concreta*. Vemos, desse modo, que o método empregado naquela obra segue a linha pitagórica, ou seja, a de tornar a filosofia fundada em juízos apodícticos, sob pena de permanecer esta no terreno apenas do cognoscível, que oferece a *via abstractista* ou das conjecturas, como sucede com o domínio dos juízos assertórios, do opiniático, que, infelizmente, tem feito mais mal a filosofia do que bem, como se verifica no processo histórico desta matéria.

Fragmento 6º

"...*O homem nasceu, foi criado para conhecer a essência da natureza universal; e a função da sabedoria é precisamente possuir e contemplar a inteligência que se manifesta nos seres.*

A sabedoria não tem por objeto um ser qualquer determinado, mas absolutamente todos os seres, e é mister que ela se inicie, não pela busca dos princípios de um ser individual, mas sim pelos princípios comuns a todos os seres. A sabedoria tem por objeto todos os seres, como a visão tem por objeto todas as coisas visíveis. Ver no seu conjunto, e conhecer os atributos universais de todos os seres, é próprio da sabedoria, e eis como a sabedoria descobre os princípios de todos os seres.

Aquele que é capaz de analisar todos os gêneros, e de os relacionar e os reunir, por uma operação inversa, num só e mesmo princípio, me parece ser o mais sábio, o mais próximo da verdade e que parece ter encontrado esse observatório sublime, do alto do qual poderá ver Deus, e todas as coisas que pertencem a série do divino: senhor desse caminho real, seu espírito poderá galgar direto para a frente e chegar ao 'ápice da carreira, ligando os princípios aos fins das coisas, e a conhecer que Deus é o princípio, o meio, o fim de todas as coisas, feitas segundo as regras da justiça e da reta razão.' "

Comentários: O homem foi criado para conhecer a essência da natureza universal. Notem-se estas palavras: "aquele que é capaz de analisar todos os gêneros, e de os relacionar e os reunir, por uma operação inversa" (inversa à *abstractiva*, que é a *via concretista*, que adotamos a qual não é apenas contractista) "num só princípio, tal me parece ser o mais sábio, o mais próximo da verdade".

Temos de modo claro que o verdadeiro filosofar pitagórico é o concreto, e não apenas o abstrato. Vê-se, de modo inequívoco, que Aristóteles se fundava em suas críticas ao pitagorismo, em obras de pitagóricos menores, como realmente se fundou, e não na obra dos seus verdadeiros luminares. Essa a razão porque a crítica aristotélica é passível de recriminação, pois tratando-se de um espírito de tal porte não se justifica, de modo algum, fosse ele vítima de uma *ignoratio elenchi* de tais proporções.

De posse desses elementos tão importantes, nossa análise posterior e nossas conclusões serão robustecidas, no que há de mais sólido, no pitagorismo. É certo que muitas obras importantes se perderam, as quais nos dariam suficiente luz sobre os fundamentos dessa doutrina, que somos forçados agora, dispondo de parcos elementos, mas suficientes, a reconstruir de modo inequívoco e bem fundado, contribuindo desse modo para dissipar a deformação, que predominou por mais de vinte e três séculos, com grave prejuízo para o progresso da Filosofia. É o que mostraremos nos capítulos sucessivos.

CAPÍTULO IV

O PITAGORISMO NA CULTURA GREGA

São muitas vezes os gregos acusados de haverem imposto um modelo ao mundo, de terem racionalizado de tal modo o mundo fenomênico, que o modelo, por eles construído, impôs-se como sendo a própria realidade. Nessa capacidade de ultrapassar as fronteiras da aparência estaria, em suma, toda a razão do chamado "milagre grego". E ainda se acrescenta que esse modelo foi apenas um ato de fé.

Essa maneira dual de visualizar o mundo não surge com a filosofia grega. Esta apenas lhe deu novos contornos e novas justificações. Ela pertence a toda maneira religiosa e psicológica do grego considerar o mundo, sempre feito à imagem dos deuses, em que o mundo dos fenômenos copia ou participa da realidade superior do mundo das formas. Assim se pode estabelecer que o mais típico no pensamento grego é a visualização dos dois planos, o plano das idéias puras e imutáveis, eternas e ingeneradas, e o plano do mundo da aparência, do fenômeno, mundo do devir, da constante mutação das coisas.

É precisamente em Pitágoras que essa maneira de ver toma uma forma filosófica e torna-se o fundamento de toda a sua doutrina. Para muitos, é esse o *grande mito* grego, e, quando dele se afasta, a Grécia afunda-se nas formas viciosas da sofística e marca seu *grande finale*. Poder-se-ia dizer à imitação de Spengler, que toda a essência da cultura grega está na aceitação desse mito, suficiente para explicar sua arte, sua religião, sua filosofia, sua política, seus ideais e também o seu desfecho melancólico.

Todo o afã de seus grandes filósofos (e grandes filósofos gregos teriam sido Pitágoras, Sócrates e Platão) cingiu-se à justificação dessa tese. Aristóteles, com seu empirismo racionalista, seria apenas um bárbaro, no conteúdo mais nobre desse termo. Realmente, vinha ele das fronteiras da Grécia, e isso nos explicaria porque se afastara do grande mito, buscando outra maneira de visualizar o mundo. Também essa a razão porque influíra ele tanto, depois, no Ocidente, através da Escolástica. Seu modelo não era helênico.

Se passarmos os olhos pelos cultos gregos, desde os mais primitivos até o pitagorismo, tomado aqui em seu sentido religioso, realmente os dois planos são patentes. Na decadência, as religiões de empréstimo, cultos vindos do oriente, já não eram gregos, eram pseudomorfoses de uma cultura, porque apenas se revestiam de algumas formas exteriores da Grécia, mas seu conteúdo não tinha mais raízes na alma, daquele povo, porque este já a perdera.

Há em tudo isso um pouco de razão. Mas seria primarismo pensar que apenas nessa explicação pudéssemos incluir todo o filosofar grego.

Bastaria um sucinto exame do pitagorismo para, desde logo, termos de nos afastar dessa teoria. Os cultos dionisíacos eram de origem trácia e é impossível ocultar as influências que o misticismo oriental e também o de origem egípcia, exerceram sobre o pensamento religioso dos gregos em seus primórdios. É inegável que orfismo, vindo da Frígia, sofreu influências fenícias, e a fusão desses dois cultos se deu, sem dúvida, graças ao contato com os egípcios e o oriente. Na verdade, o pitagorismo não está infenso do orfismo, uma vez que, após Pitágoras, é difícil distinguir os autores órficos dos autores pitagóricos. Muitos dos rituais e cerimônias destes foram cópias de outras, de origem órfica. E são fatos como esses que permitem considerar Pitágoras como um verdadeiro reformador do orfismo. Mas seria erro não considerar, contudo, as inovações extraordinárias que ele trouxe a tal culto, e de tal modo que a sua doutrina termina por tomar uma fisionomia própria. Todo o século V, e parte do século IV, sofreram sua influência. Grandes foram os pitagóricos deste período, como Timeu, Arquitas de Tarento, Filolau e Teodoro. Uma das suas maiores figuras foi, sem dúvida, Sócrates, cujo acabamento se processa no seu grande discípulo Platão, a expressão mais brilhante do pitagorismo, como, de resto, do pensamento humano. Em Platão, o pitagorismo encerra a sua grande fase.

Assim como a Academia platônica, depois da morte do mestre, dele se afastou, também se podem acusar os movimentos neo-pitagóricos de se terem afastado do mestre de Crótona. Platão nunca fez uma declaração pública de que era pitagórico, como também não o fez Sócrates. E era natural, porque o pitagorismo estava fora da lei. A doutrina platônica permanece dentro do âmbito dos dois planos.

Este mundo, o mundo fenômeno, é feito à imitação de um modelo eterno e imutável, o mundo verdade, o mundo das formas puras. Há, entre os críticos de Platão e Sócrates, alguns que duvidam da filiação pitagórica desses autores. As afirmativas de Aristóteles são julgadas insuficientes. Contudo, Xenofonte, no retrato que nos pinta de Sócrates, nô-lo apresenta como um pitagórico, quando diz: "Ele era um destes pitagóricos em busca da redenção."

Toda a terminologia platônica das idéias-formas é pitagórica. *Eidos, idea, skhema, morphê* são termos usados por aqueles.

A doutrina das formas tem, sem dúvida, aquela origem e quando Platão, em seus diálogos, fala dos "amigos das idéias", quer referir-se a eles. E hoje, através do que sabemos, Espeusipo, que sucedeu a Platão, seu tio, na Academia, antes de Xenócrates, escreveu um tratado "sobre os números pitagóricos", o que nos indica que o ensino dado na Academia era pitagórico.

Pitágoras não somente semeou, com suas idéias, todo o processo filosófico grego, como também o mais fundamental das suas doutrinas chegou até nossos dias, pois a ciência moderna é mais pitagórica do que foi em qualquer tempo.

Ao considerar que o número é o fundamento das coisas, ele introduziu o cálculo na física, e aliou a matemática à ciência, o que permitiu o grande progresso que esta conheceu. Pitagóricos foram Timáridas, que inventou a álgebra, Teodoro de Cirene, que foi mestre de Teeteto, Anaxágoras de Clazômene, que foi mestre de Péricles e estudou as noções do infinito, Arquitas, Oinópides e Eudoxo, o grande astrônomo, e, finalmente, Platão, cujos ensinamentos matemáticos, com métodos racionais, prepararam o advento do grande pitagórico que foi Euclides. Temos ainda que salientar Asclépios, cujo papel foi tão grande na medicina, Alcmeon, que foi o primeiro a praticar a dissecção, e o maior de todos, Hipócrates de Cos, o precursor da medicina moderna, e, ainda, o grande poeta Píndaro.

CAPÍTULO V

O *ARITHMÓS* PARA PITÁGORAS, SEGUNDO A EXEGESE COMUM

Poderia este capítulo ser mais longo, contudo, apenas teríamos que repetir as mesmas afirmativas, pois o essencial do que se tem dito sobre o pitagorismo, no referente ao número, está compendiado aqui. Pode-se dizer até que esta é a *doutrina* oficial dos seus críticos e exegetas, pois os autores, através dos tempos, nada mais fizeram do que repetir, monotonamente, as mesmas afirmações, não se excluindo desse erro muitos *soi-disant* pitagóricos.

Por ausência de escritos suficientes dos primeiros pitagóricos, e em face das deformações devidas a discípulos menores, que adulteraram não só a lenda pitagórica, como também as suas idéias, é natural que os estudiosos encontrassem grande dificuldade em examinar esse pensamento, e que afirmassem alguns, como Zeller, que é difícil separar o que é realmente de Pitágoras daquilo que pertence a seus discípulos posteriores, o que levou alguns a uma posição extremada, como é o caso de Reinhardt, Frank e outros, que sustentaram que o pitagorismo, no início, foi apenas uma seita místico-religiosa à semelhança das *thyasas* órfico-báquicas, na qual Pitágoras nada mais teria sido do que um taumaturgo, sem nenhum caráter científico. Neste caso, seria através de Filolau e de Arquitas que o pitagorismo teria penetrado num terreno especulativo-científico. Para Döring, o pitagorismo teria penetrado no campo científico através de Alcmeon, ou de Filolau, como pensa Covotti, ou apenas de Arquitas, como pensa Burnett.

Para tais concepções, Pitágoras teria sido apenas um reformador moral e religioso, que encontrara um ambiente propício na Grécia do séc. VI a. C. Outros, buscam conciliar as opiniões extremadas, como Mondolfo, apresentando Pitágoras não só como místico-religioso, mas também como filósofo, aproveitando os aspectos positivos dos estudos de Brunett, Zeller, Joel, Stenzel, Rey, Jaeger, etc.

As semelhanças que há entre o pitagorismo e orfismo permitiram dar um cunho de fundamento a tais afirmativas. Ora, inegavelmente, há o pitagorismo, e, de modo marcante, o impulso religioso. E a linguagem religiosa é patente sem dúvida. Mas os fundamentos simbólicos do pitagorismo, como se vê pelos primeiros versos dos *Versos Áureos*, revelam que a linguagem das religiões era apenas uma simbólica da linguagem divina, como no momento em que o homem perde o sentido do símbolo, da significação das coisas, ele cai na linguagem profana. Havia, assim, *três línguas*, as quais pertencem aos três graus iniciáticos: a profana, a religiosa e a divina.

Quanto ao número, são concordes quase todos os expositores de Pitágoras, que seguem mais ou menos a linha aristotélica, em que os números são a essência das coisas e não só a substância das coisas. Neste caso, as coisas são compostas de números e, por sua vez, estes, que são os seus elementos, constituem um número, que é a forma. Assim, a forma é um número, mas também o é a substância primeira, a matéria. "Os pitagóricos concebem as coisas como números, porque concebem os números como coisas", afirma Aristóteles na *Metafísica*. E prossegue: "E como ainda ademais (*tá méi álla*) a Natureza parecia assemelhar-se toda ela aos números, e como os números são o primeiro (*proton*) de Natureza, supuseram que os elementos dos números são dos elementos das coisas" (Met. I 5:958 *b* 15). Na passagem 986 *a* 15, diz Aristóteles: "Ora, a este respeito, parece que eles (os pitagóricos) consideram, também, que o número é princípio, ao mesmo tempo como matéria dos seres e como constituindo suas modificações e seus estados." Ou seja: como causa material e eficiente das coisas. Era fácil, depois de caricaturizar desse modo a concepção de Pitágoras, destruí-la com leves golpes, como o pretendia fazer Aristóteles, muito embora em suas afirmações haja sempre uma ressalva, pois, ao referir-se às idéias pitagóricas, sempre diz *parece que (hanontai dè...)*.

---

[*] A justificação dessa afirmativa, e a apresentação da simbólica, correspondente a essas três línguas, é matéria de tal magnitude que será tema de trabalho especial.

Para Aristóteles, a Unidade suprema tem extensão, e os números, que para ele são sempre quantitativos, são as próprias coisas. Entre os estudiosos *academicamente oficiais* do pitagorismo, os números não eram os "modelos" das coisas, como se verá posteriormente em Platão, mas, sim, e apenas, as próprias coisas. Desse modo, a *mimesis* (imitação) pitagórica seria posterior a Pitágoras (o que, veremos, não tem fundamento) e Platão construiria, assim, um *novo* pitagorismo. As reproduções geométricas dos números, feitas pelos pitagóricos, apenas com o intuito didático de servir de exemplo para os iniciados em grau de *paraskeiê* (de preparação), passam a ser os definitivos, e todos os manuais e obras dos expositores acadêmicos do pitagorismo repetem, monotonamente, a mesma coisa, sem descuidarem de repetir o tom de superioridade de Aristóteles, e tratar Pitágoras como um pobre diabo da Filosofia, um ingênuo taumaturgo. Daí, a simbólica dos números, que se encontra nas obras dos pitagóricos e que servia apenas para abrir o caminho da iniciação, passa a ser não o símbolo, mas o simbolizado.

Realmente, uma das características das épocas de decadência intelectual é a perda da significabilidade dos símbolos, que passam a ser considerados como simbolizados, o que já era patente na época de Sócrates, Platão e de Aristóteles, em que a Grécia era assoberbada pela decadência inevitável, como hoje verificamos no pensamento ocidental. Aristóteles reproduz essas passagens, sem compreender devidamente o sentido simbólico, atribuindo-lhe o caráter de simbolizado. Assim, o 1 *é* o limitado-ilimitado. Mas a cópula *é*, aqui, não é entendida como símbolo, mas como *ser*, positivamente apenas.

Jamais foi bem compreendido o sentido da *krásis* pitagórica. A união dos contrários foi entendida do modo mais vulgar, e não se percebeu que há uma transimanência, pois a *krásis* não é apenas uma reunião de contrários, mas uma superação formal, que dá surgimento a uma nova tensão. Desse modo, a *krásis*, o *kosmesein* pitagórico, é considerado como sendo apenas um vínculo, que reúne os elementos opostos das coisas. A *krásis* seria apenas a *harmonia*. Assim, o que constitui as coisas são os números (como elementos materiais) e a *harmonia*, que os coordena. O universo é, apenas, a harmonização dos números, uma espécie de unidade de múltiplos (quase atomizados, senão atomizados).

Para outros, os *Versos Áureos* são apenas "um conjunto de sentenças soltas e inconexas, recompiladas por Lysis". E os *símbolos pitagóricos*, máximas ridículas ou escritas numa linguagem enigmática, desconhecendo tais críticos que em todas as ordens secretas usam-se máximas enigmáticas, inteligíveis apenas pelos iniciados. O pensamento teológico do pitagorismo é, então, apresentado da maneira mais ridícula. Para eles, jamais o pitagorismo alcançou o conceito de um Deus único e transcendente. Os fragmentos que exibimos de Filolau e de Arquitas demonstram o contrário. Basta citar o de Diels, 44B20, onde Filolau descreve Deus como o Senhor de todas as coisas, único, eterno, imutável, imóvel, sempre igual a si mesmo. Como, então, conceber que essa Mônada, por divisão, geraria todos os outros seres, como afirmam muitos, do alto das cátedras?

CAPÍTULO VI

O NÚMERO PARA PITÁGORAS

FRAGMENTOS PITAGÓRICOS SOBRE O NÚMERO

Damos, a seguir, uma seqüência de fragmentos pitagóricos sobre os números, cuja validez é indiscutível e que nos servirão de elementos comprobatórios para fundamentarmos as demonstrações posteriores que faremos sobre as teses e princípios, que teremos ocasião de propor.

"Arithmou dé te pant'epeoiken."
("Tudo está arranjado [arrumado, construído] segundo [pelo] número" – Frase atribuída a Pitágoras, segundo Aristóxeno de Tarento).

"Pythagóras panta ta prágmata apeikathôs tois arithmois."
("Para Pitágoras todas as coisas copiam [são modeladas, copiadas por o número"] – Frase de Pitágoras, citada por Platão).

Estes dois fragmentos pertenciam ao Catecismo Pitagórico.

"Pythagóran mathein tà peri tous arithmous pará Aigyptiôn."
("Pitágoras, através dos egípcios, é que teve conhecimento epistêmico dos números" – É o que afirma Aristóteles).

"Panta tà gignoskómena arithmòn exonti."
("Todas as coisas se tornam conhecidas pelos números." – Frag. 3 de Filolau, cit. por Diels).

"...ar. aition tôn kai tou emai ôs óroi oionai stigmai tôn megethôn"
("...os números são as causas das substâncias e do ser, ... a título de limites, assim como os pontos determinam as grandezas..." – Frase de Aristóteles in Met. 1092b-8, mas que se refere ao pitagórico Eurito de Tarento, discípulo de Filolau).

"... pánta tà prágmata apeikázôn tois arithmois."
("...todas as coisas são feitas à imitação dos números" – Frase de um anônimo, cit. por Diels).

"...Arithmon stoikeia tôn ontôn stoikeia."
("...o princípio do número é o princípio [elementos] do ser [ente]." – Frase atribuída a Pitágoras).

HINO ÓRFICO CONSAGRADO AO NÚMERO E ACEITO PELOS PITAGÓRICOS

"Desde o recesso imaculado da Mônada até o nome sagrado da Tétrada, de onde verdadeiramente surgiu a mãe fecunda de tudo, a qual, mais importante que tudo, envolve tudo, inabalável, eterna, a que os deuses imortais e os homens surgidos da terra chamam a Pura Década..."[8].

Partindo-se das sentenças que acabamos de reproduzir, extraídas dos mais fidedignos documentos do passado, concluímos que, para Pitágoras, havia dois números: aquele que está nas coisas e o que as coisas copiam, que servem de modelos às mesmas.

---

[8] Segundo Teon de Esmirna, há onze tétradas (tetractys), das quais reproduzimos as principais:
1ª) A formada pelos quatro primeiros números: $1 + 2 + 3 + 4 = 10$. Era por esta que os pitagóricos juravam.
2ª) A formada pelas duas progressões geométricas dos números pares e ímpares (1, 2, 4, 8 e 1, 3, 9, 27).
3ª) A que reúne, segundo a mesma progressão, a natureza de toda grandeza. O ponto, a linha, a superfície, o corpo.
É também descrita por Aristóteles em **Peri Physeós** (Da Física), de modo um tanto distinto.
4ª) A dos corpos simples e das figuras que a eles correspondem: água, ar, fogo, terra.
5ª) É a das coisas engendradas: a semente corresponde à unidade e ao ponto, o crescimento eram comprimento à díada e à linha, a largura à tríada e à superfície, e o crescimento em espessura à tétrada e ao sólido.
6ª) A classificação de noetê, que é a das faculdades cognitivas e dos cognoscíveis. Nossa alma compõe-se de quatro partes: a inteligência (nous), o conhecimento (epistéme), a opinião (doxa) e a sensação (aisthesis), segundo a classificação de Aécio.
Há ainda o que se refere à Trindade e à Unidade Transcendente do Deus Uno, simbolizada pelo triângulo com seus três lados, sendo que o quarto é a figura dada como totalidade.

Aristóteles, a quem se deve em grande parte a confusão que há sobre o pensamento pitagórico, no livro *Alfa da Metafísica*, onde os examina, de modo geral, mas, na verdade, referindo-se à obra dos autores que ele conhecia, e que, por serem menores, davam-lhe, portanto, uma visão parcial do pensamento pitagórico, concluía no 989 *b*. 30, que admitiam coisas matemáticas não pertencentes às coisas físicas, pois não as classificavam entre os seres com movimento.

As coisas matemáticas eram, assim, imóveis e imutáveis. Reconhecia que os pitagóricos não reduziam toda a realidade à realidade sensível, admitindo uma realidade mais elevada que a das coisas físicas. Mas afirmava não compreender (990 *a*. 10) como essas coisas matemáticas, que seriam os números, poderiam operar a geração e a corrupção sem movimento e sem mutação. São estas as suas palavras: "Os pitagóricos não nos fornecem nenhum esclarecimento, nem nos explicam como podem operar a geração e a corrupção, ou as revoluções dos corpos que se movem no céu."

Também não explicavam a leveza e a pesadez dos corpos. Nem tampouco as causas dos seres e do devir do universo material, pois, perguntava ele, "não há nenhum outro número fora desse número, do qual o número seja composto?" E mais adiante perguntava: "será que o número, que devemos compreender como representando cada uma dessas abstrações, é o mesmo que aquele que está no universo, ou é um número distinto dele? Platão afirma que é um outro número. Contudo, ele também pensa que todos esses seres, assim como suas causas, são números; somente para ele os números inteligíveis são causas, e os outros são sensíveis."

Assinalava, assim, Aristóteles que os pitagóricos faziam confusão entre os números imanentes às coisas (números sensíveis), e os números a elas transcendentes. Daí encontrar-se ele ante a seguinte aporia: como os números poderiam, ao mesmo tempo, constituir as coisas, ser as próprias coisas, e ser a causa de sua existência? Esta pergunta de Aristóteles também foi a de Silvestre Maurus e levaria à afirmação de que o número seria a *causa sui ipsius*, a causa de si mesmo, o que é um absurdo. Observa-se, desde logo, a influência da esquemática empírica de Aristóteles na compreensão dos números. E a aporia em que ele se encontra em face do pitagorismo é mais de origem subjetiva do que objetiva, como mostraremos.

Platão, que não se pode negar, é um iniciado pitagórico, falava na distinção entre o número em sentido eidético e o número concreto, o número nas coisas. E se não bastasse a afirmativa de Platão para justificar essa tese, as sentenças anteriormente citadas seriam suficientes, pois nelas se vê que todas as coisas estão *arranjadas*, arrumadas, construídas, segundo (pelo) número (*epoiken*) e, noutra, coisas da nossa experiência, as coisas sensíveis (*tà prágmata*) são cópias dos números.

A palavra *pragma* indica as coisas feitas, os efeitos, assim como *praxis* indica o fato da ação, o exercício da ação, o realizar algo. Estas coisas realizadas, efetuadas, são modeladas pelos números, pois a palavra *apeikathos*, que vem do verbo, *apeikazô*, significa copiar, representar, figurar, segundo um modelo, e *apeikasia* significa imagem, representação. Neste caso, as coisas sensíveis são construídas pelos números, e, por sua vez, copiam os números. Há, assim, o número que está na coisa, *in re* (concreto), e o número que antecede a coisa, *ante rem*, que a coisa copia (*eidos*). Chamemos o primeiro de *número concreto*, e o segundo de *número eidético*, e teremos perfeitamente traduzido o pensamento dessas sentenças.

Partindo daí, vê-se, claramente, que não se justifica a crítica aristotélica, pois as coisas não são causa *sui ipsius*, pois essas, que são arranjadas, arrumadas, construídas por números, copiam o número eidético, que corresponde à forma platônica. Este número é imutável e eterno, como imutáveis e eternas são as formas platônicas.

O outro está nas coisas que sofrem mutações. Mas estes mesmos, que estão nas coisas, que são elementos constitutivos de uma totalidade, por sua vez copiam números eidéticos. E é fácil daí concluir-se que há números que são imutáveis. Assim, um triângulo de madeira tem o seu número concreto, o número que está na relação das coisas que o constituem, mas esse triângulo copia a forma (*arithmós eidétikos*) da triangularidade.

Demonstramos em *O Um e o Múltiplo em Platão*, e em *Tratado de Simbólica*, que a teoria platônica da participação, exposta em outros termos, tem um conteúdo idêntico à teoria da *imitação pitagórica*. Pois o participante, ao participar (*metexis*), imita o participado (*mimesis*). Naquelas obras demonstramos, e o fizemos de modo apodítico, a predominância do pensamento pitagórico em Platão, assim como nesta queremos demonstrar os fundamentos ontológicos daquele pensamento, o que nos servirá ainda mais para afirmar que Platão é um dos mais fiéis intérpretes e discípulos de Pitágoras.

Examinando o hino órfico, consagrado ao número, do qual reproduzimos uma parte importante, chegamos a várias conclusões, que são fundamentais para posteriores análises.

Ninguém pode negar as íntimas relações existentes entre Pitágoras e o orfismo grego. É verdade que ao chegar ao Peloponeso, conta-nos a lenda, ele encontrou o orfismo numa fase de decadência. Mas essa decadência, se já havia afetado a maior parte dos cultores do orfismo, não havia ainda destruído a sua totalidade e restava um foco órfico, que permanecia imune à decadência que se processava na Grécia. Contam-nos todos os biógrafos de Pitágoras essa famosa passagem em que ele teve contato com a grande sacerdotiza Teocléia, e, ademais, que foi ele recebido pelos sacerdotes órficos como um grande iniciado e mestre e seus conselhos foram ouvidos e seguidos.

Sabe-se, ademais, que nunca Pitágoras se afastou das raízes mais profundas do orfismo e esse hino foi sempre considerado indispensável nos rituais pitagóricos, o qual era constantemente repetido. Queremos afirmar, pois, que esse hino se incorpora de modo indubitável à estrutura do pensamento pitagórico e dele podemos partir para, dialeticamente, deduzir conseqüências que são coerentes com o seu genuíno pensamento.

"*Do Um (mônada) até alcançar-se o número sagrado da tétrada...*" mostra-nos que o Um antecede ontologicamente à *tétrada*, ou seja, o Um antecede a todos os *arithmói*. Esta antecedência é ontológica e não cronológica e o dizemos porque é a tétrada a década pura (as dez leis fundamentais que envolvem tudo)[9]. Da tétrada surge a mãe fecunda de todas as coisas, aquela que gesta todas as coisas e que envolve todas as coisas, inabalável, sem sofrer mutações, eviterna. É dela que surgiram os deuses imortais e os homens, isto é, simbolicamente, a máxima espiritualidade e a mínima; e esta mãe, que gesta todas as coisas, é a pura década, esboçada nas dez leis do pitagorismo.

Este pensamento nos demonstra que o *Um*, como fonte e princípio de todas as coisas, transcende a própria década. Esta decorre dele, ontologicamente. Este Um é ser, pois se não o fosse seria nada e afirmar-se-ia o absurdo de que todas as coisas teriam surgido do nada e que o nada poderia ter criado as coisas, o que o afirmaria, automaticamente, como ser, emprestando-lhe eficiência.

---

[9] Já examinamos as principais interpretações simbólicas da tétrada (tetractys), propostas por Teon de Esmirna. Há, outras, porém, que examinaremos mais adiante.

CAPÍTULO VII

NÚMERO E RITMO

A palavra *número* vem de *numerus* (em latim), que, por sua vez, vem de *nomos*, lei, norma (em grego). Corresponde-lhe, no grego, a palavra *arithmós*. Esta vem do termo *rythmós*, do radical *rhe*, de onde *rhêo*, do verbo *rhein*, que significa fluir. Há um parentesco entre número e *ritmo*, portanto. Há uma analogia, em cujo *logos* ambos se identificam. O fluxo da criação implica o número.

"Ritmo é a periodicidade percebida. Trata-se da medida em que tal periodicidade deforma em nós o fluxo habitual do tempo. Assim, todo fenômeno, perceptível aos nossos sentidos, destaca-se do conjunto dos fenômenos irregulares... para atuar só sobre nossos sentidos e impressioná-los de maneira totalmente desproporcionada à riqueza de cada elemento atuante", escreve Pius Serviano, pitagórico. Matila C. Ghyka sintetiza com estas palavras: "ritmo é a experiência do fluxo ordenado de um movimento."

Deste modo, o ritmo está para o tempo, assim como a simetria está para o espaço, salienta Warrain.

A harmonia espacial (extensista) é simétrica; a harmonia temporal (intensista) é ritmo.

Dizia Pitágoras, o que é confirmado por todos os pitagóricos posteriores, que o *arithmós* era *"posotetos Khyma ex monadon synkeimenon"*, ou seja, a *série móvel, que jorra (que flui) da Mônada.*

Arithmós é, assim, algo das coisas móveis, das coisas que conhecem mutações de quaisquer espécies, isto é, daquelas que sofrem as mutações já estudadas por Aristóteles. Há *arithmós* (número), onde há geração e corrupção, onde há aumento e diminuição, onde há alteração, onde há movimento (transladação). Todas as coisas finitas, portanto, que constituem a série das coisas criadas, *são* números, *tem* números.

Todo ser finito caracteriza-se pela composição, pois o único ser absolutamente simples, de simplicidade absoluta, é o Ser Supremo.

O Um (*Hen Prote* = um primeiro) não é número, como não o é o *Hen-Dyas aóristos* (o um-díada-indeterminada), pois este, sendo *gerado* por aquele (e note-se gerado e não criado), é ainda aquele em sua procissão *ad extra*. A geração do *Hen-Dyas* se dá através de uma procissão *ad-intra*, ainda no Ser Supremo. O *Hen-Dyas* (Um-múltiplo), de Platão, é o Um em sua atividade criadora, que cria a díada indeterminada (a determinação, que é ato formativo, de Aristóteles, e a determinabilidade, que é a potência-materiável). O número vai surgir na oposição entre determinação e determinabilidade, pois é a *série móvel que flui da Mônada*, o produto das relações entre os opostos na substância universal. É o que demonstraremos em breve, após havermos delineado alguns pontos essenciais, como sejam os que vamos reproduzir de nosso *Tratado de Simbólica*.

"Definia Aristóteles o número como multiplicidade medida pela unidade. Mas, neste sentido, logo se nota que o conceito aristotélico é meramente o quantitativo."

Em *Teoria do Conhecimento*, estudamos, embora em linhas gerais, o conceito de número para os pitagóricos, que, sem dúvida alguma, foram e são os que melhor o estudaram.

No sentido pitagórico de grau de *teleiotes*, grau da perfeição para os iniciados, o número não é apenas a medida do quantitativo pela unidade, mas é, também, a forma, como proporcionalidade intrínseca das coisas, e pode ser tomado, como realmente o é, sob diversas modalidades.

Sintetizando o que então escrevemos, podemos dizer, sobre o pensamento pitagórico, o que segue:

Como o *número*, comumente não é mais do que uma expressão abstrata da quantidade, julgaram que, dentro dessa concepção, estivesse também a de Pitágoras.

Mas se ele via *também* assim o número, não o via *apenas* assim.

A palavra número vem do termo grego *nomos*, que significa *regra, lei, ordem*, ele usava, porém, a palavra *arithmós*, como número em sentido genérico.

A ordem é a relação entre um todo e as suas partes e se considerarmos que, onde há esta relação entre o todo e as *partes*, há uma certa *coerência*, vemos que a idéia de ordem se torna enriquecida.

Para o Mestre, o *número* é também esta *ordem*, esta *coerência*, que dá a fisionomia da tensão de um todo.

Na matemática posterior, já de nossa era, vemos que o número não é apenas quantidade, mas também relação, e também relação de relação, ou seja, função.

Para ele, o número encerra sempre o *numeroso*, porque exige uma relação e em toda relação há exigência de mais de um. O *Um* não é número. O Um é o todo. O Absoluto é o Um. (Não se deve confundir com o *um* aritmético).

"A unidade é a oposição entre o limite e o ilimitado; a unidade serve de momento de tensão e de aproximação de dois gêneros de realidade."
É um postulado pitagórico.

Podemos formar qualquer acepção sobre a essência, mas, em todas elas, uma nota é indispensável: na essência, está sempre o imprescindível para que uma coisa seja o que ela é.

Para uma coisa ser o que ela é, há de ter uma ordem, ou melhor, uma relação das partes com o todo, uma certa coerência, diferente das outras, para que ela possa ser o que ela é e não o que as outras coisas são.

Não é essa ordem do número? Podemos dizer: todas as coisas tem o seu número (*arithmós*) ou a sua ordem, a sua essência, por isso *todo conceito é número*.

Para termos a vivência do seu pensamento, precisamos despojar-nos dessa concepção superficial de que número seja apenas aquilo que nos aponta o quantitativo. Não, o número nos aponta, além do quantitativo, o qualitativo, o relacional, a modalidade, valores, e outras categorias.

Assim, *arithmós* (o número) é quantidade, relação, função, tensão, lei, ordem, regra.

"Todas as coisas conhecidas tem um número, porque sem ele não seria possível que nada fosse conhecido nem compreendido." (Filolau, frag. 4).

Se atentarmos para os fatos que constituem o nosso mundo, e nesse conceito devemos incluir todos os corpos e os fatos psíquicos, vemos que eles não constituem, todos, uma coerência, ou, para usarmos da nossa linguagem, tensões, estáticas, paradas, inertes, mas constituem tensões dinâmicas, que se processam, que passam de um estado para outro, que tomam uma direção.

O número é, por isso, também, processo, ritmo, vetor, fluxo.

Os fatos, que constituem o mundo, apresentam-se ora semelhantes entre si, ora diferentes, como também nos mostram que ora se completam, sem se repelirem, ora não.

Quando dois fatos opostos se colocam um em face do outro e formam uma relação, uma concordância, um ajustamento, como se constituíssem algo novo, eles se harmonizam.

Todos temos, através da música, uma experiência da harmonia.

Via Pitágoras, como o *ponto ideal*, já revelado pela própria natureza, para todos os fatos, inclusive os do homem, *a harmonia*.

A *harmonia* é uma resultante do ajustamento de aspectos opostos. A harmonia só pode dar-se onde há oposições qualitativas. Dois seres iguais não se harmonizam, apenas se "simetrizam". Para dar-se a harmonia, é necessário que existam outras diferenças, distinções que não apenas a numérica.

O nosso universo compõe-se de unidades diferentes e, quando elas se ajustam entre si, realizam a harmonia.

Na estética, propunha ele, não devíamos procurar apenas *a harmonia da simetria*, mas *a harmonia dos opostos*, em *movimento (khiasma)* e foi através deste grande pensamento, que a arte grega, ao realizá-lo, conseguiu criar algo de novo no campo da estética, o que veio colaborar, eficientemente, para a eclosão do chamado "milagre grego".

Observou Pitágoras, estudando a harmonia, que, obedecidas certas relações, ela se verificava. Essas relações constituem os chamados "números de ouro", de um papel importante em todas as artes e em seus períodos superiores.

Dessa forma, é a *harmonia o ideal máximo* dos pitagóricos, a qual consiste em ajustar os elementos diversos da natureza.

O *arithmós* é também *harmonia*.

Verificou ele, ademais, que certas combinações, obedientes a certos números, e em certas circunstâncias, são mais valiosas do que outras.

Dessa forma, os números são também valores, porque nos revelam valores, por possuírem eles, quando realizados, um poder capaz de efetuar algo benéfico ou maléfico.

Como os valores tanto podem ser positivos como positivos, e como, através dos números, realizamos e atualizamos poderes, os números são também *mágicos*. A palavra *magia* encerra sempre a idéia de um poder maior que se pode despertar.

A suprema instrução, o conhecimento superior do homem e das coisas divinas (*a Mathesis*), é uma atividade; *mathema é o estudo*, o conhecimento. O Um (*Hen*) que é só (*Holos*, em grego, só) é a fonte emanadora de tudo. Os *arithmoi arkhai* (de *arkhé*, supremo) são os princípios supremos que advêm do UM. Da cooperação desse *arithmoi arkhai*, só cognoscíveis pelos iniciados, e que são os poderes supremos, surge a organização do *Kosmos* (que significa *ordem universal*). (Note-se a influência dos *arithmoi arkhai* nas formas [*eide*] platônicas, que nada mais são que símbolos dos *arkhai* pitagóricos, esotericamente expostos pelo autor da *República*).

O UM, como fonte suprema emanadora dos *arithmoi arkhai*, gerou o UM. O UM é ato, eficácia pura, simplicidade absoluta, portanto, ato puro. Sua atividade (*verbum* no latim) é de sua própria essência, mas representa um papel, porque na atividade é sempre ele mesmo (*ipsum esse* dos escolásticos), embora represente um outro papel (*personna = hypostasis*), o da atividade, mas é a mesma substância do Um supremo, ao qual está unido, fusionado pelo amor, que une o UM ao UM, o que forma a primeira tríada pitagórica, que bem estudada, em pouco difere da trindade cristã, exposta por Tomás de Aquino.

O Um, mais o Um gerado por ele e o *amor*, que os une, formam a *tríada pitagórica*, simbolizada pelo triângulo sagrado de lados iguais.

Na emanação (procissão *ad extra*, pois a anterior entre o UM e o UM e o amor, a procissão é *ad intra*), surge o Dois, a Dyada. O ser toma os modos extremos de ser que, sendo inversos, são identificados no ser. Surgindo o dois, que se heterogeneíza, todas as combinações numéricas (*arithmetikai*) são *possíveis*[10].

O *arithmós é também conceito*, pois o conceito é um *arithmós de notas* (*skhema* por *aphairesis*, isto é, esquema por abstração).

Então temos:
é *quantidade* (*arithmós posótes*)
é *qualidade* (*arithmós timós*)
é *relação* (*arithmós poiá skesin*)
é *função* (*arithmós skesis*)
é *lei, ordem, regra* (*arithmós nómos*);

---

[10] O Um gera o Um, na procissão *in intra* da trindade pitagórica, muito semelhante à cristã. Na procissão ad extra, que é a criação, ele gera o *um* (substância universal), que é díada – *dois* – no seu funcionar.

é processo (*arithmós proodos*, ou *kéthados*), cujo movimento inverso é conversão (*episthrofé*), que realiza o retorno efetivo (*ánados*). Estes *arithmoi* surgem dos *arithmoi arkhai* e são produzidos pela emanação do Um. E retornam ao Um, depois de se combinarem com outros *arithmoi*.

Fluxões (*arithmós khyma*) pelos quais matematizavam os pitagóricos, os estudos sobre as emanações e os fluxos de qualquer espécie (da luz, por exemplo).

O número *ritmo* (*arithmós rythmós*), número periódico; os *conjuntos* são números (*arithmós plethos*); e quando se tornam *tensões* são *arithmoi tónoi*.

Também se preocupava Pitágoras com a conjunção de números que produzem aspectos qualitativos passageiros, diferentes dos elementos componentes, como a percussão de notas diferentes, formando um novo aspecto qualitativo. Daí, os *números sinfônicos* (*arithmoi symphónikoi*), que, por sua vez, formam os números da *harmonia* (*harmonikoi arithmoi*).

As *proporções* de toda espécie levavam a construir o número *analógico* (*analogikós arithmós*).

Ainda outros números pertenciam à matemática pitagórica.

Temos, ainda, os *números de crescimento punctual* dos pitagóricos, que nada mais são que os *números segmentos* de Dedekind, os chamados *dynamei symetroi* (números comensuráveis em potência) e outros como os *sympathetikoi arithmoi* e *antipathetikoi arithmoi*, que são totalmente diferentes do *episthemikós arithmós*, o número científico, número da matemática profana.

Só colocado o número nesse verdadeiro sentido pitagórico, pode-se compreender a sua simbólica, o que aliás é matéria da Aritmosofia, que estuda a sua significabilidade. Não se pode esquecer, porém, que nos diversos mitos religiosos, o número, tomado neste sentido, pode parecer, à primeira vista, como tendo um valor em si mesmo, quando, na verdade, como teremos ocasião de apreciar através das análises que passaremos a proceder, ele, de per si, não é um poder, mas apenas um apontar do poder, que se refere aos chamados *arithmoi arkhai*, os números arquetípicos, cujo estudo passaremos a fazer sob aspectos gerais.

Os fenômenos naturais e suas leis nos levam a coeficientes que são números e todas as coisas do mundo cósmico são aritmonomicamente realidades que imitam certos números. Os cristais, plantas, homens, estrelas, sons, *spectra* químicos revelam números e uma lei numérica, que é a mesma. A matemática mostra-nos como o número é um instrumento extraordinário para o nosso conhecimento, a ponto de, quando não podemos reduzir a números um fenômeno, sentirmo-nos como no vácuo.

Como o mostrava Pascal "há propriedades comuns a todas as coisas, cujo conhecimento abre ao espírito as maiores maravilhas da Natureza." E são tais "propriedades comuns" que analogam os fatos uns aos outros, e permitem captar as referências aos números, indicando-nos a simbólica que surge através dos tempos.

Reconhecia Leibnitz que a "linguagem matemática" poderia nos comunicar muitos dos segredos da natureza, e não foram poucas as vezes que se repetiu, na filosofia, que a matemática é a linguagem de Deus, e que a divindade construiu o universo como um perfeito matemático, cuja simbolização vemos em muitas manifestações artísticas religiosas, inclusive no cristianismo.

Foram os números estudados desde os tempos mais remotos, e encontramos trabalhos e referências entre os Vedas, entre os egípcios, caldeus, babilônios, os gregos e os primeiros padres da Igreja.

Em *geral*, para os pitagóricos, os números eram entidades intermediárias entre o Ser Supremo, o Um, que não é número, e os outros seres, nos quais, por serem criados, e, consequentemente, finitos, o número é, em parte, um limite negativo, pois indica onde este ente é o que é, como também, positivamente, o que é, seu *quid*, pois a forma, como *morphê*, ou *eidos* ou *skhema*, no sentido aristotélico, é número, o que Aristóteles em parte compreendeu.

A *forma* aristotélica corresponde à forma pitagórica, que é a lei de proporcionalidade intrínseca dos seres, pois se este é isto e não aquilo, o é por ter uma certa proporcionalidade intrínseca, que é o seu *arithmós*.

Fazia questão de salientar Santo Agostinho que "a ininteligibilidade dos números impedia de entender-se muitas passagens figuradas e místicas das Escrituras."

Para o genuíno pitagorismo, podemos considerar o conjunto dos seres criados segundo duas tríadas, a inferior e a superior, que nos oferecem uma visão clara da realidade.

Se partimos das *coisas sensíveis*, como os seres mais diretamente em contato com os nossos sentidos, é fácil, desde logo, perceber que eles são constituídos de uma *estrutura geométrica*, revelada pelas duas dimensões.

Essas estruturas geométricas podem ser reduzidas a *números matemáticos* (*arithmói mathematikoi*), como o realiza, por exemplo, a álgebra, a geometria algébrica, etc. Dessa forma, a tríada inferior é formada de

> números matemáticos,
> estruturas geométricas,
> coisas sensíveis

os quais podem ser esquematizados pela matemática, como realmente se faz.

Mas, absolutamente, não se esgotam as possibilidades esquemáticas de conhecimento das coisas, se as considerarmos apenas dentro dessa tríada. E tal logo transparece, porque as coisas revelam uma proporcionalidade intrínseca, um esquema que as faz ser o que são, e não outra coisa, em suma: a sua *forma*.

Essas *formas* (comumente chamadas de *idéias* platônicas) constituem o ponto de ligação com a tríada inferior. As formas já não são objetos do conhecimento sensível, mas de um conhecimento intelectual, pois exigem uma atividade abstratora do espírito, que separa do *fantasma* (*phántasma*, do que aparece, surge, vê-se; *phaos*, luz) o *esquema eidético* (*eidos, morphê*) da coisa, aquilo pelo qual (*quo*) a coisa é o que ela é e não outra, essa proporcionalidade intrínseca, esse *arithmós plethos* (esse número de conjunto proporcional), que revela um *arithmós tonós* (uma tensão, uma coerência das suas partes com o todo).

Não importa o plano em que é considerada. E é fácil compreender-se: aquele quadro é um retrato, uma figura humana, de um colorido harmônico. Se visto num microscópio, representaria apenas grânulos de cores diversas sobre o pano, e se não permitisse, nesse estado, a mesma visão de conjunto, a captação do seu *arithmós plethos*, tal não impediria que o espectador, neste conjunto de coordenadas, o veja como um retrato de tal ou qual pessoa. A sua forma, nesta relação, é esta, e, noutra, apresentará uma heterogeneidade de forma. Se aqui o vemos como um todo (*plethos*), noutra posição ve-lo-íamos como um ser heterogêneo de outras totalidades, sem que tal exclua que, neste conjunto de coordenadas, constitua um todo coerente, uma tensão diferente das tensões dos elementos que o compõem, os quais, por sua vez, podem formar outras tensões, com elementos heterogêneos, e assim sucessivamente.

Este ponto, de capital importância na *Teoria Geral das Tensões*, nos revela que as formas substanciais, sobretudo, são o *arithmós* da tensão, que, por sua vez, é um esquema coerente, que implica o heterogêneo, pois, como tensão (tonós), é *um* e homogêneo, mas heterogêneo em suas partes, que são transcendidas pelo todo, que forma uma unidade, qualitativamente diferente das partes componentes, as quais, na totalidade, podem ser consideradas apenas quantitativamente.

Desse modo, a *forma* não é um ser sensível, não é uma coisa subsistente de per si, mas que se dá na coisa, pois a coisa é o que é *pela* forma que tem; isto é, pela esquemática que apresenta a proporcionalidade intrínseca de suas partes.

Até aí alcançou Platão nos diálogos, porque até aí é o campo exotérico do pensamento pitagórico.

Essas formas são *imitadas* pelas coisas, pois são estas *de* isto ou daquilo. Assim, num triângulo *de* madeira ou *de* ferro, a triangularidade, por exemplo, é o esquema das proporções intrínsecas deste triângulo de madeira, que é triângulo, não por ser de madeira, mas por participar da proporcionalidade dos ângulos, que constituem a sua essência.

Desse modo, o esquema eidético do triângulo é a lei de proporcionalidade intrínseca da triangularidade, *imitada* (em sentido pitagórico) por este ou aquele objeto, ou *participada* (no sentido platônico) pelo mesmo.

Mas este ou aquele objeto não são a triangularidade, mas apenas triângulos, porque *participam* da triangularidade.

Esta não é um ser subsistente de per si, como algo que ocupasse uma estância. A triangularidade não tem um onde nem um quando. Ela não *acontece* aqui ou ali. Ela é e subsiste no ser, na ordem do ser; melhor ainda, no poder infinito do ser. É um *poder-se* a triangularidade que as coisas sensíveis aqui ou ali imitam, triangularizando-se pela proporcionalidade intrínseca que tem. E, deste modo, o esquema noético eidético, que construímos no espírito, é a enunciação dessa lei da proporcionalidade do triângulo, em termos intencionais, em termos noéticos, segundo o nosso espírito e sua capacidade de assimilação e de construção de esquemas, que capta, nos fatos, a *triangularidade*. Portanto, para o platonismo, como para o pitagorismo, o esquema eidético da coisa pertence à *omnipotência* do ser; é, portanto, *ante rem*. Na coisa, temos o esquema concreto por imitação (*mimesis*); ou seja, *in re*, e, na mente humana, temos o esquema noético-eidético, *post rem* (depois da coisa)[11].

Não é possível entender-se, devidamente, nem o pensamento platônico nem o pitagórico (pois Platão é, sem dúvida, pitagórico), se não os colocarmos nos termos que acabamos de expor.

Temos, assim, como as *formas*, o primeiro elemento da tríada superior. Mas as formas revelam uma *estrutura ontológica*, que corresponde, no campo eidético, as estruturas geométricas no campo da tríada inferior, no das coisas sensíveis.

A proporcionalidade intrínseca das coisas, o *arithmós eidetikós*, apresenta uma estrutura ontológica, enquanto as coisas sensíveis apresentam uma estrutura ôntica, singular.

Essa estrutura ontológica revela os *arithmoi arkhai*, os números arquetípicos, que são imediatamente inferiores ao Um, o Ser Supremo, a Divindade, que não é número, porque o número pertence à multiplicidade, ao que é dual, à díada, como se vê no pensamento esotérico do pitagorismo e não nos caberia tratar aqui, por enquanto.

Desse modo, teríamos as duas tríadas, dispostas da seguinte maneira:

Tríada superior
{
arithmói arkhai (números arquetípicos)
estruturas ontológicas
formas (*arithmói eidetikói*)
}

Tríada inferior
{
números matemáticos (*arithmói mathematikoi*)
estruturas geométricas
coisas sensíveis
}

No campo da simbologia, poderíamos, portanto, dizer que as coisas sensíveis participam das estruturas geométricas, das figuras, dos números matemáticos, das formas, etc. Desse modo, as coisas podem simbolizar o mais alto, até alcançarem os *arithmoi arkhai*.

Podemos simbolizar por meio de figuras, que são estruturas geométricas, um ser sensível; por exemplo, uma expressão cubista de Napoleão.

---

[11] Por essas razões, por não ter um aqui nem um onde, os eide não tem figura (determinação qualitativa da quantidade), nem determinações limitativas de nenhuma espécie. Não podemos, por isso, para bem entendê-los, reduzi-los à esquemática de nossas intuições sensíveis (phantásmata), como pretendem aqueles que não tem mens philosophica suficiente.

Teríamos uma aparente inversão, pois o participante seria simbolizado pelo participado. Mas não é bem assim. Ao simbolizarmos Napoleão por uma figura cubista, há a associação, através da figura do Corso, reduzido a um esquema figurativo. Não se trata aqui de uma simbolização completa, mas de uma cópia, imitação da sua estrutura geométrica. O símbolo, como vimos, inclui mais em sua linguagem, pois dirige-se ao eidético, por ex., ao simbolizarmos Napoleão por uma águia.

O símbolo contém algo do imitativo, pois não há assimilação sem uma correspondente acomodação, o que implica imitação. Mas se a imitação é um co-princípio do símbolo, não é, de per si, bastante para indicar-lhe a essência, porque, do contrário, teríamos de incluir, na espécie do símbolo, todas as imitações.

Se o figurativo pode simbolizar, como a forma cilíndrica simboliza o *phallos*, propriamente, não há aqui a revelação do *oculto*, que é também característica do símbolo, que o aponta. Tal não implica que o figurativo não possa simbolizar, mas apenas o faz parcialmente, porque aponta a figura do simbolizado imediato. Simboliza ao apontar o simbolizado e ao tornar presente uma nota ou notas do mesmo, não contidas no símbolo, que estão ocultas, porque são do simbolizado. O símbolo aponta, pelo imitativo, o simbolizado, mas não *pretende* apenas isto, mas o que é do simbolizado, não contido no símbolo. O símbolo é, assim, sempre *menos* que o simbolizado, tomado hierarquicamente, porque o símbolo participa de algo do simbolizado, que é o participado, e participa em grau menor do que o outro tem em plenitude.

O símbolo é um meio de tornar presente o que está ausente. Portanto, não é apenas o imitativo que deve ser considerado, mas o que é *mais* no simbolizado.

Essa igualdade *há*, mas implica a presença do que os *diferencia*. O prazer estético, que provoca a simbólica na arte, está nesse seu aspecto. De per si, a obra de arte diz o que ela é no seu aspecto figurativo, mas, como aponta além e faz gozar de uma plenitude, oferece o gozo estético, que vai além da mera captação sensível, pois, do contrário, consideraríamos a arte apenas do ângulo da estesia, do ângulo dos sentidos, sem considerá-la do ângulo do espírito, o que é importante.

A emoção estética é complexa não só da intuição imediata do que ela expressa exteriormente, mas da intuição apofântica, portanto, mística, que permite uma penetração no intrínseco da obra de arte, que é vivida em graus diferentes, segundo a capacidade do espectador. Esta é a razão porque a arte nunca pode ser exclusivamente realista, no sentido abstratista que toma esse termo, como cópia da realidade. De qualquer forma, essa mesma realidade fala uma linguagem simbólica, e essa é a razão porque os realistas são "realistas impossíveis", pois, quer queiram quer não, vão aiém de suas intenções. Toda arte é, assim, em seus meios de expressão, realista, mas é simbolicamente transcendente, apesar da intencionalidade do artista; por isso permite uma interpretação simbólica, muitas vezes em desacordo com as "primeiras intenções" do artista, que não deixam de denunciar as "segundas intenções", que nem sempre ele é capaz de perceber[12].

Podemos, agora, classificar os números (*arithmói*) dentro das ciências que os incluem como objeto material. Assim, temos:

(*arithmói*) números
{
puros = *arithmologia*
científicos = *epistemikós arithmós*
sensíveis = *arithmós logistikós* (número da matemática vulgar, número de cálculo).
}

Números científicos, segundo Nicômaco de Gerasa:

1) Multidão limitada (*posótes*). É o número quantitativo, abstração da quantidade.
2) Composição de mônadas (*plethos, tonós*). Classes de classes.
3) Fluxo (*khyma*).

Dava Nicômaco a seguinte definição da segunda espécie:

"Os pitagóricos consideravam todos os termos de uma série natural dos números como princípios, de maneira que três (a tríada) é o princípio dos três entre os objetos sensíveis, e quatro (a tétrada), o princípio de todos os quatro, etc."

É semelhante essa definição à que oferecem alguns logísticos modernos dos números como "classes de classes".

Os números puros, que constituem a matéria da Aritmologia, são assim definidos por Nicômaco: "Os princípios (*arkhai*), no sentido de

---

[12] A simbólica dos números é examinada por nós em Tratado de Simbólica.

origens do Número e de tudo e de todas as coisas, são o "Mesmo e o Outro", ou "a qualidade de ser a mesma coisa ou de ser outra coisa".

A relação entre dois objetos ou grandezas é o *arithmós skesis*. E a *harmonia*, segundo Filolau, é "a unificação do diverso e a colocação em concordância do discordante".

Assim, as essências das coisas, as Formas, são também números. Há os que identificam a forma como essência, e estas com o número. Mas, apesar de tudo, há necessidade de distinguir. A forma eidética, como exemplar na ordem do Ser Supremo, é *ante rem*. As formas, nas coisas, as formas concretas, *in re*, são as leis de proporcionalidade intrínseca, que constituem a estrutura formal das coisas sensíveis, os *eidola* (formazinhas) de Platão.

As formas eidéticas noéticas, que cabem na definição lógica são *in intellectu post rem*; são construídas segundo a intencionalidade humana, as quais nada mais são que os *conceitos*. Estes podem ser concebidos logicamente, quando esvaziados de todo conteúdo pragmático, tomados apenas em sua estrutura lógica, seguindo as normas aristotélicas, que cabem na definição, que é igual ao gênero próximo e à diferença específica, e o conceito histórico-social, forma noética, na qual há a contribuição das experiências humanas, cuja variação é imensa, e cabe à Esquematologia estudar.

Colocado o número (*arithmós*) nesse genuíno sentido pitagórico, desde logo se desfazem as inúmeras interpretações falsas; clarea-se, de modo definitivo, o verdadeiro pensamento do mestre de Samos.

Compreende-se, então, que a Matemática, no sentido de Pitágoras, não é a matemática comum, que estudamos nas escolas. Esta está incluída naquela, mas não abrange a totalidade do pensamento matemático.

A fim de se evitarem as confusões tão comuns, preferimos chamar de Metamatemática a esse teorizar pitagórico, já que o termo *matemática* está definitivamente comprometido, devido a acepção vulgar.

Em nossos comentários à *Metafísica* de Aristóteles, temos oportunidade de examinar os erros de que está cheia a análise aristotélica, e que decorrem do desconhecimento do legítimo pitagorismo por parte do grande Estagirita, o que é aliás aceitável, desde que compreendamos que o pensamento pitagórico era, em sua época, e ainda é, um pensamento proibido, que deliberadamente permanece desfigurado, desvirtuado e falsificado. Não é de admirar, pois, que muitos sejam pitagóricos sem o saber. E é essa a razão que nos leva a afirmar, e ainda o demonstraremos cabalmente, que Pitágoras fecundou, mais que qualquer outro, o pensamento ocidental e a presença de suas teses está em toda a obra especulativa humana.

* * *

Os fundamentos da dialética socrático-platônica, que estudamos em *Filosofia Concreta*, tem suas bases na relação aritmética, examinada pelos pitagóricos.

A relação aritmética se revela:

1) pela percepção de uma relação funcional ou de uma hierarquia de valores entre dois objetos do conhecimento;
2) discernimento ou comparação de valores, qualitativo ou quantitativo $\dfrac{a}{b}$. Forma de fração com propriedades de fração, o que equivale ao quociente de a por b; isto é, *número*.

Para Euclides, a proporção é a "equivalência de duas relações".

Na analogia, exigem-se (analogia de proporção) três termos, pelo menos:

$$\dfrac{a}{b} :: \dfrac{b}{c}$$

E é no *logos* de b que se processa a analogia, pois é ele que analoga, já *a* está para *b* na proporção em que *b* está para *c*.

Platão dizia, no *Timeu*, que é "impossível combinar bem duas coisas sem uma terceira; é preciso entre elas um laço que as reuna". Esse laço é o *logos*.

E sempre que há uma analogia de proporção é possível, entre dois termos, tirar uma resultante para a dialética socrático-platônica.

Vamos exemplificar com uma passagem que escrevemos em *Filosofia Concreta*:

"Entre duas premissas particulares analogadas, Sócrates induz o *logos* analogante (pois a dialética socrático-platônica é predominantemente indutiva, ao invés da aristotélica)."

Vejamos o exemplo clássico: O leão é o rei do deserto. D. Manuel é o rei de Portugal. Dessas duas premissas particulares, nada se pode deduzir dentro dos cânones aristotélicos.

Mas, dentro dos cânones socráticos, é possível *induzir*, desde que encontremos o *logos analogante*. Tinha razão Aristóteles ao dizer, na *Metafísica*, que Sócrates era o criador das razões indutivas, dos *logoi* indutivos.

Essas duas premissas podem ser reduzidas a uma proporção (analogia). Como o rei domina o seu reino, o leão domina o deserto. Mas se há semelhança entre ambos, podemos ainda salientar as diferenças, pois o *reinar* do rei é diferente do *reinar* do leão, mas, afinal, através das induções socráticas, alcançamos a um *logos* analogante, que é este: o relativamente mais poderoso domina sempre no campo respectivo de suas atividades. Ora, o leão é o relativamente mais poderoso no deserto, dominando, assim, no campo respectivo de suas atividades, como o rei domina no reino.

Ora, esses *logos* analogante pode, afinal, ser reduzido genericamente ao *logos* analogante de que o "agente atua proporcionadamente à sua natureza e proporcionadamente ao campo de sua atividade". Essa proporcionalidade, por sua vez, reduz-se, genericamente, ao *logos* de que "o agente atua e o paciente sofre proporcionadamente às suas naturezas". Por sua vez, tal se dá pela lei do Ser, já induzida pelas teses por nós examinadas, pois se o agente atuasse além da sua natureza, o suprimento viria dele ou de outro, ou do nada. Se dele, então ele já o conteria, já era poderoso e, portanto, sua ação seria proporcionada ainda à sua natureza e ao suprimento por outro, que seria, então, o agente. Do nada, é absurdo. Portanto, o consentâneo e congruente é que o agente atue proporcionadamente à sua natureza, ou seja, a atuação é analogada à sua natureza, a ele mesmo.

* * *

Segundo Stobeu, citado por Aristóxeno, a primeira noção que Pitágoras ensinava aos discípulos é a do *par* e a do *ímpar*, antes de entrar no exame do número. Os atuais estudos sobre a noogênese infantil e o exame sobre os primitivos modernos nos revelam que o par e o ímpar antecedem, de certo modo, a formação das idéias de números, pois se num grupo de 18 objetos retiram-se dois, o australiano primitivo notará a falta com menos rapidez do que se retira apenas um. E é compreensível que a idéia de paridade e de imparidade presida sempre toda atuação humana e esteja presente, sobretudo, pois processa-se, através da comparação dos estímulos do mundo exterior, uns com os outros, bem como através da assimilação psicológica, que se realiza através da acomodação-assimilação, ou, seja, da acomodação dos esquemas aos fatos e assimilação deste aos esquemas. A paridade preside sempre toda atuação humana, e está presente, sobretudo, na formação do Eu, ao distinguir-se cada vez mais o homem ante a sua consciência de o mundo exterior. A imparidade surge do imprevisto, do inaudito, do jamais visto, do que não permite comparar de imediato com algo que lhe é de certo de modo igual. A imparidade, ou também, a disparidade, é a ausência da paridade e se revela no que não tem correspondência, simetria, igualdade com outro, ou semelhança até.

Dizia Pitágoras que o par é o *apeiron*, o ilimitado, porque entre suas duas partes, resta o nada, enquanto o ímpar é *peras*, limitado, porque, ao dividí-lo em duas partes iguais, subsiste sempre entre elas uma unidade indivisível, que é o *par-ímpar*.

        Par   Ímpar

     . | .   . | .

O número é, para Pitágoras, uma combinação, uma harmonia do par e do ímpar, da paridade e da imparidade. Sendo o número, como veremos, o "esquema da participação", nesta há a paridade entre o participante e participado, e a imparidade da participação, pois esta não se dá por composição física, mas apenas forma, como já demonstramos ser o fundamento da *mímesis* pitagórica, pois o imitante não se compõe fisicamente com o imitado, mas apenas o reproduz formalmente, proporcionalmente à natureza do imitante. Neste caso, o esquema da participação é uma combinação de par e ímpar, para permanecer dentro da linguagem aritmológica[13].

---

[13] Combinar vem de cum e bini, e este de bis, do arcaico duis, e do dis, grego, que significa duas vezes, uma e outra vez. Combinar é unir, é ordenar duas coisas. O número (arithmós), enquanto tal, é a ordenação harmônica do par e do ímpar, do ilimitado e do limitado, do infinito e do finito.

É o número uma harmonização do ilimitado com o limitado. São os dez primeiros números, realmente, os fundamentais, pois os outros são apenas repetições daqueles. Deste modo, a *década* compreende todos os números com suas propriedades.

É a *década (tetractys)*, segundo Filolau, grande e toda poderosa, a fonte de tudo, começo e modelo de todas as coisas. É o número do universo, cuja simbólica estudamos no capítulo correspondente.

Sem a década, tudo é misterioso, confuso, obscuro. Tal simboliza o perfeito e encerra em si a essência de todos os números. Tem um número igual de pares e de ímpares e o Um, que é par-ímpar, o primeiro par, o primeiro ímpar e o primeiro quadrado, o quatro. É constituída da soma dos quatro primeiros: $1 + 2 + 3 + 4 = 10$.

Ora, a década é a *tetractys* das 10 leis (*logói*) universais, que são a revelação dos princípios que regem todo o Universo, princípios de todas as coisas. Escreve Chaignet: "Os dez primeiros números, cuja década é o limite, no dizer dos Pitagóricos, explicam a infinita variedade das coisas, desde a simples erva até o sol, desde a realidade mais material até os atributos, os modos, as propriedades das coisas, até os próprios deuses."

Já examinamos a *tetractys* e as diversas maneiras de considerá-la, segundo Teon de Esmirna, mas, no sentido das dez leis do Ser, é o que examinaremos oportunamente.

A aritmética pitagórica é geométrica, e, inversamente, sua geometria é aritmética, pois os números são distinguidos por seus caracteres geométricos. Mas, essa distinção se fundava apenas na visão de 1º grau da matemática, que era a do iniciado no grau de *paraskeiê*, grau do aprendiz.

Assim, os números eram representados por pontos e linhas tendentes a formar figuras, como se vê nos manuais de filosofia.

Aristóteles, como já vimos, afirmava, na *Metafísica*, que os pitagóricos (naturalmente aqueles aos quais ele se referia), consideravam os números como:

a) princípio de todas as coisas;
b) substância de todas as coisas.

Mas afirmava que eram, para eles, extensos, pois a própria Mônada era extensa.

O número seria, assim, duplicemente, matéria e forma das coisas, ou melhor: a forma e a matéria das coisas eram números. E, assim, como há a oposição de forma e matéria, pois ambas são positividades colocadas uma *ob* à outra, os números são também opostos. Par e ímpar, um limitado e outro ilimitado, etc.

E afirmava ainda Aristóteles que, para os pitagóricos, o Um procederia do conjunto de dois números, pois era simultaneamente par e ímpar. Mas o número procede do Um e é de números que é constituído todo o Universo (in *Metafísica*, 986 a 19-21).

Depois de colocada essa tese, era-lhe fácil mostrar como estava eivado de absurdos o pitagorismo. Mas, na verdade, Aristóteles conhecia pouco o pitagorismo[14]. Conhecera, talvez, a obra de alguns pitagóricos maiores, mas fragmentariamente ou de simpatizantes menores, que eram seus contemporâneos. Sabe-se muito bem que o pitagorismo, na Grécia, esteve "fora da lei", e, como tal, não foi infenso às invariantes deformações que sofrem as doutrinas que se acham "fora da lei". E não há necessidade de buscar, na História, exemplos, quando os dias de hoje são ainda tão férteis deles.

É manifesto, na obra aristotélica, o intuito de desvalorizar todo o pensamento que o antecedeu. A crítica que, através dos tempos, Aristóteles sofreu é muito justa, pois, realmente, como expositor do pensamento alheio, foi muito infiel e, nessa infidelidade, há inequívoca tendência para deformar. Não se deve daí concluir que tudo quanto Aristóteles tenha escrito sobre o pitagorismo seja falso. Há contribuições valiosas, e nós, na análise que fazemos de sua *Metafísica*, temos a oportunidade de examinar esses pontos, onde o grande filósofo vacila e desfalece, desfigurando o pensamento alheio. Mas não podemos deixar também de ressaltar a grande contribuição que fez para a compreensão do pitagorismo.

Para ele, o *número*, a partir da unidade, procede de duas maneiras. Por adição da unidade com ela mesma, passando-se do *um* para o *dois*, do *dois* para o *três*, pela adição de uma nova unidade, ou, então, pela multiplicação da unidade. Ora, tais operações não pode sofrer o número se ele não participa simultaneamente, da Unidade e da Multiplicidade. Os números são compostos de mônadas; é uma multiplicidade de mônadas. E, formalmente, é uma mônada singular, um ente unificado. É uma *unida-*

---

[14] Aristóteles tendeu sempre a falsificar o pensamento alheio. É o que se vê ao tratar de Empédocles, Anaxágoras e dos pitagóricos. Esse defeito, porém, não lhe exclui o grande valor que tinha como filósofo de primeira plana.

de numerada, ao fazer parte de um número (*matéria*), e uma *unidade numerante*, ao unificar formalmente o número. E daí afirmar Aristóteles que os números participam do Um, que é o seu princípio formal, e da Díada indeterminada (a multiplicidade), que é o seu princípio material. E, se assim é, o Um e a Díada terminam por transcender a todos os números, pois estes deles participariam.

Se há, aí, muitos erros quanto ao pitagorismo genuíno, como já o provamos, há, contudo, muita verdade. Mas, o que há de verdade, é o que há de platonismo em Aristóteles.

Propriamente, os números não surgem do Um numa criação ininterrupta. Eles são *ab-aeterno* no Um Supremo e infinito. A multiplicidade implica a antecedência ontológica do Um, como todos os entes finitos implicam a antecedência ontológica do Ser. O *dois* não nasce de uma adição é o dois da aritmética, não o *dois* como *arithmós* eidético. Todos os números já estão dados na ordem do ser e, por isso, são eles, de certo modo, infinitos, e jamais a mente humana poderia limitá-los, porque os pensamentos do Ser Supremo são, *de certo modo*, infinitos, porque infinito é o seu poder.

O genuíno pitagorismo, em grau iniciático mais elevado, não diz outra coisa. Assim como o mostramos em *O Um e o Múltiplo em Platão*, que as formas são infinitas, porque são *ante rem* os pensamentos do Ser Supremo, os seus poderes que não conhecem limites, os números também o são. E a prova apodítica dessa tese apresentamo-la em *Filosofia Concreta*.

Aristóteles, como empirista, não podia compreender o número infinito, senão como potencialmente infinito. Mas, sendo o poder, o Ser Supremo, uma potência ativa infinita, porque pode tudo quanto pode ser e como o poder-se só poderia ser limitado pelo nada absoluto, que é absurdo, e está total e definitivamente eliminado pelas provas que fizemos naquela obra, o seu poder é potencialmente infinito. Mas o poder infinito do Ser Supremo, nele, é ato, e como possíveis de se realizarem nas criaturas, os números são, nele, de certo modo, atualmente infinitos, porque são da infinitude da sua atualidade.

Como forma, o número não é um conjunto unificado, porque a forma, tomada em si mesma, não é uma multiplicidade, mas uma unidade. Se podemos, para permanecer no aristotelismo, considerar o homem como animalidade e racionalidade, a forma humana não é uma unidade composta do múltiplo animalidade mais racionalidade, um ser composto no sentido físico. As estruturas, aqui, são ontológicas e não físicas. Animalidade e racionalidade distinguem-se no homem, mas apenas ontologicamente. Na realidade, a racionalidade humana já inclui a animalidade. É apenas um grau de perfeição, que inclui o anterior. Assim, a triangularidade, enquanto tal, não é produto de uma soma de lados, como o é este triângulo, mas é uma estrutura formal de per si, pois, do contrário, o quadrado seria um triângulo ao qual se acrescentou um lado a mais. Se este quadrado pode ter facilmente surgido assim, o quadrado não surge de uma modificação sofrida pela triangularidade. A triangularidade continua sendo tal, embora este triângulo de madeira vá compor, agora, com outro lado, um quadrado.

Estamos em pleno platonismo, mas também em pleno pitagorismo, pois como demonstramos em *O Um e o Múltiplo em Platão*, o pensamento do mestre de Aristóteles é fundamentalmente pitagórico, no verdadeiro sentido que se deve dar a essa doutrina.

Se as coisas materiais são números, não quer dizer que número seja a matéria, no sentido que se costuma dar a esse termo, o físico.

A díada indeterminada do Grande e do Pequeno (*dyas aóristos*) é a aptidão ao máximo e ao mínimo, ao mais e ao menos, à adição e à diminuição.

Aristóteles acaba por concluir que o Um é, como princípio material, anterior à Díada, mas como princípio formal lhe é posterior.

Julga-se que as especulações em torno do Um-Díada-indeterminada surgem no pitagorismo talvez desde os primórdios. Esse é o pensamento de Aristóteles.

Nas *Memórias Pitagóricas* de Alexandre Polyhistor, do primeiro século de nossa era, afirma-se que tais especulações remontam a muito antes, e referindo-se a tal tema, assim se expressa: "O princípio (*arkhê*) de todas as coisas é a Mônada. É dela que a Díada indeterminada tira a sua existência, a título de matéria para a Mônada que é causa; da Mônada e da Díada indeterminada os números obtêm a sua existência"[15].

Ora, se o dois é, ontologicamente, posterior ao um, não o é cronologicamente. Os números já estavam contidos, desde toda a eternidade, no poder infinito do Um, o Ser Supremo, a Mônada Suprema. Dizer-se, como o disse Eudoro, que, quando havia o Um não havia o *dois*, que só

---

[15] Aóristos é empregado pelos pitagóricos também no sentido limitativo. Deste modo, a determinação é também, algumas vezes, limitativa.

posteriormente surgiu, é confundir a coisas que é duas, com o *dois* como forma. É confundir o *dois* como forma (*eidos*) com o dois como *plethos*, como forma concreta da coisa, que, sendo uma, é constituída de dois princípios. A díada indeterminada é fundamentalmente uma, mas é indeterminadamente duas.

Se o Ser Supremo pode tudo quanto pode ser, pode o mais e pode o menos. O poder mais e o poder menos são indeterminados, pois, do contrário, seriam determinados por um outro ser que os limitaria, deixando aquele, portanto, de ser primeiro e infinito, porque um ser infinito pode ser um e um só, como provamos em *Filosofia Concreta*, onde o dualismo foi total e absolutamente refutado. Ou, então, seria limitado pelo nada, o que é absurdo. Se o Ser Supremo pode realizar, pode realizar o máximo e o mínimo de ser. E realizar implica o que é realizado, pois ao infinito poder ativo do Ser Supremo tem de corresponder uma potência ilimitada de *poder-ser-feito*, pois fazer é, simultaneamente, ser algo feito, fazer implica o ser feito, como o ser feito implica o fazer, como o demonstramos.

Contudo, note-se que o realizado será sempre limitado, o que implica que o poder-vir-a-ser não inclui a infinitude. Ou melhor, não é possível um ser realizado que tenha a infinitude em sentido absoluto.

A díada indeterminada é, assim, *um*; é o Um-Múltiplo, para empregarmos a linguagem platônica; é o segundo Um, que é *gerado* pelo primeiro um, é o criador do que Pitágoras chamava de *substância universal*, primeira categoria dos seres.

Esse ser, gerado pelo Ser Supremo, é Um e é Díada indeterminada (*Hen-dyas aóristos*). Portanto, a substância universal surge da determinação da determinabilidade, em mais ou em menos, no máximo e no mínimo de ser isto ou aquilo.

Se ficarmos no conceito aristotélico de matéria, a matéria prima é, enquanto tal, diadicamente indeterminada, pois pode ser informada no máximo e no mínimo, receber a máxima determinação e a mínima. E é isso que é, genuinamente, o pitagorismo. É esta mônada segunda que dá origem ao número, como decorre claramente do pensamento de Pitágoras: o Um gera o Um, e este o dois (a *dyada* indeterminada), e, assim, sucessivamente.

Não sabemos se Pitágoras empregou o termo gerar no sentido que damos ao de geração, segundo o conteúdo da nossa esquemática, ou empregou-o analogicamente. Para nós, porém, ele deve tê-lo empregado deste modo, como o mostraremos, como decorrência dialeticamente rigorosa do exame futuro das teses pitagóricas. Poder-se-ia traduzir tal passagem, se desejamos maior rigor ontológico nos termos, dizendo que o Um gera o Um, e este cria a substância universal, que é a Díada indeterminada (categoria da *oposição*, que é a segunda categoria pitagórica), e desta surge a *relação*, que se dá entre os opostos.

E tal se dá, porque o que recebe uma determinação limitativa é o que é e não o que não é. Mas o determinar, limitativamente, algo, é separar algo de algo, pois, para que um ser sofra uma determinação dessa espécie, algo deve estar fora dele, ser outro que ele. E o que lhe fica fora é algo que é (pois ausência de nada não é ausência e não haveria, então, tal determinação)[16].

A díada indeterminada antecede ontologicamente à determinação e o que é determinável corresponde à *potência* aristotélica. E a potência, ao ser determinada pela forma, é isto e não aquilo. Ela não é, porém, um referente a um ser, porque, do contrário, ela permaneceria ainda indeterminada. As criaturas surgem da determinação da díada indeterminada e surgem por exclusão do que pode ser, pois sendo agora o que são, está excluído o que não são, mas que poderiam ser, pois, do contrário, o que lhes falta seria mero nada e não haveria qualquer determinação limitativa também.

O Um é, pois, transcendente ao segundo Um. Há uma Mônada transcendente à segunda Mônada, que é *Hen-dyas aóristos* (Um-Díada indeterminada). A primeira, é idêntica ao Deus da escolástica e não é número, porque não é numerosa, pois é absolutamente simples.

Eudoro comprova a nossa assertiva ao mostrar que há, para o pitagorismo, dois planos: o plano supremo, onde ele coloca o Um, princípio universal de todas as coisas; e o plano secundário, onde está o Um-díada indeterminada.

E a razão, acrescenta Eudoro, está em que, para os pitagóricos, o Um segundo e a Díada comandam apenas uma série paralela do real e não são eles princípios universais. A dupla *Hen-dyas* exige, ontologicamente,

---

[16] A limitação distingue-se da determinação, pois aquela dá limites físicos à coisa, enquanto a segunda dá apenas um perfil formal. Por isso chamamos de determinação limitativa aquela que constitui uma forma em algo limitado, como o escultor ao dar ao mármore a forma de Apolo (figura, aqui).

um princípio Um, como o demonstramos em *Filosofia Concreta*, pois, do contrário, cairíamos nas aporias do dualismo, já refutado naquela obra.

E Proclo corrobora nossas asserções ao dizer: "Não vamos pensar que, por esta razão, se deva olhar os princípios das coisas como termos opostos (*diereménas*, ao pé da letra, *divididos*). De fato, dizemos que essas duas espécies paralelas classificam-se num gênero comum, pois acima de toda oposição há o Um, como o declaram também os pitagóricos. Pois bem, na verdade, após a Causa Primeira, a Díada apareceu do número dos princípios, e que, entre os Princípios, a Mônada ultrapassa a Díada, ou, se queres falar como Orfeu, "o éter ultrapassa o caos", (antecede) e é da mesma maneira que se realizam as oposições (divisões) (*in Tim*, I, p. 176.6D).

Dessas especulações, que constituíram também tema de estudos para os platônicos, para os peripatéticos, para os estóicos, para os gnósticos e neo-pitagóricos, posteriormente, conclui-se que há três *um*. O Um Supremo, a primeira Mônada, o Um-múltiplo (*Hen-dyas aóristos*), e o Um-e-múltiplo, o um (*plethos*) das coisas compostas. E não estamos, aqui, em plena concepção de Platão? E não é, tal fato, mais uma prova em favor da predominância que o pensamento pitagórico exerceu sobre ele?

Mas há ainda outras provas. Pela leitura da obra platônica, pode-se concluir, mas precipitadamente, que o criador (*poietén*) ordenou a massa agitada de movimentos sem medida e sem ordem, a matéria não ordenada (*akósmetos hylê*). Mas Porfírio e Jâmblico nos demonstraram que tais afirmativas, na obra platônica, são apenas didáticas, pois o mundo, para ele, sempre existiu (*utou mèn ontos aei tou kosmou*), e não teve começo no tempo (*agénetos*). O intuito de Platão não foi senão o de mostrar o valor que tem a ordem junto à matéria. Se tal se admitisse, negar-se-ia ao Ser Supremo, a sua vontade bondosa e a sua potência criadora. Sabemos que Tomás de Aquino também admite a possibilidade de uma criação *ab aeterno* e não a considera contrária aos princípios da Igreja.

A criação da matéria, nesse sentido que estamos tomando, é, no pitagorismo, tema de longas controvérsias. Comentando essas polêmicas, assim escreve Proclo:

"Aristóteles demonstrou por outros argumentos (*De Caelo* A 3,270 a 24 ss) que a matéria é inengendrada, porque ela não é composta; que ela não é tirada de uma outra matéria, e não se reduz, por sua vez, a outra matéria. Mas a presente discussão, ao reconhecer que a matéria é eterna, implica a pergunta se é ela inengendrada independentemente de toda causa, e se é mister, segundo Platão, colocar esses dois princípios do Universo, a matéria e Deus, nem Deus criando a matéria nem a matéria Deus, de maneira que a matéria seja absolutamente eterna e independente de Deus, e Deus absolutamente independente da matéria, e simples. Eis exatamente a questão: ela é das mais disputadas, e dela já tratei em outra oportunidade. Por agora, é suficiente mostrar, contra tais críticos, qual é o pensamento de Platão.

Que o demiurgo não é a causa primeira da existência da matéria é evidente, segundo o que Platão dirá mais adiante (*Tim*, 52 d3), que, na gênese do mundo, pré-existiram esses três: a extensão (*khora*), a criação (*génesis*), o criado, como dele brotado, à extensão como *mãe*. Sem dúvida, aparece, por este texto, que Platão estabelece como uma oposição distintiva entre a matéria e o Demiurgo, segundo as propriedades características da mãe e do pai, e que ele faz surgir o criado do Demiurgo e da matéria. Mas talvez Platão faça existir a matéria em dependência de uma classe de seres mais elevada que o Demiurgo. Eis, pelo menos, o que ele escreveu explicitamente no *Filebo* (23 c): "Nós dissemos em outro lugar que Deus manifestou nos seres tanto o limite como o ilimitado (*to peras e to ápeiron*)", de onde resulta, para os corpos, como para todas as coisas, a sua composição. Se, pois, os corpos também resultam do limite e do ilimitado, que é neles o limite? Que é o ilimitado? Evidentemente, é a matéria que chamaremos "ilimitado", e a forma "limite". Se, pois, como havíamos dito, Deus faz existir tudo ilimitado, faz existir também a matéria, que é o ilimitado de último grau. É isso que é a causa absolutamente primeira e inefável da matéria. Por outro lado, já que as propriedades sensíveis estão em relação com suas causas inteligíveis, Platão faz depender, em toda parte, aquelas e estas, por exemplo: o igual daqui com o Igual em si; e igualmente para todos os viventes e plantas daqui, é claro que, seguindo o mesmo caminho, ele faz depender também o ilimitado daqui e o Ilimitado primeiro, da mesma forma que o limite daqui e o Limite inteligível. Ora, mostrei em outra parte, que esse Ilimitado primeiro, que vem antes dos *mixtos*, Platão o colocou no cume dos inteligíveis, e dele faz estender-se a iluminação desde o alto até os degraus mais baixos, de maneira que, segundo ele, a matéria procede do Um e do Ilimitado, que vem antes do ser um, e, se o queres, depende também do ser Um, na medida em que ele, o Ilimitado, é um ser em potência. Eis porque a matéria é uma coisa boa de qualquer maneira e indefinida, um ser totalmente obscuro e sem forma, em virtude do que, por essa mesma razão, é ela anterior às formas (das formas visíveis, quer ele dizer) e à sua manifestação."

"Essa mesma doutrina", prossegue Proclo, "é transmitida por Orfeu" (fr. 66 Kern). Da mesma forma que Platão fez sair do Um duas causas, o Limite e o Ilimitado, da mesma forma, pois, o Teólogo fez existir, a partir do Tempo, o Éter e o Caos, sendo, em toda parte, causa do limite, e o Caos do ilimitado, e é desses dois princípios que ele (Orfeu) engendra os mundos divinos e visíveis... e, em último lugar, o ilimitado de mais baixo grau, que compreende também a matéria."

A matéria é, assim, o ilimitado sem limites, a "obscuridade sem limites" de Orfeu. A determinação implica o limite e o ilimitado, o que é, e tudo quanto não é, pois algo, sendo algo é o que é, e sendo o que é, não é tudo quanto não é, ilimitadamente, pois o ser não tem limites. A criatura, ao ser criada, é uma composição do limite e do ilimitado. Estamos, aqui, em nosso conceito de *crise*, que expusemos em *Filosofia da Crise*. Tudo quanto é criatura depende, pende do Ser Supremo, e, como tal, limitada pela dependência, mas, como tudo quanto é tem uma forma, tem um limite, por sua vez não é o que é, não sendo o que não é, o ilimitado. A Díada, portanto, é um e díada indeterminada, é limitadamente um pela dependência do Ser Supremo, mas também é ilimitadamente, pela sua determinabilidade, pois pode ser tudo quanto pode ser finito.

Em Hermes Trismegistos, o conceito de matéria é o mesmo, pois a materialidade surge da substancialidade. A substância universal é o *Um-díada indeterminada*, que pode ser um e múltiplo no que dela surge. E esse é também o pensamento de Platão, como afirma Proclo, que ainda acrescenta que, certamente, o tirou de Hermes.

Se consideramos como materialidade a aptidão para receber formas determinadas, o *Um-díada indeterminada*, que é substancialidade, não é matéria. A matéria surge dela, como dela surge a corporeidade, como o demonstramos em *Filosofia Concreta*. Proclo afirma que a matéria surge da Ilimitação Primeira, vindo, portanto, do Um Supremo, mas essa afirmativa padece de base, em face do que já demonstramos, pelo que a repelimos totalmente.

E também afirmamos que não era esse o pensamento pitagórico, o que trataremos em breve, continuando, assim, as demonstrações que já havíamos apresentado em nossa *Filosofia Concreta*.

Há, assim, para o pitagorismo, o Um, que é princípio de todas as coisas, e o Um-díada indeterminada, o Um-Múltiplo, que não deve ser confundido com o Um-e-Múltiplo, segunda díada, a das coisas finitas, cuja unidade é um *arithmós plethós*, a unidade da multiplicidade.

A tese da *crisis* na criação encontramo-la já em Moderato de Gades, quando diz: "A *relação unificante* (*o eniaios logos* = o Um que tem razão de relação, *logos*) tendo querido, como diz Platão, constituir, a partir de si mesmo, a geração dos seres, destacou de si mesmo, por privação, a quantidade, depois de ter privado de todas as relações e formas que lhe são próprias. E a isso ele chamou quantidade sem forma, sem divisão, e sem figura, recebendo, contudo, forma, figura, divisão, qualidade e todas as coisas análogas." Não sabemos em que parte da obra de Platão está essa passagem de que fala Moderato de Gades.

Também qual o valor da idéia do demiurgo em Platão, procuramos estabelecer seus limites em nossos comentários do *Timeu*, sem que tal implique que não tratemos desse símbolo ainda neste trabalho, pois estamos, na verdade, em face de um mito, cuja finalidade é apenas didática e tendentemente exotérica, sem que tal significasse que Platão aceitava a presença desse demiurgo como uma realidade subjetivamente considerada.

Resta-nos saber se, para Pitágoras, a substância primeira, a substância universal, é algo destacado do Ser Supremo, ou é por este criado. A solução deste ponto virá oportunamente, ao examinarmos as teses pitagóricas, segundo as normas da dialética concreta, por nós exposta em *Filosofia Concreta*. Mas antes de alcançar este ponto, é mister examinarmos outros aspectos, que muito nos auxiliarão a bem compreender o pensamento pitagórico, como é o nosso desejo.

A tese comumente aceita é de que a materialidade é a substância universal. Admitamos que o seja, enquanto apta a receber determinações formais (dos *eidola*, das formazinhas, das formas das coisas sensíveis, como o expunha Platão).

A materialidade, portanto, seria uma "parcela cortada", extraída do Ser Supremo. Essa tese não é de Pitágoras, embora possamos encontrá-la em alguns pitagóricos. E que não é, provaremos mais adiante.

* * *

A matemática era, para os egípcios, uma ciência divina, portanto, religiosa, de essência mística, e os números e as figuras, que dela derivam, tinham um valor simbólico e divino, não devendo ser considerados apenas como medidas, nem apenas como instrumentos de cálculo, como eram eles para Tales, que segundo alguns foi um dos mestres de Pitágoras. Os números não são, apenas, princípios formais. São *também* relações entre as partes, como são as *leis*, que ordenam as partes, como são as *leis*, que ordenam as partes de uma totalidade, a lei intrínseca de alguma coisa (sua forma), mas também o processo de ser de alguma coisa no exercício sucessivo de seu ser (em seu dinamismo), como também no que é imutável, no que permanece em si mesmo, sem transladação ou sem mutação de um modo de haver-se para outro modo de haver-se. Mas, também, essa mutação de um modo de haver-se, ou de um estado para outro, tem uma expressão numérica e é também um número.

As coisas são números, mas também são a imitação (*mímesis*) dos números, porque o que é finitamente é um número onticamente considerado em sua singularidade e unicidade, porque o que é em si mesmo tem uma ordem, uma lei (um *logos* do seu próprio ser), uma essência de si mesmo, que é o seu existir, pois a essência do existente singular é a onticidade de sua própria existência, pois Pedro é (essencialmente). Mas a existência de Pedro *imita* uma essência (um *logos*, uma forma, a humana), que é a geral, a que tem em comum com todos os homens, mas também tem algo que lhe é próprio, que o caracteriza, porque é da essência do que ele tem em comum com *alguns* homens (o ser psicologicamente este ou aquele tipo, para exemplificar), o que revela uma essência particular em relação à meramente humana. Mas essa particularização não termina aí, pois Pedro é, ainda, como Pedro em sua *petreitas* (petreidade), em sua individualidade, ele mesmo, seu próprio existir. Há, em Pedro, algo que é sempre Pedro; um *logos* de sua própria individualidade, que é o único de si mesmo, apesar de todas as semelhanças com as particularidades dos outros, e que o torna único, não só quantitativamente, não só em sua materialidade (*esta* matéria de Pedro), mas também em sua *essência* (*petreitas*), última determinação da forma, que é a individualidade como totalidade. Mas essa individualidade tem, ainda, uma essência, algo que nela perdura através das mutações que sofre Pedro; algo que é imutável em Pedro, cujo *logos* é único, e que é a alma de Pedro em todos os pensamentos espiritualistas.

Pedro é, assim, o conjunto de todos esses números (*arithmoi*) e, entre eles, há os que perduram, imutavelmente, senão ele deixaria de ser um ser humano ou de ser Pedro, e há os que variam, que conhecem mutações, que são meramente acidentais, pois a substância última de Pedro permanece imutável.

Como vimos, o número é, para Pitágoras, substância, essência, *logos*, lei, princípio, relação, causa; em suma, é tudo, e está em toda parte. Tal nos leva a procurar a essência do número (*arithmós*), o que daremos oportunamente, em face do sentido que Pitágoras lhe dava, tão longe, portanto, do sentido primário do número sensível, do número de medida e de cálculo, que lhe quis atribuir Aristóteles, como se este fosse o único modo de concebê-lo.

Transcendente e imanente, o número é a matéria, é a forma, é a substância, é a quantidade, é a qualidade, todos os acidentes, as propriedades, tudo, enfim. E por que? Porque o número, para Pitágoras, é o "esquema da participação", da participação do divino, e não só o esquema, mas também a própria participação, e como todos os seres numéricos são participantes, e como a participação se manifesta de tantas e várias maneiras manifesta-se também de tantas e várias maneiras o número. Em suma, este é "a expressão concreta e esquemática da participação em todas as suas modalidades", pois sendo tudo quanto há um participante do ser, tem tudo uma expressão numérica que o heterogeneíza, ao mesmo tempo que o homogeneíza com todas as coisas e o analoga ao Ser Supremo.

A culpa da não compreensão nítida da *aritmologia* pitagórica se deve à falsa concepção do que, para ele, era o *arithmós*.

Preconceituado o *arithmós*, de certo modo, preconceituada se torna a teoria de Pitágoras, e esta é a razão porque o seu pensamento surge tão vário na exegese de todos os que se dedicaram a estudá-lo.

Diz Stobeu, citado por Aristóxono, que "Pitágoras parece ter estimado a aritmética acima de tudo". Mas que *aritmética*? A que vulgarmente é considerada, ou a que é propriamente a *aritmologia*? Sem dúvida, que a última.

Para alcançar o número, vimos, ensinava a seus discípulos, em primeiro lugar, o que era o *par* e o *ímpar*. O par é o ilimitado (*ápeiron*), porque se queremos dividir algo em duas partes iguais, verifica-se que subsiste sempre entre elas uma unidade indivisível, que é o *par-ímpar*.

Dessa forma, o número é, pois, a combinação, a harmonia do par e do ímpar; ou seja, a harmonia entre o ilimitado e o limitado.

Mas, para penetrar-se mais profundamente na natureza do número, não era possível permanecer apenas, aqui, sem levar até mais longe uma análise ontológica do que há de patente, e também de latente nessas expressões, que ocultam, sem dúvida, muito mais.

Sendo o número "a expressão concreta e esquemática da participação (imitação) em todas as suas modalidades", onde há o número há uma participação[17].

O *um* não é número, porque se há apenas *um*, não há participação. Só há número onde há o 2 e o 3. Mas, Pitágoras diz que o número é a combinação harmoniosa do par e do ímpar. E sendo o 2 o primeiro par, e 3 o primeiro ímpar, o número surge da combinação harmoniosa do 2 + 3, ou seja, a participação surge onde há 2 e 3. Ora, a participação implica um participado e um participante, portanto, 2. Esses *dois* não tem uma limitação, pois, enquanto tal, é ilimitado, porque havendo apenas um participante e um participado, ainda não se limita nada, nada se limita. O participado último é, sem dúvida, o Ser Supremo para Pitágoras, consequentemente, o participante, o que participa, que participa do que é participável do participado. Temos, então, três, pois só há participação onde o participante participa de algo participável do participado. Não se pode dizer que o participante participa integralmente do participado, pois, neste caso, este estaria incluído naquele, o que é absurdo, pois o mais estaria contido no menos, e o ente, que é finito, porque participa, seria infinito, porque conteria o último e supremo participado. Consequentemente, o participável do participado tem de ser participado proporcionadamente ao participante, ou melhor: este participa do participável do participado proporcionadamente à sua natureza. E, temos, então, 4. Ora, uma coisa é isto ou é aquilo no grau em que ela imita (para Pitágoras) o participável do participado, pois então é isto ou aquilo. Todo número indica algo e é algo, porque onde há número, há a participação de algo participável do participado pelo participante, algo que tem uma estrutura, um esquema, um *logos*, uma forma em suma. Tudo quanto é alguma coisa, e não absoluto nada, tem um ser, tem uma unidade, tem uma forma (*eidos*).

Uma relação acidental, que é a mais simples das relações, ou uma relação meramente predicamental, que não implica nenhuma mutação corruptiva do sujeito, tem uma forma e é redutível a um esquema. O

---

[17] É imprescindível, para a compreensão do arithmós, o exame da participação como tema filosófico. Em Tratado de Simbólica, apresentamos uma síntese desse tema, suficiente para o estudo do arithmós pitagórico.

movimento, que é uma relação acidental (predicamental) real, tem uma unidade e uma forma, porque é algo, é um número (*arithmós*), e pode ter uma expressão numérica.

Nas ciências naturais, tal aspecto do pensamento de Pitágoras é evidente. Ora, haveria um erro palmar (e, na verdade, tem havido entre os seus intérpretes), se se considerasse o *arithmós* apenas o que é expressado nos números sensíveis que servem para o cálculo, ou seja, que a aritmologia pitagórica nada mais fosse que a matemática vulgar quantitativa, de abstração de terceiro grau da quantidade, a *logistikê*.

Absolutamente, não. Numa mera relação predicamental real, há uma participação, pois o que se relaciona acidentalmente com outro, apresenta, pelo menos, os seguintes aspectos: os termos relacionantes, 2, (o sujeito da relação e o *terminus ad quem*, que é referido); há, ainda, o fundamento da relação, 3, que é o participável relacional, porque entre dois entes, que se relacionam, eles se relacionam no que é relacionável entre eles e na proporção da sua natureza. Assim, numa relação de espaço, como o de A estar mais próximo de B que C, a relação se forma pela participação da aproximação relativa isto é, dirigida para B, por parte de A, que é de maior grau que a de C, que também daquela se aproxima, ou é próximo daquela, embora em grau menor que A. *Mais próximo de algo que outro*, permite uma expressão esquemática. E, dessas expressões esquemáticas, está cheia a matemática.

Vê-se, desse modo, que o *arithmós*, para Pitágoras, não é um acentuador de abstração, mas de concreção, porque as coisas são assim ou são de outro modo, dependentes que são dos graus de participação do participável por elas, e a heterogeneidade universal é compreendida dentro desses esquemas de participação, pois todas as coisas participam de perfeições (*eide*), uma mais que outras, numa intensidade vária e variante, o que permite compreender a razão da heterogeneidade imensa de todas as coisas. A concepção pitagórica do número não permite, deste modo, a redução pura e simples aos números como abstrações de segundo grau da matemática, pois, se estes são números, são também números e não são apenas eles que o são.

Toda relação tem assim uma forma, 5. Ora, diz Pitágoras que o número é a combinação harmônica do ilimitado e do limitado. A participabilidade é ilimitada, mas a participação, tornada efetiva, realiza uma efetivação, uma limitação. E onde há uma participação, há uma forma, porque aquela é o produto de um *partem capere* de um *eidos* por parte de algo. O número é, pois, manifesto onde há uma participação, o que justifica, de modo claro, o que está contido na nossa definição.

São as formas, portanto, números? A pergunta impõe-se, e a resposta não é de todo fácil. O que é participável, e este é, formalmente, alguma coisa, pois não pode haver participação de nada, porque a participação se anularia. Se o participável é uma forma, deve ela, por sua vez, ter um número e ser um número, pois é alguma coisa, é uma unidade. Se é uma unidade (perfeição) participa da unidade perfeita do Ser Supremo. Não basta isso, porém, porque a forma é isto e não aquilo; ela é, pois eideticamente, outra que as outras, que não são ela.

Ora, para responder pitagoricamente a essa pergunta, impõe-se aprofundar o que entendia Pitágoras neste ponto, o que vamos sintetizar, para proceder, posteriormente, nossa análise, já fundada na nossa dialética ontológica, para, daí, induzir os fundamentos dessa filosofia tão pouco entendida, tão falsificada e caricaturizada através dos tempos.

Constituíam os dez primeiros números 1, 2, 3, 4, 5, 6, 7, 8, 9 e 10 a década que Filolau chamava de grande, de todo-poderosa, e fonte de tudo, começo e modelo das coisas divinas e das coisas celestes, como da existência terrestre. É o número do Cosmos e simboliza o perfeito, porque todos os outros números nada mais são que repetição desses dez números fundamentais.

Se todas as coisas são números, os números não são a última realidade das coisas. Mas, aqui, empregamos o número no sentido do *número numerante*. Os quatro primeiros números são chamados de princípios (*arkhai*) e qualificados de *eide*, mas *eidos* não é só a forma ou estrutura, mas também o *princípio*. Todas as coisas principiam pelo 1 (participado), pelo 2 (participante e participado), pelo 3, pelo participável do participado, e pelo 4, o participável segundo é participado pelo participante, pois este participa do participável de modo proporcionado à sua natureza. Resta, agora, responder à pergunta que havíamos feito anteriormente, ou seja: sendo o participável uma forma, é esta, ou não, um número? Em suma, são ou não as formas números? Ora, as formas das coisas sensíveis são números, sem dúvida, porque, por sua vez, elas são participantes do Ser Supremo. Mas, tomadas como exemplares ou possíveis neste, como o fez a escolástica e o fez bem fundamentadamente, as formas tem uma estrutura, mas formal, participando elas do ser, da unidade do ser, as formas *ante rem*, e não as formas nas coisas, as formas *in re*, a estrutura intrínseca das coisas, a lei (*logos*) de proporcionalidade intrínseca das coisas. Embora números em ambos os casos, são distintas e não devem ser confundidas.

Se as formas, no Ser Supremo, participam deste, há outro participável, e esse é uma forma. E que participáveis são esses, senão os atributos divinos, o que nos levaria a outra forma, o que afinal, nos colocaria numa aporia aparentemente insolúvel. A solução só pode haver se considerarmos bem o que dizia Pitágoras: o número é a combinação harmônica do ilimitado e do limitado (finito). Os atributos divinos são infinitos, mas infinitas também são as formas *ante rem*, pois, enquanto tais, são infinitamente o que são. Mas estas são, especificamente, infinitas, ou melhor, são infinitas *secundum quid* (relativamente), pois a *humanitas* é infinita enquanto *humanitas*, porque, enquanto tal, é puramente ela mesma. Não são, porém, tais formas *simpliciter* infinitas, como o são os atributos divinos. Nas formas *ante rem* há, pois, a combinação da finitude formal em relação às outras formas, porque uma forma não é outra, mas em si mesma é ilimitada, infinita, *secundun quid*. Elas, portanto, realizam a combinação harmônica do ilimitado (infinito) e do limitado (finito). As formas participam dos atributos divinos, mas o participável deste é proporcionado à natureza especificamente formal das formas. Por isso, elas são números, *arithmoi eidetikoi*. E é da participação delas, que formam 4, que surgem todas as coisas, não por eficiência, mas por imitação. As coisas são feitas à imitação das formas. As formas *ante rem* encerram, pois, 1, a unidade monádica atributo, o 2 da forma específica, o 3 do participável do atributo, e 4, que é a própria forma *ante rem*, como um possível da omnipotência do Ser Supremo. As formas são, assim, ilimitadas-limitadas, infinitas-finitas, e, nelas, há uma harmonização do ilimitado e do limite, como também nas coisas, *in re*, a forma é uma harmonia do ilimitado formal e do limitado, a coisa informada[18].

Pode-se, assim, dizer que todas as coisas são números. Mas, por que se diz que a última realidade das coisas não é número? Porque a última realidade das coisas é o Ser Supremo, seu sustentáculo, e este não é número, porque não é ele participante de outro.

---

[18] Note-se que, para os pitagóricos, limite e determinação são muitas vezes identificados, o que não permite maior clareza ao pensamento.

O pensamento pitagórico compreendido assim, e é o que decorre rigorosamente de uma análise dialético-ontológica, nos moldes que preconizamos, permite, portanto, uma conciliação daquele com o pensamento cristão, o que foi considerado absolutamente impossível por muitos, afirmativa que mostramos não ter procedência legítima[19].

---

[19] E não tinha, porque o pensamento cristão é sincrético, e reúne as positividades do pensamento humano até Cristo. Este não veio para substituir, mas para completar. Sua doutrina não era negativa, mas afirmativa das positividades até então encontradas, e, entre elas, as pitagóricas (pois há no cristianismo mais pitagorismo do que se julga), além de ter Cristo mantido contato com seitas pitagóricas da Palestina, como os essenianos, cujo chefe, João Baptista, era pitagórico, como era a escola de Melquisedeque e os seus remanescentes da época de Cristo, segundo afirmam categorizados pitagóricos da época moderna.

CAPÍTULO VIII

ELEMENTOS PARA UMA FUNDAMENTAÇÃO CONCRETA DO PITAGORISMO

PRECE PITAGÓRICA

"Abendiçoa-nos, número divino, tu que engendraste os deuses e os homens! Ó Santa, santa Tetractys, tu que contens a raiz e a fonte do fluxo eterno da criação! Pois o número divino inicia-se da unidade pura e profunda, e atinge depois o quatro sagrado; e engendra, após, a mãe de tudo, que realiza tudo, o primogênito, o que não se desvia nunca, que não se cansa nunca, o Dez sagrado, que detém a chave de todas as coisas."

Depois de havermos examinado, como o fizemos nos capítulos anteriores, o conceito pitagórico de número (*arithmós*), e de havermos, de uma vez por todas, excluído a maneira grosseira de concebê-lo, como preconceituadamente temos observado na exposição do pensamento do Mestre de Samos, estamos agora aptos a estabelecer quais as teses fundamentais do pitagorismo legítimo, para, sobre elas, fundarmos a construção concreta do pensamento de Pitágoras, sob o critério da *coerência objetiva*, que é o escopo principal desta obra.

A prece pitagórica, que acima reproduzimos, foi transmitida através dos tempos e conservada por todos aqueles que se dizem ou julgam discípulos do grande mestre. Nela, está contido algo da verdade da concepção fundamental, porque há sem dúvida influência da linguagem simbólica religiosa. Escolhemo-la para servir à nossa análise, e, também, de ponto de referência para o exame do pensamento posteriormente exposto por discípulos, exegetas e adversários, por considerá-la como um documento que evidencia, sem dúvida, muito do verdadeiro pensamento de Pitágoras.

Foi o número divino que engendrou os homens e os deuses. Mas o número divino não é o UM (*Hen*) Supremo, pois já vimos que este não é número. Quem engendra tudo é a Mãe Sagrada, a Criação. Ela é a Década, o Dez Sagrado, a Santa Tetractys. O número divino inicia-se da unidade pura e profunda, o Um Supremo. Portanto, o número divino é ontologicamente posterior ao Um, ao Ser Supremo. E nem poderia deixar de ser.

É o que observamos expresso nestes versos pitagóricos, que são também um elemento fundamental para as nossas futuras análises:

"Do abismo inviolável da Mônada
Até a Tétrada santíssima: esta gestou a Mãe de todas as coisas,
O Receptáculo universal, a Venerável, a que limita todas as coisas,
A inflexível, a infatigável: chamam-na a Década pura."

(Versos pitagóricos)

O abismo inviolável da Mônada suprema (*Monas* = *Hen*) é absolutamente simples, pois a primeira Mônada é absolutamente simples, senão outra seria a primeira. É a fonte de tudo, pois é do *abismo inviolável* dela que alcançamos até a Tétrada Santíssima (A *Tetractys Santa*), a Mãe de todas as Coisas, a Criação.

E comprova ainda o acerto dessa nossa afirmação este pensamento, que é atribuído a Pitágoras por todos os pitagóricos e que é conservado como indiscutível por toda a escola itálica através do tempos:

"Pois o condutor e o reitor de todas as coisas é Deus, Um, sempre existente, monístico (mônada), imóvel, igual a si mesmo, diverso dos outros (*ton allon*) [*Allós* é a Natureza, para Pitágoras]."

"Em Deus, como numa prisão, todas as coisas estão contidas."

O condutor de todas as coisas, condutor e reitor, é Deus, Um (Um Supremo = Deus), sempre existente, eterno, portanto, monístico, absolutamente simples, simplicissimamente simples, imóvel; logo, não corpóreo, pois é diverso dos outros, dos seres corpóreos [*ton Allon*, pois *Allós* (outro) é a Natureza, a que é nascida].

É igual a si mesmo, idêntico a si mesmo, *ipsum esse*. E é ele fonte e origem de todas as coisas, pois todas estão nele como numa prisão, isto é, estão no Ser Supremo e não no nada, pois nada há fora do Ser, pois este contém todas as coisas inflexivelmente.

É inviolável o abismo da Mônada, portanto, o conhecimento frontal da divindade é inalcançável pelo homem, no estado em que este está.

O conhecimento do homem é limitado, porque é proporcionado à sua natureza. E se, pela iniciação (de *initum*, de *itere*, ir, caminhar, iniciar, ir no caminho, *in-iter*), o homem percorre a via que leva ao Ser Supremo, seu conhecimento apresentará graus de saber e não será, porém, exaustivo.

Estes dois pensamentos pitagóricos comprovam essa restrição ao conhecimento humano, que perfeitamente se coaduna à posição gnosiológica da escolástica, sem ser céptica, como o demonstramos em *Teoria do Conhecimento*.

Filolau, que é um dos pitagóricos mais categorizados, expressa-se também deste modo:

"A essência em si é distante do homem. Ele não conhece senão as coisas deste mundo, nas quais o limitado (finito) se combina ao ilimitado (infinito). E como pode conhecê-las? Por haver entre ele e as coisas uma harmonia, uma analogia, um princípio comum. Este princípio é dado pelo Um, que fornece, com a sua essência, a medida e a inteligibilidade. Essa é a medida comum entre o sujeito e o objeto, a razão das coisas, mediante a qual a alma participa da razão última do Um.[20]"

O conhecimento humano não é *totaliter*, não apanha a totalidade do que existe em sua plenitude; mas conhece as coisas deste mundo nas quais o limitado (finito) combina-se ao ilimitado (infinito). O que é finito implica dependência do infinito e o seu ser é dado pelo Ser Supremo e infinito. Mas, como pode o homem assimilar o que capta das coisas aos seus esquemas acomodados, se não houvesse entre ambos, não só uma analogia, não só uma harmonia, mas um princípio comum, uma "identidade"? Essa identidade é dada pelo Ser. Provamos apoditicamente, em *Filosofia Concreta*, que nada há fora do Ser. E Pitágoras afirma que todas as coisas estão no Ser Supremo como numa prisão.

O pensamento pitagórico de Filolau é congruente com o do Mestre. Como haver uma assimilação cognoscitiva, sem algo que os analogue? E

---

[20] Este fragmento atribuído a Filolau é congruente com o que reproduzimos no parágrafo n.º 10 dos seus fragmentos.

onde há analogia, há semelhança e dissemelhança. Onde há semelhança, há o mesmo e o diverso. Onde há o mesmo, há a mesmidade, a identidade, também. E não é o Ser que identifica todas as coisas? Em *serem*, todas as coisas, que são, se univocam. E como não há rupturas no Ser, pois não há, nele, nem mais nem menos, como já vimos, é o ser que há em todas as coisas que permite que entre elas haja uma harmonia, uma analogia e uma identidade, que é princípio comum[21].

Demonstramos, na mesma obra, anteriormente citada, que entre o que é e o nada absoluto haveria uma distância infinita. Ademais, se demonstrou que o nada absoluto é impossível sob qualquer aspecto. Já não o é o nada relativo. Mas, neste, a positividade, que tem, lhe é dada pela referência a algo não é isto ou aquilo, isto ou aquilo são positivos, pois não ser nada, não privam um ser de coisa alguma. Dizer-se que em algo não falta nada, é dizer que não se ausenta o que quer que seja, ou, em suma, que é plenamente o que é. O ser, enquanto ser, é plenitude de ser, e não lhe falta nada para ser, pois não há meio termo entre ser e nada absoluto, porque menos que ser é nada e mais que ser é ser.

Consequentemente, o elo comum, o princípio que unívoca todas as coisas, é o ser. É nesse ser, enquanto tal, que está a infinitude de tudo quanto é, enquanto é, não enquanto é isto ou aquilo, pois enquanto algo tem esta determinação limitativa está privado de outra determinação limitativa; não enquanto é, pois não há menos nem mais que ser. E como todas as coisas, que são, o são porque estão, e são no e do Ser Supremo (no qual estão contidas como numa prisão), é, por nele se univocarem, que é possível ao ser inteligente conhecer as coisas. Mas, o conteúdo do seu ser conhecimento é proporcionado à sua esquemática, por isso, pode conhecer mais ou menos.

E é o Um (Ser Supremo), que é esse princípio e é ele que fornece, com a sua essência, a medida e a inteligibilidade. Ora, o Ser Supremo é a máxima perfeição de ser, pois não sofre qualquer determinações limitativas, é independente, razão de si mesmo, no qual essência e existência se identificam, porque é absolutamente simples (*Monas*). As perfeições, que as coisas apresentam, são participações da perfeição divina do ser, pois não há participação do nada, que não é, e, ademais, uma perfeição, que não estivesse contida no ser, estaria no nada, o que é absurdo. E, ade-

---

[21] A analogia é tema de nossa Problemática da Analogia, que faz parte de Temática e Problemática da Filosofia Concreta.

mais, provamos também em *Filosofia Concreta*, que a perfeição no Ser Supremo é absolutamente simples, e que os seres, que dele surgem, não podem gozá-la na plenitude de sua absolutuidade, porque são seres limitados, finitos, dependentes.

Demonstramos, ademais em *Ontologia e Cosmologia*, que o Ser Supremo é a medida das perfeições qualitativas, pois as qualidades medem-se pelo máximo específico de sua perfeição, enquanto as quantidades se medem por uma parcela menor do quantitativo. O Ser Supremo é, portanto, a medida qualitativa, pois um ente finito por ter tal ou qual perfeição num grau elevado, nunca no grau infinito do Ser Supremo. E é em comparação a ele que podemos falar no grau maior ou menor de perfeição, pois podemos falar numa bondade maior ou menor, medindo-a com a bondade infinita do Ser Supremo; podemos falar num valor mais ou menos alto, comparando-o ao valor infinito do Ser Supremo. E se não temos a posse atual da perfeição infinita do Ser Supremo, temos a posse virtual dessa perfeição como o demonstramos em *O homem perante o Infinito*, o que nos capacita às apreciações axiológicas.

E a perfeição da inteligência, que permite conhecer entre diversos, é uma perfeição que participa da perfeição da suprema e absoluta inteligibilidade do Ser Supremo. É, em suma, o que, por ora, se pode concluir do pensamento de Filolau, que acima citamos.

Há outro pensamento de Filolau, que vamos reproduzir, e que esclarece a concepção gnosiológica do pitagorismo.

"A essência das coisas é uma essência eterna; é uma natureza única e divina, cujo conhecimento não pertence ao homem; contudo, não seria possível que nenhuma das coisas que são, e por nós são conhecidas, chegassem ao nosso conhecimento, se essa essência não fosse o fundamento interno dos princípios de que o mundo foi formado, ou seja, dos elementos limitados e dos ilimitados."

Alcança, assim, o homem um conhecimento ontológico e ôntico das coisas da sua experiência sensível, mas sempre proporcionado aos seus esquemas. Nossa esquemática eidético-noética é dada pela intencionalidade do nosso *nous*, do nosso espírito e é constituída pelos conteúdos conceituais que o homem constrói através do tempo. Mas, tais conteúdos conceituais podem ser examinados e retificados, segundo um critério ontológico, como o mostramos através do emprego da nossa dialética, em *Filosofia Concreta*. De qualquer forma, o rigor ontológico, que se alcança, como o rigor da anterioridade e posterioridade – pois anterior é o que de certo modo antecede ao posterior, que é o que sucede, independentemente da via onde se dão a antecedência e a conseqüência, que pode ser a cronológica, a axiológica, a ontológica, etc. – não nos dá a visão frontal delas, mas apenas um saber do que é, sem vermos como é[22].

Como é a visão o órgão principal dos nossos conhecimentos sensíveis, permanece sempre em nós a impressão de que não conhecemos bem alguma coisa se não a vemos. Ver é o caminho da crença e da certeza. Para convencer, é preciso patentear aos olhos. Deste modo, todo conhecimento se fortalece na proporção em que pode reduzir ao visual o conhecido.

É por essa razão que a visão surge no pensamento místico e no das religiões, como o símbolo do perfeito conhecimento. "Aqueles que forem justos *verão* a Deus..." e, no ver, estará o pleno conhecimento. "O homem não *vê* a verdade..." Expressões como estas são bem indicativas da influência dos esquemas óticos no conhecimento e na formação dos esquemas secundários, produtos da coordenação dos primários, como é examinado na Esquematologia.

Pela redução simbólica, a visão surge em todos esses pensamentos como a captação plena do objeto pelo sujeito, o que indica a fusão daquele, neste. É o que os hindus chamam *yoga* e nós chamamos *frônese*, dando ao termo grego o seu conteúdo mais profundo, que não se deve confundir com a *prudentia* dos romanos. Há lugar, aqui, para um parêntese. Há, sempre, nos conceitos gregos, uma raiz que antecede à execução do processo. Assim, *phronesis* é *prudentia*, traduzido apenas etimologicamente, como *sophia* é *sapientia*, como *eudaimonia* é *felicitas* mas há uma profunda distração entre tais termos e a tradução para o latim, de certo modo, os atraiçoa.

Phronesis é a prudência inteligente, é virtude do intelecto prático. Mas a prudência, para os romanos, é a virtude que é adquirida, como o era para Aristóteles. Mas este é, sem dúvida, um divisor de águas na filosofia grega, como o provamos através dos comentários que fazemos sobre os seus livros.

---

[22] Diz-se que a Filosofia busca os porquês, e a Ciência, o como dos fatos. Mas há, no âmbito dos porquês (das razões), um como que nos escapa. A visualização desse como só poderia ser obtida por métodos científicos, o que revela que há, no âmbito da filosofia, um terreno que é científico, e que ciência e filosofia se completariam. Esse aspecto, por sua inegável importância, sugere tema para estudos que nos servirão de material para futuros trabalhos nossos.

No sentido platônico, que é mais genuinamente grego, *phronesis* não é apenas o saber adquirido pelo intelecto prático, ou a capacidade sempre crescente, ou pelo menos ampliável de conhecer praticamente os meios para alcançar os fins, que é a raiz do saber e da ciência. É ainda uma virtude, que vem antes, que antecede, que é a *priori* à experiência. *Nasce-se* inteligente, isto é, com a aptidão de ser inteligente, de adquirir cada vez mais o conhecimento e de saber distinguir.

Phoronesis tem, assim, uma raiz mais longínqua na alma humana, enquanto a *prudência* expressa mais uma constante aquisição, um hábito. A mesma distinção, podemos fazer quanto à *eudaimonia* dos gregos e a *felicitas* dos latinos. *Felicitas* vem de *felix* e este, de *fenus*, do que brota, do que surge, do que se obtém. Mas *eudaimonia* é o *eu daimon*, o bom espírito dentro de nós, que já o é previamente. A felicidade para os gregos é, portanto, algo para a qual já temos uma emergência, enquanto para os romanos é algo que podemos obter. E, assim, também *sophia* e *sapientia*, pois o *sophos* é emergentemente sábio, enquanto o *sapiens* é aquele que adquire o conhecimento em geral.

Talvez, por terem sido os romanos conquistadores, formando um povo que surgiu de pequenas tribos, as quais se multiplicaram pela conquista de outras, até fundar-se a cidade e, dela, o império, há, na esquemática latina, a presença da posterioridade, enquanto, na esquemática grega, sobretudo, na que chega até Platão, a presença da anterioridade. Em outras palavras: para os gregos até ele, (e dizemos até Platão não em sentido cronológico, mas em sentido ideológico), a emergência é imprescindível para que a predisponência posterior possa atuar. É mister, portanto, uma aptidão para realizar a própria experiência e é essa emergência que nos pode explicar a heterogeneidade dos conteúdos adquiridos através da experiência. Para os latinos, o principal é a predisponência, pois é dela que surge a experiência e é graças a ela que o espírito humano consegue modelar os seus esquemas.

Ora, sabemos, e o demonstramos em *Filosofia Concreta*, que nenhum ser surge de sua própria emergência, porque, neste caso, existiria antes de existir, o que é absurdo.

Só o Ser Supremo, primeiro a origem de todas as coisas, não necessita de uma predisponência para ser. Assim, todos os seres finitos, por serem dependentes, não podem pré-existir a si mesmos, mas apenas estar contidos em potência nos que o antecedem e que são a sua causa, isto é, aqueles dos quais ele pende (depende). Neste caso, a predisponência antecede à emergência do ser finito. Surgido este, ele atuará e sofrerá proporcionadamente à sua natureza. Mas a natureza de um ente não é apenas aquela que cabe na definição aristotélica, mas também a que constitui a emergência individual. Neste caso, tal ser sofrerá a atuação da predisponência em proporção ao que é, segundo a sua natureza. Algo, portanto, antecede à experiência, e essa antecedência é uma *kháris* (de *kháris, kharitós*, de onde caridade, o que brilha, a graça, o encantamento, o que compraz, o que revela o apetite para algo), o que move a captar a experiência deste e não daquele modo, mais perfeito que outro. Na esquemática grega até Platão, há essa presença da *kháris*, na frônese e é esse amor que funde o sujeito ao objeto, e, por essa razão, fomos buscar esse termo para expressar a intuição afetiva, que é fronética, porque, nela, há o conhecer que surge de um cognoscente que conhece um *cognitum*, que é ele mesmo, que é o seu próprio estado. São esses motivos que nos levam a estabelecer estas distinções na esquemática de um Pitágoras e um Platão, em face da esquemática de um Aristóteles, pois estamos, aí, em face de duas maneiras de visualizar o mesmo caminho. Em nossos trabalhos sobre ambos, nos demoramos mais nesse exame, que permite compreender melhor as divergências entre Platão e Aristóteles, tomados eles aqui no sentido de seu filosofar, que surge, sobretudo, por diferenças de ordem esquemática.

Aristóteles é um empirista-racionalista, enquanto Platão é um real-idealista. A esquemática de ambos, por conseqüência, é divergente e ela nos ajuda a compreender os motivos que levaram Aristóteles a afastar-se, em tantos pontos, do seu antigo mestre e a desfigurar até o seu pensamento, movido, como é fácil ver-se, pela *aptidão fronética* do seu próprio espírito, o que viria ainda em abono da posição platônica.

Volvendo ao campo pitagórico, vemos que, por ser eterna a essência das coisas e a própria natureza da essência, que são aqui consideradas, no dúplice aspecto pitagórico, de *eidética ante rem e eidética in re* (na ordem das Formas eternas e na ordem das formas nas coisas), exigem elas uma cognição não humana, mas divina para alcançá-las, pois o homem, de qualquer modo, conhecerá proporcionadamente à sua natureza de ser finito. E, ademais, um conhecimento só poderá satisfazer o homem se puder ser reduzido à sua esquemática. Para conhecer a essência eterna das coisas, o homem precisaria *vê-las*. Mas, ao vê-las, algo sempre lhe escaparia, que precisaria *ver*, e, assim, sucessivamente, o que não o satisfaria nunca, senão por rápidos momentos. Só uma mente divina poderia captar a plenitude da verdade. Essa tese pitagórica é, embora em outros termos, a mesma que surgirá, não só no pensamento aristotélico, como no dos escolásticos até os nossos dias.

Se não podemos ver a essência das coisas senão intelectualmente, intencionalmente, conclui-se que são elas formadas por algo que está além do homem, algo que transcende ao homem, pois, do contrário, não diria que "nenhuma das coisas que são, e *por nós* são conhecidas", chegassem ao nosso conhecimento, se essa essência não fosse o fundamento interno dos princípios de que o mundo foi formado, ou seja, dos elementos limitados e dos elementos ilimitados.

Como o nosso conhecimento, que é limitado, poderia conhecer o infinito, direta e frontalmente? Se conhecemos as coisas, que constituem o Cosmos, é por serem elas limitadas e ilimitadas. Não podem, porém, ser apenas limitadas, porque se o fossem haveria possibilidades de conhecê-las, enquanto tais, exaustivamente. E como delas algo nos escapa, é que são elas também ilimitadas. A categoria limite-ilimite é uma categoria pitagórica.

Este fragmento de Filolau comprova a nossa asserção, pois é genuinamente pitagórico. Reproduzimo-lo a seguir:

"O ser, que pertence ao mundo (cosmos), é um composto harmônico de elementos ilimitados e de elementos limitados; é assim, tanto do mundo (Cosmos) em seu todo, como de todas as coisas que ele encerra. Todos os seres são necessariamente limitados ou ilimitados, ou ao mesmo tempo limitados e ilimitados, mas não poderiam ser todos apenas ilimitados..."

As coisas, que compõem o nosso cosmos, não poderiam ser todas ilimitadas. Ora, o limite marca até onde uma coisa é o que ela é e onde ela deixa de ser o que é. O limite aponta, assim, a fronteira do ser da coisa e do seu não-ser. Se todas as coisas fossem ilimitadas, elas seriam elas mesmas sempre, sem fronteiras, e deixariam, automaticamente, de ser finitas e, neste caso, haveria uma coisa só, um ser infinito e a multiplicidade estaria negada. O Ser Supremo é, enquanto infinito e enquanto ser, um ente sem limites, porque é apenas ser, pois fora do ser não há nada. Só ele não conhece limites. Todas as coisas dependentes, cujo ser pende de outro, são limitadas, pelo menos pela dependência, e a criatura, porque é dependente, é limitada de qualquer modo. Mas, também, não podem as coisas limitadas ser absolutamente limitadas, simplesmente limitadas, porque o limite é o não ser da coisa, pois onde a coisa se limita, começa o seu não-ser. E se o limite fosse absoluto nas coisas, estas estariam para sempre separadas umas das outras, por uma separação abissal, e o ser seria multiplicado, intercalado de nada absoluto, e o pluralismo estaria afirmado. E nenhuma coisa limitada pode, por isso, ser absolutamente limitada, porque, então, ela se desligaria do ser, dele estaria sempre desligada, dele não seria dependente e não poderia ter começado a ser. Assim, no *cosmos* todas as coisas não são absolutamente ilimitadas nem absolutamente limitadas. Por isso, as coisas, que compõem o *cosmos* são compostas do limitado e do ilimitado.

Ilimitado-limitado é uma categoria das coisas finitas e é uma categoria, porque não se reduz a um gênero, como é da essência das categorias.

Todas as coisas, que constituem o cosmos, são, assim, *número*, e tem um *arithmós*, que é a sua estrutura ôntica e repetem um *arithmós*, que é a sua estrutura ontológica, que é repetida pela estrutura ôntica por imitação daquela, como demonstramos ser o genuíno pensamento pitagórico.

Ti estin e physis; "Allos".
Ti estin o theos; "Hen".
(Pitágoras, segundo Aristóteles)

Reconhece Aristóteles, que, para Pitágoras, o ser das coisas físicas é *outro (Allos)* que o ser de Deus, que é o Um (*Hen*). *Allos* é sempre para ele a natureza e esta dele depende. Deus é, portanto, transcendente à natureza, tomada no sentido de cosmos. Ser outro, é ser um ante dois; é ser outro que o Um, e como o Um é primordialmente o primeiro, a Natureza (cosmos) é outra que ele. O Um não é outro que a Natureza, porque a estrutura ontológica da alteridade, o ser outro, implica um primeiro antecedente. Sendo o Um, primeiro que qualquer ser, não é ele outro que qualquer ser, mas qualquer ser posterior é *outro* que ele. Por não ter compreendido esse conteúdo ontológico, é que Parmênides, no famoso diálogo do mesmo nome, conclui que o Um participa da alteridade, porque é outro que os muitos, os múltiplos. Mas o erro é, desde já, claro e permite compreender as conclusões sofismáticas que decorrem dos seus raciocínios.

Esta advertência, que ora fazemos, torna-se importante para melhor compreender os defeitos que surgem da análise aristotélica, sobretudo quando se torna para nós evidente qual o genuíno pensamento pitagórico.

"Os pitagóricos consideravam a unidade o princípio de todas as coisas. Da unidade nasce a dualidade indeterminada (matéria e causa motriz). Desses dois elementos resultam os números; dos números, as coisas, etc."

(Palavras de Alexandre Polyhistor)

Também o afirmava Sexto Empírico: "A unidade primeira não é corpórea, nem se fundamenta nas figuras matemáticas. Apenas na unidade e na dualidade indeterminada (*Dyas-aoristós*). E todas as categorias lógicas referem-se a elas. É da cooperação dos dois princípios que surgem os números e tudo o mais."

Eudoro também afirmava que, para os pitagóricos, o Um é a divindade superior. Dele, derivam dois princípios: o um e a dualidade indeterminada. O segundo elemento é gerado pelo primeiro.

Também este é o pensamento de Moderato de Gades. O Um é o princípio, depois surge a dualidade e, finalmente, a multiplicidade.

Apoiam este pensamento pitagóricos como Plutarco, Pseudo-Plutarco, Hipólito, Pseudo-Justino, etc.

Encontramo-lo sempre válido e presente, como tese fundamental em todo o pensamento pitagórico, através dos séculos.

Para Arquitas (ou o Pseudo-Arquitas) há o um e a dualidade, os dois princípios de todas as coisas. Neste, contudo, já encontramos uma influência aristotélica, pois ambos se reduzem à Forma e à Matéria. O Um está, contudo, acima, e distingue-se, tanto da Forma como da Matéria. Os números são, para ele, os anéis que unem Forma e Matéria. O Um coloca-se, pois, acima dessa oposição.

Há, contudo, pitagóricos que negam essa posição como procedem Teon de Esmirna, Pseudo Alexandre. E, modernamente, temos em Luigi Alessio, um oponente, porque, para este, como para aqueles, os números são os elementos substanciais dos entes corpóreos, e não formas, como pretendem considerar os anteriormente citados, acusados de sofrerem a influência do pensamento aristotélico.

O número, para estes, é a coisa e é a forma da coisa. Nesta caso, ambas são números. O corpóreo, assim, é número, e não o número é corpóreo.

Contudo, todas essas idéias, que surgem em oposição, podem ser perfeitamente transcendidas por um pensamento mais elevado da doutrina pitagórica, pois a divergência surge mais de uma má colocação abstrata do pensamento do mestre de Crótona, do que, propriamente, de uma visualização mais segura das suas idéias. Basta que atentemos para o que estudamos nos capítulos anteriores.

O Um é absolutamente necessário, lógica e ontologicamente, porque não podemos ultrapassá-lo. A idéia do múltiplo o impõe com antecedência ontológica e lógica. E também o melhor, o máximo e o mínimo.

Se partimos da posição aristotélica, primacialmente empirista, o múltiplo é que nos surge à experiência, mas o múltiplo implica sempre o um, porque não podemos conhecer senão o que é um, pois o que não o é, é nada, porque não é um. Não tendo unidade, não apresenta contornos, não apresenta limites e, como tal, não poderia ser objeto de conhecimento. Se percebemos que este livro é verde, percebemos *um* verde, o verde deste livro, *um* livro, este, que está aqui e tudo quanto percebemos é sempre *um*: esta curva, *um*, este triângulo, *um*, pois toda percepção é sempre *uma* singularidade e a singularidade é sempre *uma*. Não podemos ultrapassar o um, porque mais um que o um é impossível conceber-se. O um é, necessariamente, exigido pelo nosso conhecer, não só lógica como ontologicamente.

E quando nos surge a idéia do múltiplo, esta implica, automaticamente, o um, porque o múltiplo é de qualquer modo formado de muitos *uns*. E também todos os valores o implicam e todo conhecimento o implica sempre. É ele, assim, a raiz de todo o nosso conhecimento.

"Tu és Um, a raiz dos números, mas nem por isso és um como elemento de numeração, pois a Unidade não admite nem multiplicação, nem forma, nem mudança. Tu és Um, e os homens sábios perdem-se no segredo da tua Unidade, porque eles a ignoram. Tu és Um, e a tua Unidade nunca aumenta, nunca diminui, nem se modifica.

Tu és Um, e nenhum dos meus pensamentos pode fixar-te um limite, nem te pode definir.

Tu és.

Mas nem por isso és como um ser vivente, pois a visão e a compreensão dos mortais não podem chegar à tua existência, nem te determinar o onde, o como, e o porquê."

(Palavras pitagóricas de Simão Ben Jokai ao interpretar o "Johar").

Estas palavras, de Ben Jokai, são uma verdadeira oração pitagórica e se fundem rigorosamente no que examinamos até aqui, pois o Um, Ser Supremo, é infinito e não admite nem forma (no sentido figurativo), nem mutação de qualquer espécie, porque é simples e sempre ele mesmo, o perfeito *ipsum esse*, o ser que é sempre ele mesmo. A sua unidade transcende o conhecimento humano, que jamais pode alcançá-lo e os homens sempre ignoram o segredo da sua unidade. Nenhum pensamento pode fixar-lhe um limite nem defini-lo, porque, para tanto, era preciso incluí-lo nos limites de uma definição. Ele é e é quanto a ele que mais profundamente se pode dizer: Tu és!

"Os pitagóricos chamavam Um a idéia da identidade, da unidade, da igualdade, da concórdia e da simpatia no Mundo, e "Dois", a idéia do "outro", descriminação, desigualdade." (Moderato de Gades).

Embora não consideremos Moderato de Gades um pitagórico de 3º grau, suas palavras tem, contudo, muito valor para a análise que fazemos. O Um é, primordialmente, a identidade, o *ipsum esse*, o ser que, essencialmente, é sua própria existência. Está implícito, assim, no pensamento pitagórico, a identidade entre a essência e existência do Ser Supremo.

E do exame que fizemos das fontes mais importantes do pensamento pitagórico, vemos que elas, ao serem comparadas com as passagens que citamos, consideradas por nós como fundamentalmente pitagóricas, permitem-nos uma construção concreta daquele pensamento.

Há, assim, um pensamento coerentemente pitagórico, que conexiona o que há de mais sólido nesse filosofar, bem como nos evidencia que os pontos, que deste se afastam, são produtos de desfalecimentos de filósofos pitagóricos menores, que revelam as deficiências do homem que filosofa, e não das teses genuínas do pitagorismo, cuja construção é o escopo desta obra.

"Mas, como o Todo era uma multidão ilimitada... impunha-se a Ordem...; ora, é na Década que pré-existia um equilíbrio natural entre o conjunto e seus elementos. Eis porque, por sua Razão, o Deus ordenador (literalmente: "o Deus arranjando com arte") serviu-se da década como de um cânone para o todo... e eis por que as coisas do céu à terra têm por conjuntos, e as partes, suas relações de concordância, baseadas sobre ela e ordenadas segundo ela."

Estas palavras são de Nicômaco de Gerasa. E dele ainda as que seguem:

"É o número dez que, segundo a doutrina pitagórica, é o mais perfeito dos números possíveis. É de acordo com essa idéia, que se notam dez tipos de relações, e de categorias..."

Para ele, o Todo (*Pan*) é a Década, "que serve de medida para tudo como um esquadro e cordel na mão do Ordenador".

Para todos os pitagóricos, é a década a "chave" do universo. No Ser Supremo, que é tudo quanto o ser pode ser, estão contidos todos os possíveis. Entre os possíveis, estão potencialmente o que pode ser e o que pode não ser; potencialmente estão contidas a posse e a privação. Na contradição, há uma incompatibilidade entre posse e privação, pois há aquela quando simultaneamente é uma e outra afirmação. Há contradição, porque, ao mesmo tempo que se afirma a presença, afirma-se a ausência, assim quando se diz que "todos os homens são mortais" e que "alguns homens são mortais", há contradição porque a mortalidade, afirmada num dos juízos como própria de todos e, portanto, também de alguns, é, no segundo, afirmada como ausente de alguns, o que torna tais juízos incompatíveis entre si, pois, na verdade, de um dos juízos implica, automaticamente, a falsidade do outro.

Mas, entre os possíveis, a privação e a posse, antes de sua atualização, não é contraditória, pois o que pode vir a ser pode não vir a ser.

E quando as coisas possíveis se atualizam, a atualização obedece a uma ordem. Os possíveis, enquanto tais, constituem o caos (*Khaos*), o que procede à ordem, o que ainda não foi ordenado, cosmos (que vem de *Khosmein*, ordenar).

Por isso, escrevia Nicômaco de Gerasa:

"O Caos primitivo, faltando-lhe a ordem e forma, e de tudo o que diferencia segundo as categorias da qualidade, da quantidade, etc., foi organizado e ordenado segundo o número". (*"Theologumena Arithmetica"*).

Ao caos primitivo, falta-lhe a ordem da atualização existencial, porque os possíveis podem ser contraditórios, não o podendo ser os atuais. Faltam, ao caos, a ordem e a forma, mas ordem é a ordem do ser, que estudaremos através das dez leis arquetípicas do pitagorismo e a forma é aqui tomada no sentido da forma *in re* da coisa atualizada, não no sentido das Formas eternas, que estão no Ser Supremo, como seus pensamentos. E essa nossa interpretação justifica-se pelas palavras seguintes, porque o que falta a essas formas é o que diferencia segundo as categorias da qualidade, da quantidade e das outras. A organização e ordenação do caos se processa pela atualização cósmica e esta obedece, pois, ao número (*arithmós*), porque tudo quanto é cósmico, atualizado na ordem da Natureza, é ordenado pelo número, como já vimos.

E como surgem os seres finitos? Assim descreve Platão, no "Timeu":

"E foi, então, que todos esses gêneros assim constituídos receberam do Ordenador suas figuras, pela ação das Formas e dos Números."

Pois os possíveis, que se atualizam, repetindo as formas eternas, proporcionadamente à sua imitabilidade, recebem suas figuras (no sentido da forma *in re*) graças àquelas e aos números.

Não se pode deixar de compreender uma hierarquia aqui. Há os possíveis, que não são nem gerais nem singulares, os das Formas eternas. Há os possíveis singularizáveis, que são os das coisas atualizáveis.

Essa divisão nos permite reduzir essas palavras à nossa terminologia:

Há as formas eternas, que são os esquemas eidéticos ontológicos, e as formas *in re*, ônticas dos seres singulares, que são sempre possíveis, pois, do contrário, seriam possíveis no nada, o que é absurdo.

Há, assim, a forma eidética ontológica do homem, que é um possível que se atualiza na forma eidética ôntica deste e daquele homem. O indivíduo humano é, assim, um possível singular, que se atualizou, mas é também algo que se repete, sendo o que é, o *eidos da humanitas*, que está na ordem do Ser Supremo.

Tomás de Aquino distinguiu esses dois possíveis, como já o demonstramos em outros trabalhos nossos. E esse é ainda um pensamento pitagórico, que decorre, rigorosamente, do que examinamos até aqui.

O Todo é Pan, o conjunto de todas as coisas, a criação, em suma. E como foi ordenado o Todo (todas as coisas que são atualizadas)? Esses seres, que constituem o Todo, receberam suas figuras (suas formas *in re*) pela ação das Formas eternas e dos números que as ordena em estruturas singulares e que copiam aquelas.

"Boécio diz: 'tudo o que, depois da origem das coisas, foi engendrado pela Natureza, parece formado segundo relações numéricas, surgidas da Sabedoria do Criador...'. Os números estão nas relações mais próximas e mais simples com as idéias do Entendimento divino... As forças, que gozam dos Números, na natureza viva, não residem nos nomes dos números, nem nos números empregados em contabilidade, mas nos números do entendimento, formais e naturais... Aquele que consegue ligar os números usuais e naturais aos números divinos, realizará os milagres pelos Números."

(Cap. II do livro da "Cábala", de Agripa).

Estas palavras de Agripa são, inegavelmente, pitagóricas. Os números das coisas sensíveis (números numerados) são símbolos dos números formais (números numerantes).

Num escólio sobre o "Cármides" de Platão, assim escreve Nicômaco de Gerasa: "A Logística (o cálculo) é a teoria que se ocupa dos objetos numeráveis e não dos (verdadeiros) números; ela não considera, com efeito, o número no sentido próprio do termo, mas supõe que 1 é a unidade, e que tudo o que pode ser numerado é número (assim, em lugar da tríada, toma o 3; em lugar da década, o 10) e ela aplica-lhes os teoremas da aritmética."

Seria um erro crasso, portanto, considerar que os números fossem apenas a matéria das coisas atualizadas. Os números formam, também, a estrutura das coisas, a estrutura *in re*, a lei de proporcionalidade intrínseca das coisas que são e essa lei de proporcionalidade, que é o esquema fáctico da coisa, repete, por imitação, o esquema eidéticos ontológico (*ante rem*).

Há, assim, *ante rem*, dois esquemas eidéticos ontológicos: o da forma, que é o paradigma, o modelo e o da forma possível do ente singular. Há *in re*, o esquema eidético-fáctico, que está na coisa, que é a sua lei de proporcionalidade intrínseca, o número *in re*, e, finalmente, o que a intencionalidade de nossa mente capta das coisas, que é o esquema eidético-noético, que é *post rem*.

O pitagorismo, portanto, concreciona o pensamento de todas as correntes que se digladiaram na grande polêmica dos universais, e afirma, deste modo, o que há de positivo em todas as posições. O pitagorismo, por não excluir as positividades, é uma filosofia concreta, no sentido que empregamos tais palavras em nossos trabalhos.

As palavras de Teofrasto, que citamos a seguir, ilustram ainda melhor as nossas afirmações:

Teofrasto, em *Met.* 33,11, *a* 27, diz:

"Para Platão e os Pitagóricos, grande é a distância (entre o real e os seres sensíveis), mas eles afirmam, contudo, que todas as coisas imitam (o real). No entanto, para aqueles que colocam uma espécie de antítese entre o Um e a Díada indeterminada, da qual surge o ilimitado, o não-ordenado; em uma palavra, tudo o que por assim dizer é por si mesmo ausência de forma, é absolutamente impossível que a Natureza do Todo exista sem esta Díada. Necessariamente, há uma parte igual entre esses dois princípios, ou um supera o outro: de forma que os próprios princípios são contrários um ao outro. Eis porque Deus, desde que ligamos a Deus a causa, não pode levar todas as coisas para o melhor: e sim, sempre na medida do possível. E talvez não escolheria até fazê-lo, se é verdade que dele não resultaria a destruição do ser em sua totalidade, pois este é feito de contrários, e depende de contrários."

A distância entre os seres reais, singularizados pela atualização, pela sua onticidade, que é a sua existência singular, distingue-se do real, do que lhes dá realidade, que são as Formas, por aqueles *imitadas*.

Já examinamos, páginas atrás, a Díada pitagórica e como deve ser ela compreendida. É desnecessário, portanto, comentar as palavras de Teofrasto, pois elas são perfeitamente congruentes com o pensamento exposto até aqui.

E é essa a razão porque as coisas finitas, podendo ser melhores, nunca alcançam a perfeição axiológica do ser e podem ser melhores na medida das possibilidades dos seres dependentes. E como esses são sempre diádicos, e dependem da díada, porque tudo quanto é finito participa da Díada, como vimos, são eles feitos de contrários e destes dependem diretamente para serem.

E se as coisas se transformam, se elas conhecem mutações, se há geração e corrupção, o cosmos, o conjunto ordenado dos seres singularizados, os quais constituem o Todo, sempre constituem o Todo.

"Por isso o cosmos se mantém incorruptível e sem deficiências, através da infinita eternidade. Não se encontra nem fora nem dentro alguma causa mais poderosa, que aquela que o possa destruir. Mas o cosmos é *ab aeterno*, e permanecerá eterno."

"Um, pilotado pelo Um da mesma substância, é omnipotente e insuperável. E ainda, sendo Um e contínuo, e respirando a vida da natureza, e sendo levado à ação *ab aeterno*, o cosmos contém o princípio do movimento e da transformação. E uma parte deste é imutável; a outra, mutável." Estes dois pensamentos pitagóricos permitem-nos ainda muitas sugestões e merecem ser glosados, pois o Todo (*Pan*), enquanto tal, permanece sempre, eviternamente. É o *Eon (evum)* dos gnósticos, é o que sempre perdura e sempre perdurou, embora as coisas, nele, se transformem, surjam e pereçam. Dele, nada se perde; nele, estão contidas todas as coisas singulares; é ele a Totalidade e fora dele nada há de mais poderoso que o possa destruir, pois Deus não é destrutivo, mas construtivo, pois o Ser Supremo é a vida e dá vida. A criação é, assim, *ab aeterno*. A ab-eternalidade da criação é admitida por Tomás de Aquino, pois não contradiria, de modo algum, a concepção cristã do criacionismo. É no Cosmos, no Grande Pan, que estão contidos os princípios do movimento e da transformação, mas o que deixa de ser isto, torna-se aquilo, sem que o Todo sofra diminuições, pois o que já constitui um ser pode tornar-se nada do que foi, não, porém, nada de ser.

E o Um é levado à ação, não por um poder que esteja fora dele, mas pela sua própria *glória*. Foi o que demonstramos em *Filosofia Concreta*, pois ante o poder omnipotente do Ser Supremo, pode-se admitir, como possível, uma criação *ab-aeterno*, sem que esta surgisse por uma necessidade que lhe é imposta, mas sim, estaria ela necessariamente ligada ao seu imenso poder. Neste caso, o Ser Supremo criaria, não por necessidade de criar, mas a criação seria necessária. Ela apenas em função da omnipotência e da glória.

Podemos encerrar este capítulo com esta oração hermética, essa oração que, vinda dos egípcios, penetrou no pitagorismo e tem nele uma profunda significação:

"De todos os viventes, o mais imortal é o homem, o que recebe Deus em si mesmo, e que vive em união com Deus. É somente com este vivente que Deus conversa, por sonhos à noite, por sinais ao dia... Em toda a parte, durante tua marcha, Deus virá ao teu encontro, e tu o verás em toda a parte, lá mesmo onde tu não o esperas ver: que veles ou durmas, no mar, na estrada, à noite ou de dia, quando fales ou silencies: pois não há nada que Deus não saiba."

Em Deus, o Ser Supremo, seu saber é ao mesmo tempo ele mesmo, pois todas as coisas, nele, estão como numa prisão, pois nada há fora do Ser Supremo, fonte e origem de todas as coisas. Esses são pensamentos que decorrem rigorosamente do que foi exposto até aqui ao examinarmos o pensamento congruente do pitagorismo. A demonstração apodítica, seguindo os caminhos dialéticos da nossa filosofia concreta, virá a seu tempo e aí será a voz humana que falará, através do seu filosofar, através das suas possibilidades de conhecer, que servirão para corroborar, humanamente, o que é expresso, divinamente, no grande livro da Natureza, que oferece o caminho, que os mais profundos cultores do pitagorismo seguiram, até alcançar ao que é humanamente alcançável, mas que, de certo modo, ultrapassa os limites do próprio homem, como este ultrapassa os limites da sua animalidade.

CAPÍTULO IX

A HARMONIA

C_{osmos}, para Pitágoras, que foi o primeiro a usar este termo para indicar o universo, vem do verbo *Kosmein*, que significa organizar, e se opõe a *Khaos*, o que ainda não foi ordenado. A harmonia é a "unidade do múltiplo e o acordância do discordante", o que é manifesto em toda parte. Assim, o universo é harmônico, porque nele vemos o discordante acordar-se em uma norma que predomina. Não é o universo um feixe de perfeições absolutas *secundun quid*, mas um feixe de discordâncias que se acordam; é a multiplicidade pré-harmônica que se harmoniza.

Os que combatem a concepção pitagórica fundam-se em falsos juízos, porque tomam, como ponto de partida, o que não é genuinamente pitagórico: consideram, como tal, que o universo é apenas a soma de coisas perfeitas.

Ora, tal não é o ponto de partida, pois as coisas finitas são todas deficientes, e a deficiência implica o limitado e o ilimitado, pois onde há deficiência há limite e também o que ultrapassa, o in-limite, o não-limite. Nenhuma coisa é perfeitamente limitada em sua espécie; mas há sempre algo que se des-limita, o que escapa ao limite. Por essa razão, a harmonização é uma combinação da multiplicidade, uma acordância do *dis*cordante, o que realiza uma nova unidade, especificamente superior.

Nunca Pitágoras afirmou a perfeição absoluta do universo, mas, sim, a harmonização dinâmica, e não estática, a perfectibilização *vial* do *Cosmos*; ou seja, que a perfectibilização é um estágio que perdura no fluir, mas que, por sua vez, flui num suceder mais lento, mas que revela uma acordância entre os discordantes, uma simetria entre opostos, uma simetria que implica sempre opostos analogados, porque a harmonização implica algo ao qual se harmonizam os pares (pois o par é a multiplicidade: e os *muitos* podem ser considerados como analogados aos *pares de contrários*). Assim, muitos analogados a um *logos* e em face de muitos outros, mais ou menos numericamente analogados a outro *logos*, podem analogar-se entre si, como dois grupos contrários, a um *logos* que lhes dá a *normal*, à qual obedecem, e é o que realiza a *harmonia*. Onde há harmonia, há, pois, contrários (oposição). Nos contrários, há um *logos* de cada um que se distingüe, senão seriam idênticos e não há harmonia entre idênticos; há identificação.

Exige, ainda, a harmonia que os contrários tenham, além de um *logos* contrário, ou pelo menos, distinto, que os elementos componentes de um dos pares de contrários, analoguem-se entre si, ou que tenham, em certo aspecto, um *logos* que os identifique, formalmente, sob esse aspecto, como um punhado de homens, que se analogam como soldados de um grupo, como combatentes de um grupo, e, como tais, eles se *identificam*, apesar das diferenças, das heterogeneidades que os distinguem entre si. Mas, funcionalmente, se fusionam num *logos*, que aponta a funcionalidade do grupo. No grupo contrário, há a mesma funcionalidade, e uma analogia correspondente.

O combate entre os grupos os analoga num *logos*, que é o embate entre forças adversas, que buscam prevalecer e dominar a outra. Há, assim, no combate, uma harmonia. (Escolhemos este exemplo, porque seria o que mais parece aos olhos como desarmônico, e que serve bem para explicar o conceito de harmonia pitagórica).

No combate, há uma acordância de discordantes. As partes atacam e defendem, e apesar da variância das posições e das atitudes, ambas se analogam, no embate, no mesmo *logos* da *batalha*, como batalhadores, como combatentes, com fins idênticos e idênticas funções, tomadas apenas formalmente.

A batalha entre gregos e troianos é uma harmonização, que é a luta. Assim, onde há a discordância, há harmonia sob certo aspecto e como, no *Cosmos*, as coisas, por mais discordantes, se analogam a um *logos*, são os contrários analogados e obedientes a uma *normal* (a normal, a norma, a regra da batalha). Há, sempre, sob um aspecto, harmonia, e, sob outro, desarmonia. Examinados os aspectos desarmônicos, nele encontramos, por sua vez, outros aspectos harmônicos. Desse modo, numa análise mais longa, que é desnecessário fazer-se, verifica-se que o universo (*Cosmos*) revela-nos uma alternância, mas também a presença da harmonia-desarmonia, ou melhor, da acordância-discordância, pois como haver acordância sem discordância, harmonia sem opostos? O conceito dialético de harmonia, para o pitagorismo, implica, portanto, uma dinâmica, e não uma estática apenas. Visto apenas estaticamente, leva às confusões costumeiras, mas, considerado em sua dinâmica, torna-se compreensível o que ele afirmava.

A lei dos opostos é uma lei universal (lei do dois), lei que rege, não só o mundo físico (alternância, freqüência, oposição, contrariedade, antinomia, antagonismo, etc.), mas também o mundo antropológico (filosófico, ético, social, etc.).

Toda a concepção pitagórica funda-se na cooperação dos contrários, que se dão no mundo Criatural, a contribuição entre o limitado (*peras*) e o ilimitado (*ápeiron*), ou seja, *na teoria das oposições*. Mas essas oposições não implicam um dualismo principal absoluto, pois é o Um, como absoluto unidade e unicidade, que antecede a todas as coisas, mas sim o dualismo criatural, pois o fazer implica o ser feito, o criar implica a atividade criadora e a criatura, o *crians* e o *criaturus*, o *criante* e o *ser criado*, pois, no ato, há o que determina e o que é determinado, já que ser finito implica, para ser, um ato delimitante e algo que é delimitado.

Daí Pitágoras falar sempre no *Outro*, que pareceu misterioso aos olhos de João Damasceno. Mas esse *outro (alter)*, cuja origem etimológica é obscura, implica o que não-é antes de que o que é, pois, ao fazer-se alguma coisa, é implicada a paridade, e , consequentemente, o dois, pois como se poderia fazer algo sem que algo seja feito?

O fazer implica o ser feito, o criar o ser criado, criatura. O Um Supremo não implica um outro além e fora de si para ser, mas a criatura o implica, pois ela não é um ser que tenha em si mesmo sua última razão de ser. E, consequentemente, sendo ela dependente, produto de um operar, nela se dá a operação, que é a criação. O operado implica o operante, pois como o que é feito poderia ser feito sem o que o fez? A criatura implica sempre um outro. E o devir, para exemplificar, implica o outro, pois, como poderia haver o fluir das coisas sem o outro, pois o fluir é ser sempre outro que o que antes era?

Onde há dinamismo, onde há fluir, há sempre um outro, mas também o que perdura, pois se, no fluir, não houvesse o perdurante, mas apenas o outro, o ser que flui nunca seria de modo algum, e o fluir desvanecer-se-ia no nada, seria apenas nada. Para que algo flua, tornando-se outro, é necessário que algo em si permaneça. Tornar-se outro é, de certo modo, permanecer sendo o que é em parte, e em parte deixando de ser o que era para ser o que ainda não era de certo modo, mas que é agora, e assim sucessivamente. O devir é, pois, dual, e consequentemente, implica a díada da permanência e da não-permanência, do limite e do ilimitado. O devir é, pois, um número (*arithmós*), porque há nele paridade e imparidade.

Há, assim, uma parte imutável (relativamente), e uma parte mutável (relativamente), mas a primeira implica uma parte eterna, porque se a imutabilidade não fosse formada de uma eviternidade e de uma temporalidade, ela se desvaneceria no nada. E é fácil, dialeticamente, alcançar-se este ponto, pois, se a imutabilidade fosse apenas relativa, a imutabilidade *secundum qui* deste ser, especificamente *hoc* (em sua *istidade*, apenas isto), sendo essa ainda transeunte, então o que é desvanecer-se-ia em o nada. Mas o que deixa de ser isto (*hoc*) não deixa absolutamente de ser. Há um retorno a uma primitividade de ser, pois o que deixa de ser o que especificamente *é*, deixa de ser o que é, e não se torna num nada absoluto. Consequentemente, deve haver, atrás de todas as coisas, algo eviterno, algo que dura eviternamente.

O mesmo se pode estabelecer na análise da mutabilidade, que também não pode ser absoluta, como já vimos, pois, então, desvanecer-se-ia no nada. Como conseqüência, pode-se estabelecer a seguinte classificação: a imutabilidade criatural é *Imutável-mutável*, e a mutabilidade é *mutável-imutável*.

A presença dos contrários impõe-se sempre para uma visão clara das coisas. Por isso, para o pitagorismo, o conhecimento implica sempre uma dualidade cooperadora; e não só o conhecimento, mas também todo existir criatural.

O Um Supremo é, assim, a transcendência dos pares de contrários, e ao alcançá-lo, nós superamos as oposições. Portanto, a superação da oposição só se pode obter, e só há, transcendentalmente, no Um Supremo, e não nos seres finitos. Nestes, há harmonia, a combinação dos contrários, a acordância do discordante, o número, porque onde há o múltiplo há o número (*arithmós*).

Não compreender assim o pitagorismo, foi que permitiu as diversas maneiras falsas, que exegetas precipitados realizaram através do tempo, e que permitiram que essa concepção filosófica tão rica fosse desmerecida, falha da qual não excluímos alguns pitagóricos, que não entenderam devidamente a concepção genuína do mestre de Crótona. Os seres finitos, quando deixam de ser o que são, retornam a primitividade do fundamento (*hipokeimenon*) criatural, que é o *aither (éter)* para Pitágoras, que assegura a coesão contínua do ser criatural em sua fonte, ilimitado-limitado, indivisível, permanente, indissolúvel. A natureza da alma, para Pitágoras, é eterna. Esse éter é também a alma-do-mundo, de que falariam depois os platônicos-pitagorizantes e os neo-pitagóricos.

CAPÍTULO X

TEMAS PITAGÓRICOS

Os possíveis podem ser, enquanto tais, contraditórios, pois o poder ser isto ou o poder não ser são ambos possíveis, e como tais, válidos. Mas, a atualização já implica a ordem, e os contraditórios não podem ser atualmente dados, pois se isto foi feito, o não poder fazer isto permanece no epimetêico do ser. O cosmos é, assim, a atualização dos possíveis, e enquanto são estes tomados como tais, são o caos. Eis a razão porque surge, nas idéias religiosas de tantos povos, que Deus deu ordem ao caos, ao criar. Dar ordem ao caos é dar a ordem da existência aos possíveis, torná-los atuais, o que implica, desde logo, a exclusão do contraditório. O cosmos é a afirmação do possível atualizado, que, como tal, afirma uma ordem, ou, seja, um nexo de necessidade com o que antecede e sucede, e de subordinação a uma totalidade, pois, do contrário, haveria contradição. Eis porque há ordem, há ordenação, há conexionamento. O Cosmos, como criação, é ordenado, e os fatos sucessivos estão conexionados aos anteriores por uma ordem, portanto, e essa ordem é a negação da contradição.

Estas palavras de Platão, no *Górgias*, são genuinamente pitagóricas:

"Os sábios, ó Cálicles, dizem que a amizade, a ordem, a razão e a justiça mantém conjuntamente o céu e a terra, os deuses e os homens; eis porque chamam a esse conjunto o Cosmos, quer dizer a boa ordem."

Se a atualização posterior de um fato contradissesse o anterior um deles estaria negado, pois, como já vimos, há contradição quando há privação e posse simultaneamente afirmadas. Contradiz-se algo quando se nega a posse, quando se afirma que algo está privado do que afirmamos que tem posse. Ora, antes de se darem, a privação ou a posse são possíveis. Mas, desde que uma delas se atualize, a outra não pode dar-se simultaneamente, pois seria contraditório e absurdo. E na seqüência dos fatos, tudo quanto acontece obedece a esse princípio. O Cosmos, como algo em ato, é a negação do Caos (dos possíveis).

Falavam os pitagóricos de uma *Pan-psiquê*, que se assemelha à Alma-do-Mundo de Platão. Afirmavam eles que todas as coisas minerais, plantas, animais e homens, derivam de uma mesma realidade, e há entre eles um parentesco (*syngéneia*). Há uma fraternidade real entre todas as coisas, que estão conexionadas por uma lei comum a um mesmo ser. Há uma comunidade de origem que as liga (amizade, amor), há uma razão que as conexiona (*logos*), e uma justiça, uma distribuição a cada uma do que cada uma merece por sua natureza e por seu ser.

Se volvemos nossos pensamentos para o que dissemos há pouco, ver-se-á facilmente o que entendiam por tais aspectos os pitagóricos, pois sendo a atualização conexionada, visto os fatos não poderem contradizer as leis já verificadas, há, entre todas as coisas, a presença da mesma lei, a presença da não-contradição, desde que entendamos por contradição o sentido que acima expomos, que é claro, e o que preponderou através dos tempos. Hoje, na filosofia moderna encontramos um pensamento confuso, pois há confusão entre contradição e distinção, diversidade e diferença. Na primeira, há a relação de privação e de posse, e os seres do universo, do cosmos, estão conexionados pela presença de um logos, de uma lei, pois o que há, o que houve e o que haverá não podem afirmar e negar a presença dessa lei. É essa lei que dá o parentesco de que falavam os Pitagóricos.

Compreende-se, agora, o verdadeiro significado da famosa frase de Pitágoras, que repetia constantemente aos seus discípulos.

"Tu conhecerás, tanto quanto é permitido a um mortal, que a natureza é, sob todos os pontos de vista, semelhante a si mesma."

Também nas tábuas funerárias dos pitagóricos, encontramos expressões que confirmam esse princípio da analogia. Podemos citar este, que se encontra em Turium:

"Eu venho puro de entre os puros, ó Rainha do mundo subterrâneo... Pois eu também me glorifico por pertencer à vossa raça bem-aventurada."

Temos, aqui, a afirmação da *participação*, tema que examinamos em *O Um e o Múltiplo em Platão*, cujas conclusões são válidas para o pitagorismo, pois o pensamento platônico nunca se divorcia daquele, como vimos naquela obra e também nesta.

CAPÍTULO XI

UMA ANOTAÇÃO DE JÂMBLICO

Jâmblico, em seu livro *"Os Mistérios dos Egípcios"*, inicia com estas palavras: "O Deus que comanda a palavra, Hermes, foi considerado outrora, com razão, como comum a todos os sacerdotes; aquele que preside a verdadeira ciência dos deuses é um e idêntico em todos. É a ele que nossos antepassados dedicavam todas as descobertas de sua sabedoria, dando o nome de Hermes a seus próprios escritos."

Hermes surge, assim, como autor de todos os pensamentos profundos, até quando expressos por um indivíduo. Assim como se deu o nome de Hermes aos iniciados nos mais elevados graus dos mistérios egípcios, é possível, e nisto há suficientes fundamentos, que Pitágoras também fosse um título aos que alcançavam a mais alta iniciação na ordem pitagórica, pois é comum, nas organizações filiadas, dar o nome de um pitagórico famoso, como Filolau, Euclides, Apolônio de Tiana, etc., aos que foram iniciados, segundo os graus alcançados. Tal possibilidade nos facilitaria compreender a incidência de diversos Pitágoras e, também, nos explicar a sua presença em tão variados lugares e também no tempo. Contudo, o que não pode padecer dúvida, é que um deve ter sido o primeiro, como também o primeiro Hermes deve ter antecedido a todos os outros, como houve um primeiro Buda.

Não é difícil compreender essa possibilidade, desde que consideremos os exemplos de que somos constantemente testemunhos. Aquele que é grande nas conquistas militares recebe o cognome de Alexandre ou de Napoleão, como também se fala de um Dante, de um Petrarca, de um Leonardo, atribuindo tais títulos àqueles, cujas obras se assemelham aos primeiros portadores de tais nomes[23].

O deus desconhecido (*Theos agnostos*), que encontramos não só nos escritos herméticos, como também nos gregos, não tem certamente uma origem grega, pois aqueles jamais renunciaram à pesquisa, e a filosofia grega caracteriza-se pelo desassombro com que o filósofo busca resolver as maiores dificuldades sem jamais demitir-se daquela. Contudo, se volvermos os olhos para as primeiras fases do desenvolvimento cultural grego – e queremos referir-nos aos cultos órficos e dionisíacos – o deus desconhecido caberia perfeitamente como uma referência aos não iniciados, aos que não conhecem o *caminho*.

Proclo fala-nos nesse *deus ignotus*, desconhecido. Também encontramos na *Metafísica* de Aristóteles a referência ao *agnostos kath'auten*, desconhecido em si mesmo, referindo-se à *matéria prima*, ou seja, incognoscível, enquanto tal. Naturalmente, a *matéria prima* não pode ser objeto de um conhecimento sensível, porque, enquanto tal, é ela indeterminada. Mas a matéria prima, em si mesma, para Aristóteles, é uma abstração do nosso espírito, pois ela se dá sempre determinada, embora o que a determina e a determinação dela se distingam. São Paulo referiu-se a esse Deus desconhecido e afirmava que ele era Cristo.

Nas doutrinas herméticas, é ele o Deus transcendente. Encontramos esse pensamento também entre os pitagóricos, o que é de máxima importância para a compreensão das teses que iremos apresentar neste livro. Não só afirmavam a transcendência do Um, mas também a transcendência de Deus. Mostrava Sexto Empírico que, se todos os povos reconheciam a existência do divino, e prestavam-lhe práticas e rituais diversos, revelam, contudo, embora o aceitassem, que não tinham a mesma concepção da natureza da divindade.

Para muitos, a essência de Deus é incognoscível, embora não o seja para outros.

Se todos aceitam a existência de Deus, nem todos sabem explicar a sua essência. Se volvermos os olhos para as especulações aritmológicas,

---

[23] Dedicamo-nos, já há muito tempo, ao estudo do **Corpus Hermeticum**, cuja publicação em português pretendemos em breve fazer. Nessa oportunidade, discutiremos as diversas dificuldades que surgiram àqueles que se dedicaram ao estudo de Hermes Trismegistos.
Teremos oportunidade, então, de demonstrar que o pensamento hermético tem raízes distantes na cultura egípcia. Mostraremos, ademais, a improcedência daqueles que querem reduzir tais idéias a uma origem meramente grega.

realizadas pelos hermetistas, notamos que toda vez que se referem ao Ser Supremo chamam-no o Um, a Mônada. Encontramos muitas vezes a afirmação de que o Senhor, e Pai, e Só, não é o Um, mas a fonte do Um. Também encontramos esse pensamento entre alguns pitagóricos e este é um ponto de máxima importância.

Observamos nas especulações pitagóricas de Filon de Alexandria esta passagem: "Pois o Ser, que é superior ao bem, anterior à Mônada, mais simples e mais puro que o Um, não pode ser visto por nenhum ser senão por si mesmo, pois ele não permite senão a si mesmo perceber a si mesmo." (Praem. 40).

E mais adiante nos diz que da mesma forma que a luz é vista graças à luz, Deus, que é a sua própria luz, não pode ser contemplado senão graças a ele. Nenhum outro coopera nem pode cooperar para a pura percepção da realidade de Deus. "Aqueles, pois, que, partindo das coisas engendradas, visam contemplar o inengendrado, que engendra todo o universo, procedem como os que, partindo da díada, querem perscrutar a Mônada, quando precisamente é o contrário, pois deve ser considerada a díada a partir da Mônada: porque é esta o princípio."

Temos, aqui, a Mônada identificada com o Um de Parmênides. E prossegue em outros trabalhos seus, dizendo-nos que é a Mônada, que está na categoria de Deus Um, pois todo número é posterior ao mundo, assim como Deus é anterior ao mundo e é dele criador. A Mônada é pura, indivisível, e é o caminho para contemplar o ser. Para Filon, Deus é superior à Mônada, mas é também uma Mônada. Ora, essa doutrina não é apenas neo-pitagórica, pois Pitágoras dizia que o Um engendra o Um, o que revela que tal doutrina é anterior a Filon.

Também é este o pensamento que se manifesta em Moderato de Gades e Teon de Esmirna. E nos pitagóricos e néo-pitagóricos, encontramos sempre a afirmativa do Um acima de todas as coisas e este Um ultrapassa o nosso conhecimento, enquanto há o segundo Um, que é o ser inteligível, o compreensível.

No entanto, essa doutrina do pitagorismo nem sempre foi aceita assim, como se observa através das afirmativas de Aristóteles.

Eudoro, antes de nossa era, dizia que "quanto aos pitagóricos, não é somente dos seres físicos, mas absolutamente de todas as coisas que eles consideravam o Um princípio de tudo, colocando os contrários como princípios secundários e elementares, aos quais, embora não sendo primeiros, subordinavam também as duas séries paralelas". E prosseguia: "No plano superior, é mister dizer que os Pitagóricos colocam como princípio de todas as coisas o Um. No segundo plano, há dois princípios da realidade, Um e a natureza oposta ao Um. De todas as coisas concebidas sob forma de opostos, as que são boas estão subordinadas ao Um, as que são más, à natureza contrária. Eis porque, no dizer deles, esses princípios não são propriamente princípios: pois, se um dos dois princípios é causa de tais coisas, e o outro, de tais outras, não são princípios universais de todas as coisas, como o Um." E prossegue: "Eis porque, seguindo um outro caminho, também disseram que o Um é princípio de todas as coisas, enquanto é princípio, tanto da matéria como de todos os seres que dele surgiram, é o Deus que está acima de tudo."

O Um é princípio e é do Um que saem os elementos (*storkeia*), aos quais dão o nome de múltiplos. Esses elementos supremos são dois: o princípio masculino e o princípio feminino. O cognoscível (*nostón*) e o segundo incognoscível (*agnostón*).

Assim, temos o Um e o outro Um, oposto à díada.

* * *

Escreve C. J. De Vogel em *Mnemosyne*, IV^a Ser., 2 pp. 205/216: "Já que Aristóteles menciona freqüentemente o fato de Platão chamar a matéria o Grande-e-Pequeno, é preciso saber que Porfírio relata que Derquílides, no XI livro de sua 'Filosofia de Platão', onde trata da matéria, cita uma passagem de Hermodoro, discípulo de Platão, tirado de sua obra sobre o mesmo, onde aparece que este, representando a matéria à semelhança do ilimitado e do indeterminado, mostrava-a como pertencente às coisas susceptíveis de mais ou de menos, do qual faz parte também o Grande-e-Pequeno. Com efeito, depois de ter dito: 'Platão diz que, entre os seres, uns são existentes por si mesmos (*athéautá*) – assim homem, cavalo; outros em relação a outras coisas (*prós hétera*) que, desses, uns são relativos aos contrários (*ôs prós enantia*) – assim bom e mau – outros correlativos a um outro termo (*ôs prós ti*) e que, de todos esses relativos, uns são determinados, outros indeterminados' (sg. Hermodoro), acrescenta: 'Platão diz ainda que tudo aquilo que é designado como Grande-versus-Pequeno (*mega prós micron*), comporta o mais e o menos, de sorte que, pelo "mais", "maior" e "menor" vão até o infinito: da mesma maneira "mais largo", "mais estreito", "mais pesado" e "mais leve", e todas as coisas designadas dessa maneira irão ao infinito. Mas o que é designado como o Igual, o Fixo, o Acorde, não comporta o mais e o menos, enquanto que seus contrários o comportam: porque há o mais desigual que tal desigual, o mais movido que tal movido, o mais desafinado que tal desafinado.

De maneira que as duas *syzygias* (combinação de sons), o mais e o menos, contém todo o conjunto, com exceção do termo Um.

Ademais (Platão diz que) o objeto de tal sorte (isto é, susceptível de mais e de menos) é apresentando sem fixidez, sem forma, sem limite, a não-ser por negação de ser, e que, por outra parte, esse objeto não tem nada de comum, nem com o princípio nem com a essência, mas que o leva a ser arrastado numa espécie de confusão. Platão mostra, com efeito, que, no mesmo sentido, onde o primeiro causante é, de maneira eminente, o eficiente, no mesmo sentido, é o princípio, e que (assim) a matéria não é princípio. Disse, ademais, que, para Platão, não há senão um só princípio."

Vogel afirma, deste modo, a improcedência da acusação de dualista, que comumente se faz a Platão. A matéria não é o princípio dos seres, mas algo que o primeiro causante emprega para criar os seres corpóreos. A matéria é a indeterminabilidade-determinável, para empregarmos expressões metamatemáticas na filosofia. Não tem uma limitação em si mesma, pois é indeterminada. Dela faz parte o Grande-e-o-Pequeno, a máxima e a mínima determinabilidade. Ora, o mais e o menos são relativos e, como tais, indeteminados-determináveis, pois se pode ir potencialmente ao infinito.

Quanto ao argumento aristotélico de que a matéria, para Platão, é inengendrada, e, se é tal, nunca foi criada. Simplicius responde com estas palavras, que reproduzimos:

Mas, se a matéria é inengendrada, dizem alguns, e imperecível, por que não é ela também uma espécie de Princípio Primeiro como Deus? Com efeito, se ela tivesse sido derivada de Deus, ela não seria inengendrada. Contudo, o que Aristóteles designa por inengendrado, não é o que depende de uma causa, mas o que não vem-a-ser a partir de um começo temporal, é o que ele manifesta no fim desse tratado. Ele mostra que o movimento também é inengendrado e imperecível, embora tenha ele dito que todo movido o é por uma causa. Ademais, da mesma maneira, ele diria inengendradas também as propriedades comuns às Formas, de maneira que determinaria, assim, uma multiplicidade de princípios primeiros. E, contudo, eis o que ele proclama: "Não é bom que haja diversos chefes." Em uma palavra, é como um princípio de natureza elementar que Aristóteles representa a matéria, que não poderia ser oposta à causa eficiente ou final, se é verdade que ela aspira a essa ordem visível "como a fêmea ao macho, e o feio ao belo" (Fis. 192 a 23). Os heterodoxos, ao contrário, dizem que a matéria é o mal e fazem-na um princípio oposto ao bem, e, desde então, opõem-se a este como um princípio eficiente. Consequentemente, mencionam em seus ensinamentos gerações, a partir da matéria, e falam estupidamente das explorações estratégicas da matéria, de seus desígnios, de seus triunfos sobre o bem. Mas Platão, que no *Timeu*, ensina a doutrina das causas próprias e das causas auxiliares da existência do mundo, liga a matéria às causas auxiliares e chama-a de imperecível, justamente como o mundo em sua totalidade. Que, por outra parte, não julga bom chamá-la de Princípio Primeiro é o que mostrou Hermodoro, discípulo de Platão, quando, em seu livro sobre este, expõe, entre outros dogmas platônicos, aqueles que trataram da matéria, como o declara Derquílides."

A mônada e a díada indeterminada são os princípios do universo, mas, de qualquer forma, Ser Supremo, o *Hen* platônico, o *Um* Pitagórico, a todos antecede.

Segundo Alexandre de Afrodísia, Aristóteles, em seu *Peri Tagathou* (Sobre o Bem), diálogo que foi perdido, apresentou quatro argumentos que considerava pitagóricos, os quais reproduzimos a seguir, mas de modo a se tornarem claros e oferecendo a crítica que os mesmos merecem.

O primeiro argumento é o seguinte: pensariam os pitagóricos que o Primeiro e o Simples (*to asyntheton*) seria o princípio de todas as coisas. Ora, sucede que a superfície é anterior aos corpos, porque o que é mais simples e não composto é primeiro por natureza. Também o que os matemáticos chamam pontos, e os pitagóricos mônadas, são anteriores às linhas (*stygmata*). Ora, os pontos são absolutamente incompostos e, portanto, são seres primeiros, pois os seres compostos são compostos de seres simples, razão pela qual o simples deve sempre anteceder.

Para Platão, as Formas são anteriores aos seres. É por elas que os seres tem o ser que são. Platão chamava de Números (*arithmoi*) essas formas. Como não há anterior ao Número, continua afirmando Aristóteles, nesse caso, sendo as Formas anteriores, estas são necessariamente números.

Essa era a razão porque Platão dizia que os Números eram os princípios das Formas e que o Um é princípio de todo real.

Neste primeiro argumento, Aristóteles prossegue confundindo o Um Supremo como o um aritmético.

O segundo argumento de Aristóteles é assim exposto: são as Formas princípios de todas as coisas e os números princípios das Formas. Contudo, Platão dizia que a mônada e a díada eram os princípios dos números. Ora, a díada é o contrário do um, e se este é indivisível, aquela é divisível. Vê-se, aqui, também, que a confusão de Aristóteles começara já na sua juventude, porque os *arithmoi arkhai* e os *arithmoi mathematikoi* são confundidos como idênticos.

O terceiro argumento é este, que reproduzimos, *ipsis verbis*, como o expõe Alexandre de Afrodísia:

"Além disso, julgando mostrar que o Igual e o Desigual são princípios de todos os seres, tanto dos que existem por si mesmos, como dos opostos – porque procurava incluir tudo nesses dois, como os princípios mais simples – ele (Platão) ligava o Igual à Mônada, o Desigual ao Excesso-Defeito: porque desigual consiste em dois termos, o Grande e o Pequeno, que são o Excedente e o Deficiente.

Eis porque ele (Platão) chamava essa forma de Díada indeterminada, porque nenhum dos dois, nem o Excedente nem o Excedido, enquanto tal, não é determinado, mas indeterminado e ilimitado. Em compensação, quando foi determinada pelo Um, a Díada Indeterminada tornou-se a díada numérica: porque esta díada é formalmente uma coisa *uma*."

Em suma, o quarto argumento: "alega que o primeiro número é a díada numérica, e, nesta, o Um e o Grande-e-Pequeno, que são os seus elementos. Nela, há o dobro e a metade, pois dobro-metade equipara-se a excedente-excedido, contudo não é verdadeiro que o excedente-excedido seja igual ao dobro-metade." "De maneira – prossegue Alexandre – que o excedente e o excedido são bem os elementos (*stoikheia*) do dobro. Ademais, já o excedente e o excedido não se tornam o dobro e a metade, senão depois de terem sido determinados – porque dobro e metade não são mais indeterminados, como não o são mais também o tríplice e o três, o quádruplo e o quatro, ou qualquer outro número, nem que o excesso seja, daqui por diante, determinado – e já que é a natureza do Um que produz essa determinação – porque cada um desses números é um e tanto que seja alguma coisa e uma coisa definida – colocamos, como elementos da díada numérica, o Um e o Grande e o Pequeno. Ora, o primeiro número é a díada. Então, os elementos da díada são o Um e o Grande e o Pequeno[24]."

Aristóteles reduz o pensamento platônico a um silogismo sofístico, pois o Um, que é elemento da Díada, não é o Um, que é o Ser Supremo, mas, sim, a substância universal, como o era para Pitágoras. Ademais, todo argumentar aristotélico está eivado da influência deformadora da esquemática do empirista, pois só admite, como anterior aos corpos, a superfície, e os pontos como anteriores à linha. Se os pontos são mônadas, não são a *Monas*, que é o *Hen*, pois a unidade (o ser um) das coisas compostas participa da unidade, que, no Ser Supremo, é máxima perfeição. Os seres compostos são um, por serem *um* determinado ser, mas o ser um, do Ser Supremo, é ser o Ser.

Toda essa passagem de Aristóteles, quanto ao primeiro argumento, já estava refutada pelos autores que anteriormente citamos, e o restante dos argumentos afastam-se do verdadeiro sentido, tanto do pitagorismo como do platonismo. É o que temos oportunidade de demonstrar neste livro e em nossos comentários aos diálogos de Platão, onde analisamos o seu famoso diálogo "Parmênides" e examinamos o que entende aquele por Grande e Pequeno, excedente e deficiente, etc.

Depois desta rápida análise do que há de mais positivamente pitagórico no decorrer dos tempos, pode-se concluir que há um pensamento de Pitágoras, que nos cabe delinear, e um pensamento múltiplo, heterogêneo, de seus discípulos, bem como uma interpretação que se fez, fundada em certas afirmativas mal examinadas, que construíram o que há de *preconceitual* sobre o pitagorismo, ou seja, aquele conjunto de afirmativas mal fundadas, que serviram, através dos tempos, para desfigurar, de modo quase definitivo, a verdadeira filosofia do grande mestre de Samos, cujo delineamento doxográfico procuramos em parte realizar neste livro.

---

[24] Há manifestamente um engano, ou de Aristóteles ou de Alexandre, ou do copista.
O silogismo pode ser reduzido deste modo:
os elementos da díada são o Um e o Grande-Pequeno;
ora, a díada é o primeiro dos números.
Logo, os elementos dos números são o Um e o Grande-Pequeno. É o que confirma, finalmente, a conclusão geral de todo o trecho.

CAPÍTULO XII

O HIEROS LOGOS

(O discurso sagrado)

Sabe-se que o ensino ministrado por Pitágoras era oral, pois em sua época era o livro algo raro. E ademais, diz-se, havia o receio de, ao confiarem-se à letra morta os conhecimentos mais profundos, pudessem estes, em mãos dos mal-intencionados, ser utilizados mais para o mal que para o bem.

Mas essa afirmativa deve ser considerada em termos, pois o receio era relativo, e tanto assim que se afirmava (e há bases históricas para fundamentar essa afirmação), que Pitágoras havia redigido uma obra em verso, que se intitulava *O Hieros Logos* (O Discurso Sagrado), no qual, em linguagem simbólica, estariam contidos os fundamentos de sua doutrina. Mas a nítida compreensão do que desejava transmitir estaria assim condicionada à capacidade de interpretação simbólica. E como a interpretação simbólica era proporcionada ao grau de iniciação, o alcance dos conhecimentos expostos seria obtido proporcionadamente ao grau, ou seja, o leitor de tal obra entendê-la-ia apenas dentro das suas possibilidades assimilativas, o que evitaria o perigo de cair totalmente o conhecimento obtido em mãos pouco hábeis, que poderiam utilizá-los para outros fins, que não os genuinamente traçados e marcados pelo intuito real da ordem pitagórica.

Segundo Diógenes Laércio, Pitágoras redigira também outros livros sobre Pedagogia, sobre Política e sobre a Física, atribuindo-se-lhe ainda a autoria de um poema *Peri tou holon* (Do Todo), cujo tema seria o *Cosmos*, uma espécie de análise de todas as coisas, consideradas em sua unidade. Diz-se, ademais, que Platão, a peso de ouro, teria conseguido adquirir de Arquitas algumas dessas obras.

Mas a autenticidade de tais livros pode ser posta em dúvida, pois talvez tivessem sido realizadas por discípulos que as atribuíram ao mestre, o que era comum fazer-se então. Delas nada restou até nossos dias, além de alguns fragmentos esparsos nas obras dos pitagóricos e pitagorizantes, que nos serviram, contudo, de elementos para fundarmos nossa exegese do pitagorismo, que, doxograficamente, julgamos o genuíno, e que justificamos neste livro.

Diz-se que o *Hieros Logos* fora primitivamente escrito em verso por Pitágoras e só posteriormente ele o verteu em prosa dória. Afirma-se que a publicação desse livro fora realizado por Telauges, marido de Bitale, neta de Pitágoras, fundado nas notas que este havia deixado à sua filha Damô. Neste caso, essa obra nunca teria sido publicada por Pitágoras, mas só posteriormente muito tempo após a sua morte. Robustece a crença de que realmente tal obra existiu o fato de serem os fragmentos que dela nos restaram, escritos numa língua que revela a sua antigüidade como o salienta Mr. Delatte.

Daí Rostagni afirmar ser o discurso de Ovídio, nas *Metamorfoses*, uma paráfrase do Discurso primitivo. Nos *Versos Áureos* há diversas reproduções de máximas que devem ter pertencido ao *Hieros Logos*.

O *Hieros Logos* seria um tratado científico e filosófico, e, dos fragmentos que lhe são atribuídos, vamos reproduzir alguns que nos permitirão uma idéia, embora muito vaga, do que consistia ele em sua realidade.

Suas primeiras palavras seriam as seguintes:

"Quero cantar para aqueles que pode compreender; fechai as portas aos profanos."
"Jovens, adorai, num respeitoso silêncio, todas as verdades."

Seguir-se-ia então uma visão sucinta da vida humana, desde a Idade de Ouro, a idade da inocência, até alcançar o homem, em sua sapiência posterior, o estado de queda e de pecado, o pecado original.

"Ó raça que o medo da morte paralisa,
Por que temes o Estige e a sombra e as vãs palavras?"
Da mesma forma que a cera, na qual se imprimem novas figuras, e que,
de certo modo, permanece a mesma, embora não guarde a mesma figura (aspec-

tos), *assim a alma permanece sempre igual, embora emigre, eu vos digo, através de novas figuras."*

Tudo muda tudo se transforma, mas ao mesmo tempo tudo permanece idêntico a si mesmo, através do ritmo unitário dos números. Tudo obedece a essa lei.

"Quando, tendo deixado o corpo, partires para o éter.
Tornar-te-ás deus imortal, e não morrerás mais."
(Dos "Versos Áureos")

Imitar a Deus é o caminho da elevação do homem. Deus está em nós; devemos imitá-lo (*hepou theou* = sê o deus). E aconselha *Nô peithou*, obedece ao espírito e seguirás a Deus, porque para achá-lo é preciso seguir o caminho da sabedoria, afastando-se das paixões.

Afinal, haveremos de alcançar o Um (*Hena genesthai*), gerar o um de si mesmo, tornar-se íntegro. Só assim nós alcançaremos a tranqüilidade interior e a paz entre os homens.

As suas principais normas éticas estão inscritas nos "Versos Áureos", que reproduzimos no fim deste livro.

CAPÍTULO XIII

O — DEMIURGO DE PLATÃO E O PITAGORISMO

É este um dos temas que tem provocado maiores debates entre os exegetas, e tem servido de apoio para as críticas menos justas dos adversários do platonismo.

Quem é esse demiurgo, esse artesão, esse ser que opera a realização das coisas, olhos voltados para as formas imutáveis e que modela a matéria amorfa para dar-lhe uma forma?

O mito do demiurgo, como surge na obra platônica é sem dúvida didático. Não se deve porém, levar esse didatismo ao extremo pois, graças à dialética simbólica e ao que já estudamos até aqui, nos é possível penetrar no seu verdadeiro significado.

Mas, antes de trazer a nossa contribuição, é mister que precedamo-la, reproduzindo uma passagem de Proclo, que nos dá tantas sugestões, e nos poderá facilitar a mais nítida compreensão do mito, que Sócrates, no "Timeu", revela que é um "mito verossimilhante", isto é, que *imita* a verdade sem ser a verdade mas suficiente para dar uma compreensão didática aos ouvintes. E é ele mesmo quem ainda acrescenta que são poucos, muitos poucos, os capazes de entendê-lo em seu verdadeiro sentido.

Proclo escreve *in Tim*. ("8 *c* 3) I, p. 300:

"Descobrir esse Demiurgo do universo é difícil", diz Platão. Com efeito, a descoberta se obtém de duas maneiras: uma procede a partir dos Primeiros pelo caminho da ciência; a outra, a partir dos Segundos pelo caminho da reminiscência. Ora, é mister dizer que aquela que procede a partir dos Primeiros é difícil, porque a descoberta das propriedades intermediárias está ligada à doutrina mais alta. Quanto à descoberta, a partir dos Segundos, pouco me falta para dizer que ela é ainda mais difícil. Pois, é a partir desses Segundos que nos propomos ver a essência do Demiurgo e o conjunto de suas propriedades; é preciso considerar em sua totalidade, a natureza dos seres produzidos por ele, todas as regiões visíveis do mundo e tudo o que há de potências naturais invisíveis, que fundam a existência das simpatias e das antipatias do universo: e antes disso, as regras fixas que presidem à natureza e às próprias naturezas enquanto universais e particulares, tanto imateriais como materiais, as divinas, as demoníacas e aquelas dos viventes mortais: ademais, os gêneros de seres, que entram na categoria da vida, uns imortais outros mortais, uns não manchados de matéria, outros mergulhados na matéria, uns tendo valor de totalidade, outros de partes, uns dotados de razão, outros sem razão: e também os seres de complemento mais perfeito que nós, graças aos quais toda a região intermediária entre os deuses e a natureza mortal é bem ligada ao conjunto: e as almas de todas as espécies, a multidão dos deuses que se diversificam segundo as diferentes porções do universo, as conexões exprimíveis e inexprimíveis, que põem o mundo em relação com o Pai. Sim, se considerarem essas coisas, aquela que se dirige para o Demiurgo permanece bastante imperfeita para conceber o Pai: ora, não é permitido que nada de imperfeito tenha contato com o Todo Perfeito (Omniperfeito).

Mas é preciso, ademais, que a alma, tornada um mundo inteligente, tendo-se tornado semelhante, tanto quanto lhe é possível, à totalidade do mundo inteligível, aproxime-se do Criador do Universo; que, em virtude dessa aproximação, ela se familiariza um pouco com ele pela aplicação contínua do espírito - pois a atividade do pensamento, interrompido relativamente a um objeto dado, desperta e vivifica nossas faculdades racionais - que, graças a essa familiaridade, tendo-se instalado à porta do Pai, ela entra em união com ele. Eis o que é a descoberta de Deus: ir ao seu encontro, não fazer-se senão um com ele, gozar de sua presença, só a só, obter que ele se mostre em pessoa, quando a alma é "arrebatada" para longe de toda atividade, e que ela tenha por fábulas os discursos científicos, porque é ela unida ao Pai, que ela se alimente, no mesmo festim que ele, da verdade do ser, e que, no lampejo de uma luz pura, ela é iniciada para visões perfeitas, e que não mudam nunca.

Sim, eis o que é encontrar Deus... Não é descobri-lo pelo caminho da opinião (pois esta é incerta, pouco afastada da vida irracional), nem pela voz da ciência (pois esta procede por inferências e pelas cadeias das razões, pelas quais não alcança imediatamente a essência intelectual do Intelecto demiurgo). É encontrá-lo por uma intuição que permite vê-lo, face a face, pelo contato com o inteligível, pela união ao intelecto do Demiurgo. E, verdadeiramente, esta descoberta pode-se bem chamá-la de "puro trabalho" no sentido próprio; ou porque é ele penoso, desagradável de obter, já que o objeto não se faz ver às almas senão quando elas atravessaram toda a hierarquia dos seres vivos, ou porque eis aí o verdadeiro combate das almas: pois é após as vãs corridas no criado, após a purificação, após as iluminações da ciência que se ascende afinal a atividade intelectual, e o intelecto que está em nós, que leva a alma ao porto, no Pai, que a instala longe de toda mancha nos pensamentos do Demiurgo, e que junta luz à luz, não somente a luz da ciência, mas ainda uma outra mais bela, mais inteligente, mais semelhante à unidade do que essa. Pois é ali o porto do Pai, a descoberta do Pai, a união imaculada com o Pai.

Quanto às palavras: "Quando se encontra a Deus, é impossível dizê-lo", poderiam bem manifestar, à semelhança dos Pitagóricos, que guardavam em segredo a doutrina das coisas divinas e recusavam discutir diante de quem quer que seja: "pois os olhos do Vulgar não tem força para manter seu olhar fixado sobre o verdadeiro", diz o Estrangeiro de Eléia. Mas pode-se dizer também que essas palavras ensinam uma doutrina bem mais augusta, a saber: que é impossível, quando se encontrou a Deus, dizer as coisas como foram vistas. Pois a descoberta não teria consistido para a alma em dizer alguma coisa, a ser iniciada num mistério e a ser submetida à influência da luz divina..., e, ela mantendo-se no que poderia chamar o seu silêncio. De fato, agora que ela não é de natureza a captar a essência das outras realidades pela denominação, definição ou demonstração científica, e que só é atingida pelo pensamento, como Platão o diz em suas *Cartas* (VII 342 s), como poderia descobrir a essência do Demiurgo de outro modo de uma maneira puramente intelectual? E como poderia ela, tendo assim encontrado, divulgar o que ela viu por meio de palavras e de verbos, e de fazê-la conhecer pelos outros? Pois é impossível ao raciocínio discursivo, que procede por composição, descrever a natureza essencialmente uniforme e simples.

Mas qual, dir-se-á, não é verdadeiro o que discursamos longamente tanto sobre o Demiurgo como sobre os outros deuses e sobre o próprio UM? Sem dúvida. Mas se discorremos sobre essas realidades, não definimos nenhuma em sua própria essência. Podemos argumentar sobre ela, não podemos expressar a intuição que dela temos: pois é "encontrá-la" como se disse. Ora, se a alma não a "encontra" senão quando ela se cala, como o fluxo de palavras vocais seria suficiente para expressar o objeto "encontrado" tal qual é?

Quem é o demiurgo, então? Lembremo-nos das teses pitagóricas já examinadas. O *Hen-Dyas*, o Um, cria a díada indeterminada-determinável, e cria a determinação, o ato formativo e a potência informável, pois fazer implica simultaneamente o que é feito, e criar, o que é criado. A criação não antecede a criatura; pois, ônticamente, a criação é dar surgimento à criatura.

O demiurgo é, em suma, o ato formativo, o determinante que determina, e este determinante, ao dar forma à matéria, nesta realiza uma imitação das formas eternas. É *cotejando-as* que realiza as coisas finitas. A simbólica é fácil. Os seres finitos imitam as perfeições das formas eternas, por isso as coisas delas participam[25]. E como as coisas são o que são através das formas que as informam, exigem elas uma causa eficiente que as realize. O demiurgo é a causa eficiente universal: o determinante, o ato formativo.

---

[25] Para a mais nítida compreensão da participação (metexis) platônica e da imitação (mímesis) pitagóricas, remetemos o leitor para o nosso <O Um e o Múltiplo em Platão>, onde examinamos mais pormenorizadamente estes temas importantes. Seria longo reproduzir aqui as inúmeras páginas que escrevemos naquela obra. E esta é a razão por que a apontamos.

CAPÍTULO XIV

PITÁGORAS E O HOMEM

Id quod inferius
sicut quod superius...
(HERMES TRISMEGISTOS)

Quando modernamente Pierce diz: "Há alguma coisa na natureza da qual o espírito humano é análogo; a Natureza fecunda o espírito humano, sugere idéias que, ao se desenvolverem, assemelham-se à sua Mãe, a Natureza", está ele reproduzindo palavras pitagóricas.

"Gnôse dé themis esei physin peri pantós homoien"

Estas palavras de Pitágoras, que nos são relatadas por Platão, afirmam:

"Tu conhecerás, tanto quanto é possível a um mortal, que a Natureza é, em tudo semelhante a si mesma", como vemos nos Versos Áureos.

Temos aí o princípio fundamental da analogia pitagórica. O conhecimento do homem revela-lhe que tem ele analogia com a Natureza e com o Ser, porque se este não é exaustivamente conhecido por ele, não lhe é impermeável, e analogicamente poderá conhecê-lo.

"Deus, em sua providência, deu ao homem duas coisas admiráveis: a faculdade de abraçar a verdade e a de fazer o bem a seus semelhantes; uma e outra podem ser comparadas às obras de Deus (Palavras atribuídas a Pitágoras por Eliano)."

Eis, para o pitagorismo, onde o homem alcança o supremo. É na ação e no conhecimento (duas afirmativas genuinamente cristãs).

Podemos daí inferir muitas teses pitagóricas, implícitas nessas palavras, que perduram através dos tempos como verdadeiramente do mestre de Samos.

O intelecto humano pode conhecer tudo quanto é inteligível. O Ser, sendo inteligível, é cognoscível pelo homem, proporcionadamente à natureza deste.

O nada absoluto é ininteligível; consequentemente, o ser é inteligível. O ser, tomado em sua indeterminação, é o objeto primeiro, natural e adequado, da inteligência humana.

Não conhece o homem frontalmente o ser, mas conhece-o abstrativamente ao menos.

E o homem conhece a qüididade das coisas, a forma *in re*, intencionalmente. E como esta é uma imitação da forma imutável e eterna, ele tem dela um conhecimento proporcionado à sua natureza.

Id quod inferius sicut quod superius... O inferior é assim algo semelhante ao superior, e graças à analogia, compreendemos que o homem em algo imita a Divindade, como o demonstramos através de suas obras.

Que os antigos (pré-cristãos) tivessem alcançado a idéia criacionista, não há a menor dúvida, em face do que examinamos através do pitagorismo. Mas, se quisermos procurar ainda mais perto de nós, encontraremos estas palavras de Epicuro:

"Oudèn gínetai ex tou mè òntos" (nenhum ente gera-se do não-ser).

Se nenhum ser gera-se do não ser, o que é gerado o é pelo ser. A frase de Epicuro é considerada como a negação da criação. E como poderia negar a criação, sem ter dela conceito?

Costumam dizer alguns autores, que em outros pensamentos surge o pensamento criacionista, mas imperfeitamente, pois o Criador precisa modelar algo já pré-existente, para que, modelando-o, torne-o criatura.

Mas essa explicação deve ser considerada sempre como didática, pois para os não-iniciados há necessidade de usar conceitos e representações da esquemática do homem comum. Como explicar ao homem comum que o Criador criou a criatura do nada?

Tomás de Aquino explica que esse *do nada (ex nihilo)* não quer dizer que a criatura foi feita *de* nada, mas que antes de ser, nada havia da criatura. Ou melhor, já que ele aceita como possível a ab-eternidade da criação, a criatura pertence à temporalidade, e na eternidade, nada havia da criatura temporal. O Criador, como divino, antecede ontológica e axiologicamente, à criatura, que é temporalidade. A criação, assim, não teve o dia um; sempre existiu temporalmente. Mas a Divindade existe eternamente; é transcendental à Criação.

O criacionismo cristão também não resolve filosoficamente o tema da criação, e proclama-se ante um mistério, considerando, ademais, as tentativas filosóficas como respeitáveis, mas nenhum como dogmaticamente verdadeira. Permanece, assim, a criação ante o pensamento cristão, filosoficamente, como uma questão aberta, embora não o seja quanto ao aspecto religioso[26].

---

[26] Sobre a criação, em sentido pitagórico, falaremos mais adiante.

CAPÍTULO XV

O SONHO DE PITÁGORAS

Contam-nos os pitagóricos que, ao visitar a gruta de Prosérpina, na Grécia, teve Pitágoras, que adormecera, um sonho o qual posteriormente, revelou aos discípulos, e que serviu de tema para diversas interpretações, algumas capciosas outras aproveitadas com o intuito de menoscabar a grande contribuição do mestre de Samos, tentando interpretá-lo como a confissão do malogro da sua experiência através da via do conhecimento, para alcançar a *Mathesis* suprema, escopo final de toda ânsia de conhecer do homem, de toda inquietação humana, pois a nossa mente jamais se apaziguará senão ao encontrar o supremo conhecimento.

Relatou Pitágoras que, durante o sonho estivera ele a analisar as coisas sensíveis. Dessa análise verificara que a realidade das mesmas era dada pelas estruturas geométricas, e esta, pelos números matemáticos. Ao alcançar este estado, verificou que o que constitui a realidade das coisas eram as formas, os *arithmoi eidétikoi*, que constituem a lei de proporcionalidade intrínseca dos seres. Quando alcançara as formas, alcançara as grandes leis da matemática e as estruturas ontológicas das formas, que o colocaram em face dos números supremos (*arithmoi arikhai*). Nesse instante, sentiu-se como entre o Ser e o Não-ser. Nesse estado de angústia, parecia-lhe estar ante o muro do Caos, ele podia tocá-lo mas eis que subitamente, encontrou-se ante um vazio impalpável, uma treva absoluta, onde nada lhe podia servir de ponto de referência, pois nada tocava, nada sentia. Um silêncio absoluto o cercava, um silêncio de trevas. Nada.

Num ímpeto, quis atravessar esse vazio em busca de um limite. Era um desejo de encontrar um ponto de referência qualquer. Nada encontrava, e encontrava nada. Mas eis que, subitamente por entre as trevas, parece perceber algo; é uma figura que se coordena aos poucos. E ei-lo agora como ante um espelho. E, nesse espelho, viu a sua própria fisionomia, irreal, estática, como parada no tempo, intransponível, inultrapassável. Sentiu-se enlouquecer. Pensou nos discípulos e lançou mão do último recurso. Apelou ao mestre dos mestres quando então sentiu voltar a si mesmo. Saiu apressadamente da gruta de Prosérpina. Não sabia o que dizer. Calou-se por muito tempo, para depois relatar aos discípulos o sonho que tivera, cuja simbólica era preciso decifrar.

Para os adversários de Pitágoras, e entre eles muitos que, na verdade, são pitagóricos sem o saber, esse sonho era uma advertência do seu malogro. Sua busca pelos caminhos do conhecimento não lhe revelaria a Ísis imortal, a verdade, a *alétheia* dos gregos, *Varuna* dos hindus. Não. Apenas, quando julgara alcançar o mais alto, encontrara-se no vazio, tendo a si mesmo como único contemporâneo.

No fim de sua marcha volvia ao início. Tudo quanto criara era apenas a projeção do seu espírito. Quando julgava ter alcançado o zênite do conhecimento, estava no nadir do próprio homem. Revelava esse sonho, que o homem, ao buscar o transcendente, encontraria afinal a si mesmo, irreal, falso. Aquela imagem era o símbolo dos nossos conceitos, das nossas construções. No fim de todas as coisas, o homem encontra apenas a si mesmo, mas já despojado da realidade, apenas uma imagem fria e sem vida de si mesmo. É o malogro de toda ciência humana, de todo afanar-se, que não leva senão à triste e melancólica certeza de que o homem apenas sabe o que sabe, e nada mais. Ao julgar deparar-se com a verdade, encontra apenas a sua verdade, apenas o que ele constrói, apenas o que ele mesmo é.

O sonho de Pitágoras, assim, refutava a sua própria doutrina. A especulação do homem, pelos caminhos do conhecimento, leva-o apenas a um círculo vicioso: construindo o seu saber com seus esquemas, apenas chegava à certeza que lhe é dada pelos esquemas e nada mais. Além dele, está o eternamente impenetrável, o desconhecido e o incognoscível. *Ignoramus et ignorabimus*, ignoramos e ignoraremos. Pitágoras tornava-se, assim, um agnóstico. Em todo o seu afã alcançara, afinal, o que ele pretendia refutar. A última certeza era a de que nada sabemos de certo.

Mas essa interpretação simbólica, por muito bem fundada que pareça, desvirtua totalmente o sentido do pitagorismo.

É possível que em certo momento, Pitágoras admitisse que ao homem cabia alcançar o conhecimento exaustivo da verdade. É possível, admitamos. Mas essa possibilidade, que é certeza em algumas crenças orientais, não é fecundada na essência do pensamento de Pitágoras. O que há de certo, pelo que já vimos, é que ele jamais afirmou que o conhecimento pleno e exaustivo das essências em si coubesse ao homem. O estado de epifania, de iluminação por todos os lados, que o *epopter* alcança, a iluminação teofânica, é apenas um vislumbre e não a visão frontal da verdade. Todo o arcabouço do pitagorismo nega essa possibilidade ao homem. Não nega, porém, que o homem possa alcançar a verdade, proporcionadamente à sua natureza. Não é esse sonho uma proclamação de malogro, porque o pitagorismo nunca prometeu ao homem o impossível. A iluminação adquirida é sempre proporcionada. A visão frontal da divindade, que é a verdade, não é dada ao homem enquanto neste estado. É isso o que ele quer dizer. Pode o homem, seguindo os caminhos da ciência, alcançar até os *arithmoi arkhai*, pode compreender muitos dos segredos da divindade, mas alcançar a sétima solidão, a solidão do Um Supremo, seria alcançar o estado de beatitude dos cristãos, o *yoga bahkti* dos hindus, e esse não cabe à finitude de nossa mente.

Pitágoras, com esse sonho, robusteceu a sua posição, que é justa e, noologicamente, bem fundada. Mas, como todo a sua filosofia gira em torno da analogia, e sabia ele que *"quod id inferius sicut quod id superius"*, pela análise analógica, que é o fundamento da dialética socrático-platônica, podia o homem percorrer, cuidadosamente, a *via symbolica* e alcançar, seguindo essa vereda, o caminho que o levaria à sua mais alta iluminação possível.

Mas o seu estado de angústia? Essa angústia era humana e vinha-lhe da limitação do corpo. Entre os dois mundos, o que o homem alcança e o que transcende, há o ímpeto para mais, que é o apetite da mente pela verdade transcendental, e também o apego ao corpo, à vida nossa. Nesse momento agônico, a angústia tinha de arrebatá-lo. Prosseguir além, seria à custa do rompimento com o que o prende à materialidade. A vontade humana não é tão forte que pudesse realizar por si só esse desligamento. Não discutiremos aqui um tema de gravidade extrema, como seja o de se a vontade humana é suficiente para realizar esse desprendimento. Mas Pitágoras *pensou* nos discípulos: ele tinha uma missão a cumprir. Precisava retornar.

Em todos os mitos religiosos, o iniciado, que é mestre, passa por esses estados. É um mito que se repete constantemente. É o momento em que ele sente os limites do próprio conhecimento. Mas, ao alcançá-los, não pode chegar à conclusão primária que nada mais há, porque o nada não há, nem além nem aquém do ser. Ele bem o sabe. O limite alcançado, que é a afirmação do homem, é também afirmação do que o transcende. O *Theos agnostos* é desconhecido ao homem em sua exuberância ôntica, em sua imanência; não, porém em sua transcendência. Penetrar no seio da imanência divina é impossível ao homem no estado em que está, mas pode ele conhecê-la analogicamente, tendo por base as perfeições que a sua inteligência alcança.

CAPÍTULO XVI

AS DEZ LEIS DE PITÁGORAS

A Mãe de Todas as Coisas é a Tétrada (o Um, o Dois, o Três e o Quatro; 1, 2, 3, 4, cuja soma final é Dez, a Década Sagrada) e dela provêm todas as coisas que são e as que poderão ser.

Na simbólica dos números, que examinamos em *Tratado de Simbólica*, penetramos no sentido místico daqueles, os quais refletem as chamadas dez leis de Pitágoras, que constituem a *Tetractys*, a Década Sagrada, Mãe de todas as coisas, porque é do Dez, das dez leis, que todas as coisas são geradas e dão surgimento.

É o número 1 símbolo do Um, mas também da unidade em geral, pois toda unidade é 1. Na simbólica pitagórica significa a

Lei da Unidade

É a lei da integral, pois todas as coisas que são, de que modo forem, constituem uma unidade. Ser, de qualquer modo, é unidade, é ser um. Só o nada não é unitário, porque o nada não é. A lei da unidade preside todos os seres que participam da unidade suprema do ser, num grau intensistamente mais baixo, proporcionado à sua natureza. A máxima unidade é a unidade absoluta de simples simplicidade, do Ser, que é apenas ser e sem deficiência portanto, todo o ser, o Ser Supremo, o Um.

Porque todas as coisas estão "como numa prisão" no Ser Supremo, todas participam dessa lei, que rege todas as coisas.

Tudo quanto é finito e unitariamente o que é e tende a tornar-se parte integrante de uma unidade. Nada se dá que não seja unitariamente, segundo os graus intensistas da unidade. Essa lei preside todas as coisas. Deste modo, o número aritmético 1 simboliza a Unidade e, por isso, pode simbolizar tudo quanto é e de que modo for um.

O Ser Supremo, Um, como forma, é o Pai, gera o Um como *operatio*, como operação, através de uma procissão *in intra*, pois o Um criador é o Filho, gerado por aquele. Nas religiões, o Pai e o Filho surgem como símbolos da correlação mais estreita, pois o Filho é filho do pai e o Pai é pai do filho, de modo que a afirmação de um é a afirmação do outro. Transferindo-se para a linguagem filosófica, em sentido pitagórico, o *Hen Prote* é existencial e essencialmente ele mesmo, imutável e eterno, porque o Ser, enquanto Ser, é absolutamente Ser. Mas esse ser é ativo, atua, realiza, opera. E o operar implica a escolha, a intelecção (o intelecto). O *Hen Prote* é Vontade, como querer, palavras que nos podem simbolizar a omnipotência do Ser Supremo, que pode tudo quanto pode ser. Mas, ao realizar algo, seu operar é intelectual, escolhe o que será atualizado. O Ser Supremo, como operação, é o *Hen* que gera a Díada indeterminada, que corresponde ao ato formativo e a potência materiável, para permanecermos, de certo modo, na linha do aristotelismo, ou melhor, aproveitando a terminologia aristotélica para auxiliar a exposição do pensamento pitagórico, naturalmente conservando a estrutura formal do pensamento de Pitágoras, pois o ato formativo, o determinante, e a potência materiável, a determinabilidade, são apenas vetores, que surgem simultaneamente do ato criador do *Hen Dyas aoristos*, pois é o Filho, que é o Criador, porque é o Ser, quando *opera*, que cria. Mas, uma não se separa abissalmente da outra, porque a determinação implica a determinabilidade. Nossa mente, que é abstrativa, separa em conceitos o que é um só na realidade, mas que apenas se distinguem formalmente, pois o *Logos* do Um criador gera, em seu atuar, a ação da díada indeterminada, cujo *Logos* é dual, pois a ação implica o atuado, pois esta se dá inerente ao atuado e dele não se separa, como muito bem o mostrou Suarez. Dessa forma, na criação, esta pertence à criatura, que surge da Díada. O *Hen* (Filho) atua realizando a ação, mas esta é uma modal absolutamente inerente ao atuado. Assim, mais próximo de nós, a ação do movimento de um roda é inerente de modo absoluto à roda. A ação não é uma modal do Ser Supremo. Se fosse, ele sofreria mutações. Seu atuar consiste em realizar a ação e a ação é determinadora de uma determinável. A criação é da criatura e não do criador. Esta tese já a demonstramos, com exuberância de provas, em *O Homem perante o Infinito* e em *Filosofia Concreta*, para onde remetemos o leitor.

É com o *dois* que surgem as coisas finitas, e o dois, aqui, simboliza a Díada. Na díada indeterminada, temos, como positividades formalmente distintas:

a determinação indeterminada = *o poder* (potência ativa), de determinar ilimitadamente; e

a determinabilidade indeterminada = *o poder* (potência passiva) para ser determinada ilimitadamente.

O ato pode sempre determinar e a potência é sempre determinável. Mas uma determinação absoluta é impossível, porque seria um ato, e haveria uma contradição in adjectis, *pois o infinito é o poder sem fim de determinar e se tudo fosse já determinado, o determinado haveria alcançado o limite de sua determinação. E, ademais, um ser determinante, enquanto tal, atualizado plenamente no ato de determinar, alcançaria o quantitativo em ato, o que é absurdo.*

Portanto, o ato de determinar implica um limite, o limite da determinação, e ele limita a coisa determinável. Mas, o que está determinado é, ilimitadamente, o que está determinado, portanto, o que recebeu uma determinação é, enquanto tal, ilimitadamente ele mesmo, mas limitado pelo que não é ele, e, também, pelo que é ele, pois o é até onde é o que é. Desse modo, a ação criadora, a criação, realiza um limitado, que é, enquanto ele mesmo, ilimitadamente ele mesmo, mas que é limitado por si mesmo, pois só é o que é até onde é o que é, e limitado pelo que não é ele, que é o que é possível de ser, que não está contido em sua natureza.

Assim, a díada indeterminada é potencialmente infinita e é tudo quanto pode ser determinado: é, simultaneamente, o infinito potencial de determinar e o infinito potencial de ser determinado. Neste caso, o ato-formativo pode determinar sem fim tudo quanto pode determinar e a potência-materiável, que é passiva, pode ser determinada sem fim, em tudo quanto pode ser determinado.

Aqui se aplica, pois, o infinito potencial quantitativo, e não o atual. Enquanto este é absurdo, não o é aquele.

Ora, a díada indeterminada não tem limites em si, é ela indeterminada, ilimitada enquanto tal, mas é limitadora em seu atuar. Não são ambas absolutamente independentes, pois são criadas pelo *Hen*. Dele dependem, por isso não tem a absoluta simplicidade do Ser Supremo, nem a sua infinitude, que é eterna, não tem a infinitude atual, mas a infinitude potencial, o poder ser ativo e passivo sem fim.

E é aqui que está o fundamento da criação ab-aeterno dos pitagóricos de grau elevado. Pois a díada indeterminada não tem um princípio no tempo, pois o tempo implicaria a determinação e coisas determinadas. O tempo começa quando o ato formativo modela a potência materiável. O tempo é das coisas determinadas limitativamente. Desse modo, a díada, que não é eterna, pois não é a *duratio tota simul*, porque, como veremos, uma limita a outra e, portanto, dão-se entre elas relações das mais diversas, que em breve analisaremos, e como não é temporal, porque o tempo se dá na sucessão das coisas determinadas, que são por aquela díada gerada, ela pertence a uma duração que não é *tota simul*, totalmente simultânea, mas que também não sucede, a qual inclui, como espécie, a sucessão, que é o tempo. A duração da díada é a eviternidade, é o *aevum*.

Mas, tanto uma como outra (o ato formativo e a potência materiável) são positividades e não meros nadas. Se se distinguem formalmente, distinguem-se, também, na realização do ente determinado. São duas positividades, duas posições, duas teses, são téticas. Uma está ante a outra, *ob* à outra:

posição   *ob*   posição

são assim *opostas*.

A Díada, enquanto ela mesma, é a substância universal, pois é dela que são geradas todas as coisas. Na linguagem aristotélica, a matéria é a substância primeira (*ousia prote*) e a forma é a substância segunda (*ousia deutera*). Um ser finito é a composição dessas duas positividades. Pois essa é a tese pitagórica, com a distinção que a substância das coisas é uma só, a díada na coisa, mas formalmente distintas, isto é, o *logos* de cada uma é distinto da outra.

Desse modo, tudo quanto há finito é produto dessa *oposição*. E é essa razão porque se a substância é a primeira categoria pitagórica, é a oposição a segunda, porque é da conjunção das duas positividades ato-formativo e potência-materiável, que surge qualquer ser finito.

Não nos podemos furtar a uma análise sobre tema de tal relevância, como seja o de ato e potência. Em nossos livros *Filosofia e Cosmovisão* e *Ontologia e Cosmologia*, examinamos as diversas maneiras de considerar esse tema fundamental do aristotelismo, como também da escolástica e da própria filosofia.

Nesses trabalhos, que antecedem outros mais completos que pretendemos realizar, está delineada, em linhas gerais, a nossa posição. Ante os que afirmam a distinção real-real, ou real-física, entre ato e potência, nós nos colocamos do lado dos que negam esse diástema, que agravaria a crise entre os dois modos fundamentais do ser. Sabemos que os tomistas afirmam a distinção real-real, enquanto os escotistas afirmam apenas uma distinção formal. Os primeiros declaram fundar-se não só em Aristóteles, como em Tomás de Aquino. Quanto ao primeiro, não opomos a menor restrição, mas quanto ao segundo há dúvidas sérias de que se fosse o verdadeiro pensamento do aquinatense. Nas obras citadas, expusemos as razões fundamentais do escotismo contra a distinção real-real ou física.

Esta provocaria um afluxo desmedido de aporias e impediria a solução de outras, que surgem da colocação da tese criacionista.

Por sua vez, oferecem os tomistas também seus argumentos. É impossível, aqui, fazermos a análise e a crítica dessas posições, que, como já dissemos, será matéria de futuros trabalhos nossos. Contudo, queremos por ora chamar a atenção para um aspecto que é de magna importância do filosofar. A filosofia, embora tendendo a alcançar a maior objetividade e a isenção de tomadas de posição opinativas e valorizadoras, inegavelmente, ante o tema do ato e da potência, há a presença de um preconceito da *doxa*, que, a nosso ver, influiu profundamente em todo o processo filosófico do ocidente. Este preconceito, de origem aristotélica, consiste em desmerecer a potência em face do ato, e desvalorizá-la a ponto de despojar-lhe o próprio ser, transformando-a em nada. Esse preconceito, cujas raízes emergentes e predisponentes, permitir-nos-ia uma análise psicológica de grande extensão, deve ser denunciado, sob pena de a filosofia não poder alcançar novos lanços do seu caminho e resolver, consequentemente, muitas das aporias, que até então pareciam insolúveis. Se passarmos os olhos pelo pensamento hindu, egípcio e chinês, verificamos que, nesses povos, ato e potência estão colocados no mesmo pé de igualdade axiológica e ontológica.

Entre os gregos, Pitágoras, Sócrates e Platão valorizavam, igualmente, ato e potência. Veja-se a definição do *ser* dada no *Sofista*. O *ser* é, fundamentalmente, *potência* (poder). É *ser* toda potência determinativa, do mais alto ao mínimo grau, e é ser toda a potência determinável, do maior ao mínimo grau, em qualquer momento, por mínimo instante de tempo. Platão era um *potencialista*, seguindo, assim, a linha pitagórica.

A díada indeterminada, no pitagorismo, afirma a potência determinadora (ativa) e a potência de ser determinada (passiva). Nós, nos livros citados, defendemos a tese de que todo ser, por mínimo que seja, caracteriza-se pela *presença* e pela *eficacidade*. Todo ser é eficaz. O ato é a eficientização dessa eficacidade, e a potência é a eficacização da eficienticidade. A potência não é um não-ser, mas um modo vectorialmente inverso do que é, em ato. A potência é virtual e fundada na eficacidade. Em *Filosofia Concreta* mostramos que fazer é ser feito, porque, quando se faz alguma coisa, alguma coisa é feita. A ação determinadora exige uma correspondência determinável, pois, se não existisse essa correspondência, a ação determinadora se aniquilaria, porque atuaria sobre o nada e atuar sobre o nada, é nada atuar. A idéia de determinação implica a determinabilidade. Assim, à potência infinita de determinação tem de corresponder a potência infinita da determinabilidade. Esse pensamento, que já expusemos e que pretendemos justificar de modo exaustivo e apodítico em obra especial, corresponde, adequadamente, ao pensamento franciscano. A valorização, que o mesmo fez da matéria, da potência, em suma, levou muitos de seus adversários a acusarem, sem fundamentos sérios, São Francisco de ser panteísta, e toda a escola franciscana, na filosofia, de realizar obra panteísta, portanto, herético, ante a Igreja. Não precisamos defender os franciscanos dessa acusação, porque eles já se defenderam com brilhantismo e mostraram com suficiente habilidade que seus adversários podiam merecer a pecha de panteístas com mais razão do que eles.

Este comentário que acabamos de tecer, pretende apenas mostrar que a nossa interpretação do pitagorismo está apoditicamente bem fundada e que esse é o pensamento, também, de Platão e Sócrates, o qual perdura ainda no pensamento ocidental e representa uma vitória sobre um dos momentos preconceituais que, a nosso ver, foi dos mais perniciosos para a filosofia.

Não é de admirar que o aristotelismo, apesar da sua grandeza, da sua pujança, tenha criado preconceitos, pois sabemos que, psicologicamente, Aristóteles, como revela sua obra, foi sempre um homem movido por preconceitos, por tomadas de posição prévias, que desfiguravam ante seus próprios olhos, a obra dos outros autores. Aristóteles, apesar da sua genialidade, falsificou, caricaturizou o pensamento alheio, como se vê quanto aos pitagóricos, quanto a Anaxágoras, a Empédocles, a Heráclito, e até ao seu próprio mestre, Platão.

A LEI DA OPOSIÇÃO

Vimos que tudo quanto é finito é produto dessa oposição. Estamos, pois, em face da *Lei da oposição*, cujo símbolo é o *dois*. Todas as coisas finitas são compostas de duas ordens de ser, no mínimo. E, na coordenação dos elementos que a compõem, formam eles díadas opositivas, que são expressas através de todos os pares de contrários, que constituem os polos, não só de todo o filosofar, como também de todas as mais primárias classificações e divisões humanas.

Da oposição entre o princípio *ativo*-passivo do determinante e do *passivo*-ativo do determinável surge toda a heterogeneidade dos seres finitos. A determinação, vimos, estabelece o limitado-ilimitado, pois todas as coisas são formalmente ilimitadas, mas materialmente limitadas. Podem todas as coisas ser visualizadas como uma unidade, como uma totalidade, e podem ser visualizadas como um feixe de oposições dos contrários, afirma o pitagorismo. Nenhum conhecimento é perfeito sobre alguma coisa que não a examine como uma totalidade (unidade) de aspectos opostos, classificáveis diadicamente.

Tudo quanto é criatura apresenta essa oposição, que rege todas as coisas. Duas leis foram, então, especificadas: a lei da unidade e a lei da oposição.

Mas, os opostos são imprescindíveis (os opostos do ato-formativo e da potência – materiável), pois nenhum ente finito deles se exclui, pois são eles os elementos fundamentais. Também a oposição fundamental, que se manifesta em todos os seres, é o *princípio* de todos os entes finitos. É por essa razão que a oposição é a segunda categoria dos pitagóricos. Mas os opostos estão frente a frente, um é referido ao outro, correlativos ambos no sentido pitagórico, porque o ato formativo é o ato formativo da potência-materiável, como a potência materiável é a potência materiável do ato formativo, ambos tendo sua base, seu *kipokeimenon*, em sentido grego, sua última subsistência na substância universal.

Da referência que se forma entre um e outro, desse *re-latum*, desse estar ante outro, necessariamente, desse referir-se a outro, *ad áliquid*, surge a *relação*, que constitue a lei de todas as coisas, a *lei da série*.

A Lei da Relação

Como os opostos são correlativos, imprescindíveis um ao outro, porque a potência materiável tem sempre uma forma, esta ou aquela, para ser, exige o ato-formativo, a determinação, pois o determinante só é tal quando há o determinável, pois como pode algo realizar a determinação sem algo que seja determinável para ser determinado?

A lei da relação é, pois, fundamental dos seres criados, pois estes não são sem a correlação entre os opostos. E é dessa correlação que surge algum ente finito, porque este tem uma forma e uma matéria, para usarmos as expressões aristotélicas.

Mas essa relação não é como as relações acidentais que o ente depois manterá com outros seres, aos quais se refere. Essa relação é principal, pois, sem ela, o ser não surge. É por essa razão que a relação é a terceira categoria pitagórica. E nenhum ser pode ser, devidamente, conhecido se não for considerado do ângulo da unidade, das oposições intrínsecas e das relações entre as oposições, que lhe dão origem e ser.

Nas relações, que se formam entre os opostos principais, surge o arithmós *in re*, pois a coisa surge da sua proporcionalidade intrínseca, da cooperação da forma e da matéria. A coisa finita, considerada como forma *in re*, imita a forma eidética, que é do poder do ser, pois tudo quanto há, houve ou haverá, repete, de certo modo, uma perfeição do ser. Por essa razão, as coisas criadas participam das perfeições das formas exemplares na ordem da eternidade, das formas eternas.

Nas relações, que se formam entre os opostos principais, surge o desequilíbrio e o equilíbrio, porque ao ser informada uma matéria, há graus de proporcionalidade que caracterizam o modo de ser específico da coisa quanto à sua perfeição específica. O equilíbrio e o desequilíbrio surgem como categorias pitagóricas, subordinadas à oposição, são por isso sub-categorias. Também o *Mega* e o *Micron* (o Grande e o Pequeno, de Platão) são sub-categorias da oposição, pois o grande refere-se à máxima determinação e à máxima determinabilidade, e o pequeno à mínima determinação e a mínima determinabilidade, pois os seres criados estão mais ou menos em relação à perfeição específica do *eidos* exemplar. É por essa razão que Platão falava no Grande e no Pequeno da Díada indeterminada, que é a díada menor, pois a grande díada é a do *Hen-Prote* e do *Hen-Deuteron*, do Segundo Um, que é o *Hen-Dyas aoristos*.

Nas relações, que se estabelecem entre os opostos, há uma interatuação entre eles, pois o ato-formativo, ao informar a potência materiável, e que tem o papel do demiurgo platônico, como vimos, ele é limitado pela matéria, pois só pode informar proporcionadamente à sua natureza de causa eficiente, mas também proporcionadamente à capacidade de determinabilidade da potência-materiável. Esta, por sua vez, sofre a ação daquele, mas exerce uma resistência àquele. Tal resistência é fácil de verificar, e, aqui serve como exemplo, quando tomamos a matéria já informada, como o barro que, como matéria do tijolo, exerce uma ação delimitante à forma que lhe procura imprimir a causa eficiente.

Há, assim, uma interactuação entre ambos, o que levou os chineses a conceituar o *Yang*, como *ativo*-passivo, e o *Yin* como *passivo*-ativo. Dessa interactuação, surge a quarta grande lei pitagórica – *a lei da reciprocidade*.

A LEI DA RECIPROCIDADE

Em todos os entes, considerados em sua oposição intrínseca e extrínseca, nas relações que se formam entre os opostos, há uma interatuação, uma reciprocidade interatuativa.

Estamos aqui no mundo das coisas que compõem o nosso cosmos, que é chamado por muitas doutrinas a esfera do quaternário, cujo símbolo é o *quatro*.

Se todas as coisas podem ser vistas unitariamente, podem também o ser diadicamente, ternariamente (como feixe de relações e também como tendo um começo, meio e fim, etc) e, quaternariamente, como resultado da interactuação dos opostos. Se a *lei da relação* é a que rege os seres como séries, a lei da reciprocidade rege a evolução primária e fundamental dos entes finitos. É também a lei da evolução fundamental para o pitagorismo. Pois esse interatuar dos opostos não surge apenas quando o ser principia, mas também no decorrer do processo de sua duração, de seu existir, pois, enquanto o ente *é*, nele há um *polemós*, uma luta constante entre os opostos, os quais se determinam mutuamente, de modo diverso, o que gera a heterogeneidade intrínseca do ser singular.

Mas, a reciprocidade, que se dá entre os opostos, realiza dentro de uma lei de proporcionalidade intrínseca do ser, pois seu atuar e seu sofrer são proporcionados à sua natureza. E eis aqui a quinta lei pitagórica, que rege todas as coisas – A *lei de proporcionalidade intrínseca ou lei da Forma Concreta*.

A LEI DA FORMA

Todas as coisas são determinadas como tais pela forma que tem. Esta, em conjunto com a sua matéria, é constitutiva da natureza da coisa. Uma coisa é a sua forma, mas existencialmente, onticamente, é o conjunto dos opostos principais.

Ela atua e sofre na proporção dessa natureza. A reciprocidade, que se dá entre os opostos, dá-se dentro de limites estabelecidos, que são a forma da coisa, a forma concreta, a forma *in re*, pois, do contrário, a coisa realizaria ou sofreria desproporcionadamente à sua natureza, o que é absurdo, como o mostramos em *Filosofia Concreta*. Uma coisa, para ser devidamente conhecida, exige que seja quinariamente considerada segundo a sua lei de proporcionalidade intrínseca, pois as suas possibilidades, bem como o seu atuar são proporcionais à forma concreta que ela *tem*.

Essas cinco leis, até aqui examinadas, regem contemporaneamente, todo ser; regem-no simultaneamente, porque qualquer ser finito, tem uma forma, tem uma reciprocidade, que surge das relações entre os opostos, que constituem os aspectos manifestáveis de sua última subsistência, do seu *hipokeimenon*. Assim, se a substância, é dada pela substância universal, que é criada pelo *Hen-Dyas aóristos*.

A forma é, assim, o *arithmós eidetikos in re* da coisa, que é simbolizada pelo 5, daí a estrela de cinco pontos ser o símbolo do Homem, porque este é capaz de captar as formas das coisas, embora intencionalmente, isto é, proporcionadamente à sua esquemática.

Conhecer um ser formalmente e a reciprocidade que decorre da interactuação dos opostos relacionados, que constituem a sua substância, é ter do mesmo uma visão quinaria e, portanto, mais ampla. Todo ser finito constitui uma unidade formada por sua totalidade, o *arithmós plethos*, número da sua totalidade. Esta tem uma coesão, que coerencia as suas partes, os elementos constitutivos, diadicamente opostos. Como totalidade, há uma função principal, a que pertence ao todo, à qual se subordinam as subsidiárias dos opostos, que se analogam na substância universal, que é o *hipokeimenon* do ser. As funções subsidiárias subordinam-se à principal, que é obediente ao interesse da totalidade. Quando o funcionar de todas as partes, com as respectivas subsidiárias, subordinam-se à normal dada pela totalidade, temos então, a *harmonia* no ser.

A Lei da Harmonia

A sexta lei, simbolizada pelo hexagrama, é a *lei da Harmonia*, cujo enunciado tivemos oportunidade de dar acima. Não é o resultado de uma simetria dos opostos, mas a subordinação das funções subsidiárias dos opostos analogados à normal dada pela função principal, que é do interesse da totalidade.

Não só os entes formam conjuntos harmônicos nesse sentido, como são eles, por seu turno, elementos componentes de totalidades, de estruturas maiores, às quais eles se subordinam. A lei da harmonia impera, assim, em todas as coisas, e quando uma coisa rompe essa lei, tal rompimento é apenas aparente, porque, propriamente, rompe a harmonia de um conjunto, para integrar-se na harmonia de outro. Mas a lei da harmonia, que rege o universo, proclama que as funções subsidiárias dos elementos componentes, ordenados no conjunto das oposições, funcionam obedientes a uma normal, que é dada pela totalidade. Mas, como entre as coisas finitas há graus de ser, há graus de harmonia e a desarmonia se dá quando há quebra ou deficiência da normal principal, pela ação contrária das funções subsidiárias. A harmonia implica, assim, a desarmonia entre os entes, pois estes não permanecem sempre dentro da mesma totalidade, mas passam a integrar outras. Há, assim, mutações substanciais, mutações das formas das coisas, bem como da matéria delas, provocando saltos específicos, qualitativos. É a lei do *sete* – A *Lei da Evolução Cósmica*.

A Lei da Evolução Cósmica

Os entes finitos não permanecem sempre dentro de uma normal, pois são constantemente, segundo graus, transmudados de uma ordem para outra, de um conjunto para outro, de uma tensão esquemática para outra. Assim, há um fadário que corresponde às possibilidades latentes não atualizadas, quando de um aspecto formal, e que são disposições prévias a futuras informações. O que um ser é, atualmente, em sua forma, não é tudo quanto ele o é em sua virtualidade. Este conjunto de sais minerais, que se torna uma maçã, tudo quanto é, pois há, em seu ser, disposições prévias para ser outras formas, que não a da maçã. Cumprida a sua função, esgotadas as suas possibilidades, que estão constituídas no seu processo, por dissolução intrínseca ou por fatores extrínsecos, torna-se outra coisa e volve para outra forma.

Assim, todas as coisas do mundo cósmico conhecem essas evoluções, que rompem o ajustamento e a ordenação anterior dos opostos (harmonia), para sofrerem saltos qualitativos e específicos. Na simbólica de todas as religiões, o sete é sempre símbolo dessa evolução, como vemos nos sete sacramentos, nos sete mistérios, nas sete cores, nas sete notas musicais, nos sete dias da semana, nos sete animais puros de Noé, nos seus sete filhos, etc.

Assim como há uma evolução elementar no quatro, na reciprocidade, há uma evolução superior no sete, que é a lei que acima acabamos de indicar. Deste modo, toda unidade é o produto de uma polarização de opostos, que em seus relacionamentos se interatuam, realizando uma forma, que dá a normal para as funções subsidiárias dos elementos componentes, que tendem a novas formas, que evolvem.

A Lei da Evolução Superior

Mas as evoluções tendem a uma evolução superior, que é a oitava lei: *A Lei da Evolução Superior*, que é o alcançar de um novo equilíbrio acima do anteriormente vivido. Essa lei é simbolizada, nas religiões, pela ressurreição, porque é a salvação do ser ao ciclo da evolução e o alcançar do estágio superior, pois todas as coisas tendem para um bem que está além delas, o bem superior do Ser Supremo. Todas estão integradas no grande Todo (*Pan*). Tudo está integrado no Todo, pois não há rupturas no ser. É a grande lei unitiva de todos os seres cósmicos – *A Lei da Integração Universal*, simbolizada pelo *nove*.

A Lei da Integração Universal

Mas todas coisas, integradas no Todo, seguem em direção ao Bem que lhes é transcendente, a Unidade Transcendental à Ordem Cósmica, ao Todo, que é a do Ser Supremo, que é a lei suprema do Universo – *A Lei da Unidade Transcendental*.

É a lei da participação, porque todas as coisas que são, e no que são, o são por participarem do infinito poder daquele que é a suprema e primeira origem de todas as coisas, o HEN-PROTE, a cujo poder todas as coisas estão como numa prisão, na linguagem metafórica do pitagorismo e que é a Lei das Leis.

CAPÍTULO XVII

A ESCADA DE JACÓ

"Tudo o que a natureza arranjou sistematicamente no Universo parece, em suas partes, como no conjunto, ter sido determinado e posto de acordo com o Número, pela providência e pelo pensamento daquele que criou todas as coisas; pois o modelo foi fixado como um esboço preliminar, pelo domínio do número pré-existente no espírito do Deus criador do mundo, número-forma, puramente imaterial sob todos os aspectos, mas, ao mesmo tempo, a verdadeira e eterna essência, de modo que, de acordo com o número, como segundo um plano artístico, foram criadas todas as coisas, como o Tempo, o movimento, os céus, os astros e todos os ciclos de todas as coisas."

(NICÔMACO DE GERASA)

Conta-nos a Bíblia no livro do Gênesis (28, v. 12ª13):

"E sonhou: e eis uma escada, cuja base estava na terra, cujo topo tocava nos céus; e eis que os anjos de Deus subiam e desciam por ela.
E eis que o Senhor estava no alto, e disse:
– Eu *sou* o Senhor..."

E este foi o sonho de Jacó.
É essa escada o símbolo da busca afanosa da verdade pelo homem. Essa escada é a Filosofia.
Uns estão na terra, preparando-se para subir os seus degraus. Outros, já ascenderam a alguns, enquanto outros, mais distantes, aproximam-se do topo. Lá, no alto, perdendo-se quase entre nuvens, são poucos os olhos que, de baixo, podem vê-la. Só aqueles que ascenderam alguns degraus são capazes de conseguí-lo.

Na base, começa o caminho dos que partem da experiência sensível. É dali que partem os empiristas, mas alguns permanecem, como os materialistas, sensualistas... Nem todos são capazes de ascender os degraus.

Nesses degraus está Aristóteles, que sobe a escada, partindo da empírica. Ele quer alcançar o topo. Mais longe, muito mais longe do que ele, está Platão, olhando para a terra.

Aristóteles quer explicar o mais alto, partindo do mais baixo; Platão explica o mais baixo, descendo do mais alto. Mas o caminho é o mesmo: a escada. Apenas são outros os vetores.

Lá, quase no topo da Escada, está Pitágoras. Ele não desce. Seus olhos volvem-se para o mais alto. Ele busca o topo luminoso, que seus olhos ofuscados levemente delineiam.

Não parte do empírico, nem desce a escada. Sua doutrina é clara quando se pode vê-la com olhos cheios de compreensão.

No topo, está a *Mathesis Megisthe*, a suprema Verdade. Aquele caminho é o da filosofia e o afanar-se em subí-la é o esforço do filósofo, esse amante do supremo saber, que vence as indecisões e os desfalecimentos, e procura erguer-se até o alto. Quanto mais sobe, mais difícil é a conquista dos novos degraus. Uma vida é talvez pouco, pois muitos ficam no caminho. Mas, para os mais arrojados, a ascensão não os desanima.

Este símbolo nos facilita a compreensão desses três gigantes da Antigüidade: Pitágoras, Platão e Aristóteles. São três marcos do caminho.

Platão desce para trazer aos homens os segredos do alto. Esse grande pitagórico, nem sempre bem entendido, deixou uma obra cheia de sugestões para futuras análises. E Aristóteles, apesar de suas convicções, ao subir a escada, aproximou-se cada vez mais do seu antigo mestre, muito mais do que imaginava. Foi grande, tão grande quanto os outros. E sua obra imperecível deve ser sempre considerada como um ponto de partida. Isto compreenderam, depois, um Tomás de Aquino e um Duns Scot. Seguiram suas pegadas, com os olhos voltados para Platão, e deste, para o alto.

E alcançaram, sem dúvida, os mais altos degraus.

CAPÍTULO XVIII

A MATEMÁTICA E O PITAGORISMO

"As coisas nada mais são que aparências do número."
(Do "HIEROS LOGOS", de Pitágoras).

O grande desenvolvimento que teve a matemática na ciência moderna, onde, sobretudo, na Física, se observam seus resultados extraordinários, permite a afirmação, que já é comum, de que a ciência moderna está sob o égide de Pitágoras.

Assim como a ciência medieval foi predominantemente aristotélica, e a pré-relativista, democrítea, a moderna é pitagórica.

Mas, na verdade, há certo exagero nessas classificações, sobretudo, quando, em vez de dar uma predominância, termina-se por considerar como sendo totalmente dominada pelos postulados de uma outra filosofia, ou de um ou outro modo de filosofar.

Demonstramos em *Aristóteles e as Mutações* que eram improcedentes as afirmativas de que a física moderna fosse predominantemente democríritca e afastada dos postulados aristotélicos, pois, como vimos nessa obra, a moderna teoria atômica é muito mais aristotélica que democrítea. No entanto, o de que se não poderá duvidar é que a ciência, em geral, tende mais para os postulados pitagóricos do que se julga, desde que tenha uma visão reta e real do pensamento do grande filósofo de Samos.

Pode-se afirmar que, na matemática moderna, observa-se o triunfo incontestável da abstração. A teoria dos grupos (conjuntos), decorrente da teoria das funções, é uma conquista da matemática moderna, que se aproxima do pensamento pitagórico, sobretudo, dos *arithmoi plethoi*, dos *arithmoi tónoi*, e, também, dos *arithmoi khymai*, que os iniciados de segundo grau em diante haviam conhecido, com realizações tão extraordinárias que assombram ao espírito moderno.

Não se pode negar que é Matila Ghyka um dos mais esclarecidos pitagóricos da atualidade. E, em seu livro, *Nombre d'Or*, no II vol., pág. 112 em diante, escreve estas palavras que não podemos nos furtar de reproduzir, glosando-as com os comentários que se fazem necessários: "Pela operação de nossos últimos símbolos matemáticos, destacamos uma imagem do mundo físico em que apenas a *estrutura* é considerada uma filosofia da Forma pura, Forma e Ritmo, ou ao menos periodicidade, pois, neste mundo dos fenômenos físicos (o quer outrora se chamava o mundo ou o "plano" material), veremos adiante que, seguindo as palavras de Nicômaco, o conhecimento não pode abarcar senão relações e estruturas; o Número, não a substância, eis aí a única, a eterna realidade."

É essa, inegavelmente, a tendência que se observa na ciência moderna. A teoria atômica reduz-se a uma expressão matemática. E, graças a ela, a Física conheceu um progresso que assombra ao próprio espírito humano.

"Já a paradoxal subtileza da teoria dos" "números transfinitos" de Cantor (base da teoria dos conjuntos) havia provocado sobressaltos e alguns matemáticos, e as controvérsias entre finitistas e infinitistas sobre a possibilidade lógica de um "infinito atual", de um infinito matemático realizável (no pensamento), não apenas limite jamais atingido como o exasperante da álgebra clássica, Cantor desenvolve, manipula, numera, partilha em cortejos infinitos "realizados" (conceptualmente) de diferentes ordens; não se recebe, de primeiro lance, a impressão de uma fantasia alucinada, mas, sim, de uma disciplina, que seria digna de tomar parte no Templo clássico da *Mathesis*. A audácia das concepções, essa simbólica em que o Alef hebraico do Zohar e do Taro torna-se a insígnia dos cardiais, e o Omega gnóstico, o dos ordinais transfinitos, fazem pensar na locubração cabalística, pirâmide sefirótica, torre da magia branca, Golém de Símbolos de crescimento terrível, de algum discípulo do Rabi Loew sobre as fraldas do Hradschim..."

Para os pitagóricos, é a década sagrada, elo de todas as coisas, de onde jorram os números e os ritmos...

O ritmo é, como ele nos mostra, e sua definição é inegavelmente a melhor que conhecemos, a *experiência do fluxo ordenado de um movimento*. No ritmo, há o tempo e há a intensidade. É a ligação do intensista ao extensista, do qualitativo ao quantitativo. O *arithmoi rythmoi* dos pitagóricos realizavam essa ligação, concrecionavam-se com os *arithmoi posotes*, os números quantitativos, que Aristóteles considerou como sendo, e apenas esses, os números pitagóricos.

A matemática moderna beira o qualitativo. Não é mais, e apenas uma realização abstratista de terceiro grau, mas também é concrecionadora, pois a relatividade moderna concreciona as coordenadas num conjunto, e o cálculo dos conjuntos já abrange a concreção. Não é a matemática moderna um grau mais elevado da abstração, mas sim uma atividade que, de abstratora ao extremo, torna-se por sua vez concrecionadora, pois liga, conexiona, reúne em conjuntos, em grupos, o que até então a análise havia separado. A matemática moderna, em sua crítica (no sentido que sempre damos a essa palavra), é mais sincrítica que diacrítica, e é nesse proceder que se marca, de modo evidente, um novo vetor que ela invade, cujos frutos ainda não amadureceram de todo.

Ele prossegue, ao referir-se a Cantor: "Mas essas criações desse inquietante mago do transfinito se haviam incorporado às nossas matemáticas e à lógica como faustosa armadura da teoria dos conjuntos, que um outro Cabalista, domador e encantador de símbolos, servindo-se como já o dissemos da teoria dos grupos nos levava, em três saltos transcendentais, de paradoxo em paradoxo, à síntese ultra-pitagórica enunciada acima do Universo físico em idéias-número". Quer referir-se a Einstein, esse pitagórico de nossos dias, que deu à ciência novos rumos, sem dúvida, sintetizando em sua obra monumental tanto das atuais conquistas da matemática e da física.

Ele prossegue: "Se a "matéria prima" foi finalmente encontrada, encontrou-se também que todos os corpos chamados materiais, chamados sólidos, incluindo também nossos corpos vivos, em realidade o são, devido ao imenso afastamento das moléculas que os constituem, à trama aparente, ao estado *gasoso* (os únicos corpos relativamente "solidos" conhecidos no Universo são três estrelas recentemente descobertas, da qual o "anão branco" ou "companheiro de Sírius", no qual a matéria é comprimida a uma densidade 60.000 vezes maior que a da água, tanto que uma tonelada dessa matéria poderia estar contida numa caixa de fósforos, e os núcleos de seus átomos, devem estar provavelmente bastante aproximados para suprimir, em grande parte, a zona das órbitas eletrônicas e os próprios elétrons planetários). Ademais, essas moléculas e os átomos, há quarenta anos ainda "insecáveis", são por nós agora conhecidos como pequenos sistemas "solares", zona quase vazias, nas quais, por sua vez, a distâncias, relativamente astronômicas em relação às suas dimensões, gravitam umas à volta das outras, últimas partículas de "substância" (não mais de matéria, pois elas perderam a única qualidade "material" desta: a massa constante), partículas de eletricidade pura, negativa ou positiva (elétrons ou prótons)."

Não se deve confundir o conceito de matéria para a filosofia, como o mostramos em *Filosofia Concreta*, com o que lhe atribui a Física, que ainda segue, sem dúvida, os preconceitos do século XIX, mesmo porque a massa não é a essência da matéria.

O que não há dúvida é que a física moderna afasta-se dos preconceitos do século XIX, do materialismo vulgar de então. A matéria passa a ser números puros para físicos como Heisenberg, em meras estruturas matemáticas, que reproduzem em grande parte a famosa frase de Pitágoras: "As coisas são apenas aparência dos números".

Podemos agora, reproduzir estas palavras de Ghyka, que tem tanta significação hoje: "E se acidentalmente o Conhecimento se ocupa também dos corpos, supósitos materiais das coisas incorpóreas, é, contudo, a estas que ela se ligará especialmente. Pois essas coisas imateriais, eternas, constituem a verdadeira realidade.

Mas o que está sujeito à formação e à destruição... (a matéria e os corpos), não é atualmente real por essência. Pode-se notar quanto essa concepção do Mundo se aparenta à que nos é dada pela Física Matemática Moderna, em que apenas valem a estrutura, o invariante."

Já no Renascimento, Leonardo da Vinci dizia que "não há certeza ali onde não se pode aplicar nenhuma das ciências matemáticas, nem em nenhuma daquelas fundadas sobre as matemáticas". E se tomarmos o conceito de matemática no genuíno sentido pitagórico, e não na concepção *strictu sensu* que predominou e ainda predomina em nossos dias, podemos compreender quão verdadeira é a afirmativa de da Vinci.

A *nossa* matemática, a que o homem construiu, repete proporcionadamente à intencionalidade humana, a interpretação matemática que o homem é capaz de construir da grande matemática do universo, do grande conteúdo da *Mathesis Megisthe (mathema, mathematos, mathemática)*. A nossa linguagem matemática expressa algo da que presidiu à grande realização da criação. É por isso que Sir James Jeans, em nossos dias, não vacila em dizer: "O Grande Arquiteto do Universo parece-nos agora ser um puro matemático".

* * *

Comentando as contribuições gregas à nossa cultura, Matila Ghyka reconhece que há duas importantes, uma de origem egípcia, representada pelo pensamento de Pitágoras e pelas influências que aqueles exerceram, como sejam o caráter quase sagrado da geometria, a perfeição da forma, a importância do segredo, o valor mágico do Verbo, o valor mágico do sinal, depois dos símbolos, do rio e do ritmo, etc., e outra contribuição, de origem hiperbórea, como o chamavam Heródoto e Heráclides, o Pôntico.

Do espírito grego, vieram até nós essas contribuições que são genuinamente pitagóricas:

Espírito de síntese e clareza na síntese;

realização, na obra de arte, da Beleza formal perfeita;

desenvolvimento e acabamento da Geometria como o modelo ideal de uma síntese fundada sobre axiomas e sobre o encadeamento de deduções lógicas inatacáveis (axiomática);

o estabelecimento da teoria dos "números", sendo todo o Universo "regido pelo" ou "arranjado" segundo os Números;

conceitos de proporção e de ritmo, derivados das duas disciplinas submencionadas (teorias das formas e teorias dos números e aplicadas à pesquisa da Beleza);

teoria da harmonia musical;

concepção harmônica do Cosmos.

Estas são as principais contribuições de Pitágoras à cultura grega e que estão presentes, como pontos altos, na nossa cultura.

Julgamos de todas a mais valiosa e a mais esquecida a axiomatização da filosofia. Há, na Filosofia, lugar para uma axiomática, como o há para a matemática. Essa axiomatização permitiria a metamatematização da filosofia no sentido eminente de Pitágoras. Foi o que realizamos em *Filosofia Concreta*, cuja obra, ao reunir as positividades que são apoditicamente demonstradas, permanece sob a égide do grande Mestre de Samos.

Sabemos que o pitagorismo foi rico em dar seiva a inúmeras seitas, que mais surgiram da deficiência dos discípulos do que da grandeza da obra do grande iniciado que foi Pitágoras. Assim, as seitas gnósticas, como a dos Ofitas, dos Essenianos, dos Carnitas, dos maniqueus, dos paulicianos, dos bogomils, albingenses, cabalistas, rosa-cruzes, as seitas maçonicas, todas, enfim, e longo seria enumerar as outras, beberam seus conhecimentos no pitagorismo e sua heterogeneidade decorre da maneira heterogênea de interpretar o pensamento do grande mestre.

Nossa posição desde logo se esclarece. Não pretendemos, nesta obra, julgar esta ou aquela seita mais certa ou menos certa, mais verdadeira ou não que outras. O que nos interessa, à semelhança do método de Cuvier, é usar das providências da nossa decadialética e da dialética concreta, que consideramos como meios mais hábeis para o exame de um pensamento e reconstruir a doutrina pitagórica, partindo de uns postulados, considerados como inequivocamente válidos. E, deles, através das decorrências ontologicamente rigorosas, à semelhança do que fizemos em *Filosofia Concreta*, restaurar o verdadeiro pensamento de Pitágoras. E, partindo desta restauração, cujo valor é dado por si mesma, pois ela valerá proporcionadamente ao valor das demonstrações que fazemos, porque, na Filosofia, a única autoridade é a demonstração, como dizia Tomás de Aquino, podemos, então, apreciar o valor das diversas posições, e saber qual delas pode considerar-se como herdeira legítima da filosofia do mestre de Samos.

É o que vamos empreender.

CAPÍTULO XIX

A FILOSOFIA DE PITÁGORAS

Síntese das Teses Fundamentais do Pitagorismo em Face do que Foi Examinado

Em face do que examinamos até agora, é possível estabelecer as teses fundamentais do pitagorismo, que nos servirão para a construção concreta da filosofia pitagórica, e, também, de ponto de partida para ulteriores análises e crítica dos principais trabalhos dos autores pitagóricos, tarefa que esperamos um dia realizar em obras especiais.

São as seguintes:

Deus é desconhecido aos homens, não sob todos aspectos. O *Theos agnóstos* não é, propriamente pitagórico. Contudo, a mente humana, por ser limitada, não capta plenamente a divindade, mas como todas as coisas finitas são compostas do limite-ilimite, o homem pode ultrapassar a si mesmo e inteligir de certo modo a divindade.

Todo conhecimento superior deve ser iniciático. A iniciação é exigível para evitar que os indignos percorram os caminhos do conhecimento, tomando rumos desviados (*vitium*), que possam servir mais para o mal que para o bem.

À proporção que o homem inicia seus passos na busca do desconhecido, alcança ele graus de iluminação, até aquele em que é capaz de ver as coisas com a luz divina do meio-dia (a iluminação por todos os lados).

Nos estados mais elevados, há sempre a presença de uma *Kharis*, pois somente realizamos aquilo para o qual temos apetite, um ímpeto que nos estimule a obtê-lo. Todo conhecimento, todo saber (*sophia*) implica um antecedente na emergência do homem.

Se Deus é desconhecido, não deve o homem renunciar à pesquisa, porque sendo o saber também adquirível pode ele aumentar seu conhecimento a graus que nem de leve suspeita.

O que ama o saber é o filósofo. O saber supremo, a suprema Instrução, é a *Mathesis*. A filosofia é o afanar-se do homem para alcançá-la. Há, assim, para o que não sabe, muitos caminhos possíveis. Essa via deve ele percorrer (*itere*), esse itinerário deve ele fazer, deve penetrar nesse *initium* (caminho). Daí, *initium*, início, e a sua ação, a iniciação.

A iniciação, é, pois, toda operação *gógica* (de *gogia*), ação de indicar, de guiar, daí pedagogia (conduzir os jovens), que indica o melhor caminho para alcançar a Suprema Instrução (*Mathesis*).

Deus é o Um Supremo e o Um Supremo é transcendente a todo ser finito.

Pode o homem desconhecer a natureza de Deus, mas todos os homens em todos os tempos, prestaram sua homenagem a esse Ser Supremo. Onde os homens divergem é a na compreensão da natureza de Deus, de onde surge a diversidade das religiões.

O Ser Supremo, Deus, é a Mônada Suprema. É também o Senhor e Pai, e Só, fonte do Um (a substância universal, o que dá sustentáculo e engendra todas as coisas, o que corresponde à criação).

É partindo do Um, que se compreende a Díada primeira e a Díada segunda, e o *três*, porque é, neste, e graças a este, que as coisas surgem. "O número três reina em todo o Universo e a Mônada é o seu princípio", diz um oráculo de Zoroastro. Convém não esquecer que as coisas finitas só surgem da relação e esta é três. Sem a díada indeterminada (da atualidade e da virtualidade), não haveria a oposição e sem esta, não haveria a fonte da relação. E sem a relação não haveria os entes finitos determinados.

O Um Supremo e infinito escapa ao nosso conhecimento; não, porém, o Um, substância universal.

O primeiro Um é simplesmente Um, o Ser Supremo.

O segundo Um é Um-múltiplo, pois dele surge a Díada segunda, pois a primeira é formada pelo primeiro Um e pelo segundo Um.

Entre ambos se forma a trindade suprema. Mas esta tese só poderá ser proposta posteriormente, por exigir outras providências para alcançá-la e outras provas para afirmá-la.

A segunda Díada, a díada indeterminada, surge desse segundo Um. Este atua e seu atuar implica o atuado. O seu atuar é ilimitado, consequentemente, é ilimitada a atualidade, o que corresponde ao que, no aristotelismo, é *ato e potência*. O ato pode informar (dar forma) a tudo quanto é possível de ser informado e a potência pode ser informada, correspondentemente, a tudo quanto é possível de ser informado. Ambos são, assim, indeterminados, ou seja, não encontram términos, nem limites, um no atuar, outro no sofrer. É por isso que surge como díada indeterminada ou ilimitada para outros. Em grego, como vimos é *Dyas aóristos* (*óristos* o que não tem limites, do alfa privativo e de *horizo*, limitar, de *hóros*, limite). O determinante não tem limites de ser determinado. Daí, o *Mego* (o Grande) e o *Micron* (o Pequeno) de Platão, o que pode aumentar e diminuir.

O determinante (ato no sentido aristotélico) é *gnostón*, é cognoscível enquanto a potência, a determinabilidade, é *agnóston*, porque, por encerrar ela em si as contradições, enquanto possíveis, não pode ser conhecida. A um princípio chamam de masculino, ao outro feminino.

A determinabilidade máxima e a mínima implicam a determinação máxima e a mínima. E como o determinante só o é na proporção do determinável, há um Grande (determinante-determinabilidade) e o Pequeno (determinante-determinabilidade). O Um, que é a substância universal, é assim a fonte da Díada, que por ele é criada.

Os números, que estão contidos no Ser Supremo, no Supremo Um, são formas eternas. O número, que surge nas coisas determinadas da díada, são os números nas coisas. Estes podem surgir da adição; não aqueles, que são ab-eternamente dados, como pensamentos do Ser Supremo. Esta distinção não a compreendeu Aristóteles.

O número, nas coisas finitas, afirma sempre um esquema da participação, porque é, na proporcionalidade dessa participação, que as coisas são o que elas são, como essência, e o que são, como existência.

Os primeiros *arithmoi* não são criados.

Os segundos *aritmoi* surgem ab-eternamente na criação.

O número não é um conjunto unificado, mas uma unidade simples. O esquema, que ele revela, é uma unidade simples. Como o possível é infinitamente possível, pois há uma potência passiva infinita, como há uma potência ativa infinita (porque a determinabilidade é ilimitadamente determinável e a determinação é ilimitadamente determinada), os números são infinitamente possíveis.

Se o dois é ontologicamente posterior ao um, não o é cronologicamente.

Os números já estão contidos, desde toda eternidade, no poder infinito do Ser, da Mônada, de onde fluem.

O número, que constitui o esquema revelado na coerência da estrutura de uma coisa finita, é o *arithmós plethos*. O um, como *arithmós plethos*, participa do Um, pois toda unidade, enquanto tal, é unívoca em seu último *logos*. O logos do um é o *indivisum in se*, é o que em si não se indiferencia, é o que é em si apenas si mesmo. O Um supremo o é absolutamente; o um finito, o *plethos*, o é relativamente. Mas, enquanto *indivisum in se*, ambos se univocam. O que os distingue é o *se* de cada um, pois um é constituído de partes finitas, enquanto o outro é absolutamente simples. O que distingue um do outro é a sua essência e a sua existência, enquanto consideradas subjetivamente. Por isso um, que é o *plethos*, imita o Um Supremo, mas imita proporcionadamente à sua natureza de imitante.

A díada indeterminada é de origem uma, mas é indeterminadamente duas. A Díada indeterminada é o Um-múltiplo, de Platão.

Há o *Hen* (um) e o *Hen-Dyas*. O primeiro *Hen* é transcendental às coisas finitas. Estas decorrem do segundo Um, que lhes dá surgimento. São por estes criadas. Na Trindade cristã há o Pai, que é Ser Supremo, e há o Filho, que é gerado por aquele. O Filho é o Ser Supremo, que realiza a procissão *ad extra* da criação. O Espírito Santo é o que unifica a ambos. São, assim, três papéis representados por uma mesma substância: o Ser como Forma (Pai, o Ser como *operatio* [Filho]), e o infinito poder unitivo que os identifica, que é simbolizado pelo amor (o Espírito Santo). Para Pitágoras o *Hen* supremo é o Pai (nome que se vê surgir entre alguns pitagóricos). Este gera o segundo Um e este, a substância universal que, em seu atuar, é diádica, pois atuar implica o ser-atuado, pois fazer implica o ser feito, como amar e ser amado.

Esse segundo um é *Hen-Dyas* (o Um diádico, o um múltiplo), que gerará todas as coisas finitas, que são umas e são múltiplas. Essas coisas finitas constituem o Cosmos, que é Um-e-múltiplo.

Há, assim, o UM;
    o Um-Múltiplo; e
    o Um-e-múltiplo,
como o revelava Platão.

Na Díada, há os opostos: determinação-determinabilidade. Mas determinar implica *crisis*, porque não se determina indeterminadamente, mas determinadamente. E onde há determinação, há o que é da determinação, que exclui o que não é da determinação. Há, assim, uma crise, porque toda determinação tem um limite, e exclui o que vai além do limite, que é o até onde a determinação é ela mesma. Assim, determinar é realizar a *crisis*. E como determinar implica o ser determinado, e não haveria determinação sem o determinável, determinar inclui em seu atuar o determinável. Mas o que é determinado, o é dentro do limite estabelecido pela determinação, consequentemente, também revela a *crisis*.

A criação é, assim, *crisis*. E porque há o determinante no ato de determinar e há o determinável, que é determinado, o Um criador das coisas finitas é Um e Dois, é *Hen-Dyas*.

A *crisis* revela a oposição entre determinante e determinável. Dessa oposição, surge a relação, pois uma está *ob* à outra, posta *ob* à outra. A oposição é a segunda categoria pitagórica e a relação, a terceira. A qualidade e a quantidade surgem da determinação da determinabilidade. O limite determinativo é a qualidade e o que se inclui no campo do determinado, do resultado da determinação, é a quantidade.

Como entre o ser, que é determinado, há o determinante e o determinável, dessa oposição surge uma reciprocidade, pois o determinante atua sobre o determinável, proporcionadamente à sua capacidade de atuar e à capacidade de ser atuado do determinável. Há, sim, uma recíproca determinação entre ambos; há reciprocidade. Esta é a quarta categoria, porque, da oposição, surge a relação, e, desta, a reciprocidade. Esta é a evidenciação das categorias aristotélicas de ativo e passivo; e delas decorrem as sub-categorias de equilíbrio e desequilíbrio, como da determinação-determinabilidade as categorias do Limitado e do Ilimitado, porque o determinante, ao determinar, limita, mas permanece ilimitadamente a capacidade de determinar, o mesmo se dá com o determinável.

A matéria é o aspecto passivo que surge do *Hen-Dyas aóristos*. É a determinabilidade sem limites, que pode ser tudo quanto pode ser finito sem contradições, todo ser dependente, que não contradiz formalmente as leis do Ser. Platão fala em uma *akosmestos hylê*, uma matéria cósmica, isto é, que ainda não recebeu a forma, o *ekmaggeion amorphon*, a massa ainda não modelada. Mas tais expressões são mais didáticas, pois querem referir-se, propriamente, à determinabilidade que, enquanto tal, é *akosmetos*, mas determinável, limitável, pela forma.

O Criador (*Poietén*) dá ordem ao caos, dá atualidade aos possíveis, ordena (*Kosmein*) o que ainda é *akosmetos hylê*, a determinabilidade possível. Assim, a humanidade, neste homem, limita-se no que ele é, mas a *humanitas*, nele, é ilimitada, porque não se inclui dentro dos seus limites pessoais. É assim, *in re*, a forma, limitada-ilimitada, como o são todas as coisas finitas.

Por isso, é que o pitagorismo afirma que todas as coisas compostas o são do limitado e do ilimitado.

E já vimos de onde vem o limite e o ilimitado, que atuam como duas causas cooperantes das coisas finitas.

O *Hen Prote* (O Um Primeiro) não é substância e não sofre acidentes. A substância universal é do *Hen* segundo, o *Hen-Dyas*. Mas esta substancialidade, aqui, é no sentido pitagórico e também platônico, como o era para Hermes, como sustentáculo de todas as coisas, inclusive da matéria, que é a aptidão da potência para receber formas determinadas. Deste modo, a substância universal não é a matéria, esta lhe é posterior. Propriamente, a matéria não é um ser separado, é apenas a determinabilidade, enquanto aptidão para receber formas corpóreas. A substância universal é o ser sendo eviternamente (o *eon* dos gnósticos), o primeiro da criação, mas que perdura eviternamente e de onde as coisas transeuntes e passageiras tem origem.

Deste modo, o *Hen Prote* é a superessência, o super-Ser, o que é transcendental aos entes. O *Hen-Dyas* é transcendental aos entes finitos, mas sustentáculo destes. É eviterno, como sustentáculo destes, e a sua presença é constante nestes, ultrapassando-os, mas dando-lhes o ser, e é eterno na *Dyada Prote*, como ser gerado pelo *Hen Prote* (Pai).

A matéria é dependente de uma causa, a Díada indeterminada, mas é inengendrada, no sentido de que não surgiu no tempo, pois é ela ab-aeterno, criada pela substância universal.

Tudo quanto tem ser, de qualquer espécie, é uma entidade.

O ser é sempre inteligível, mas proporcionadamente à inteligência que o capta.

Todo conhecimento é conhecimento de um ser. Se se conhece que há uma ausência, essa ausência é de um ser ou modo de ser. Conhecer que há a ausência de nada não é conhecer nada, mas conhecer o ser em plenitude.

O ser é, assim, o primeiro objeto do conhecimento.

O ser real é o ser objeto da *Mathesis*. O ser de razão é o ser que só tem existência no intelecto e não na realidade. O ser real, que existe em si, é eidético (como as formas) ou concreto, o que imita o modelo exemplar, que é a forma no *Hen Prote*.

O ser eidético (forma) tem uma unidade formal.

A distinção entre duas formas é formal, é real, não física, porém.

A distinção entre as formas (distinção qüididativa para os escolásticos) antecede o conhecimento intelectual. Essa distinção formal é real e se dá entre seres formalmente distintos.

Como o ser eidético (formal) não é físico, podem vários seres formais serem imitados por um ser (unidade) de existência cronotópica, sem que tal implique a ruptura da unidade existencial do ente finito.

O ser eidético (formal) tem uma unidade, mas esta não se determina na individualidade nem na universalidade, mas, pela imitação, a forma, na coisa, é determinável, individual e universalmente.

As determinações das formas *in re* em nada modificam a unidade da forma eidética, enquanto exemplar no *Hen Prote*.

A forma *in re*, quando tomada qüididativamente, é unívoca ao eidos, na ordem real do *en Prote*.

O ser, tomado qüididativamente, é unívoco em todos os entes, enquanto tomado apenas em seu *logos* de ser, indeterminadamente.

A atualização da forma *in re* é sempre *possível*, quando não é contraditória com as atualizações já realizadas. A forma *in re* não é a atualização individual ou universal da forma eidética, como exemplar no *Hen Prote*.

O individual é uma atualização da forma *in re*.

Todo ser atualizado pode ser causa de outros seres sempre proporcionadamente à sua qüididade. As causas são hierarquicamente ordenadas às qüididades.

Todo ser finito é afectível por outrem, pois recebe seu ser de outro. O Ser Primeiro (*en Prote*) não é efetível por outrem, pois, para o pitagorismo, o ser antecede a tudo e não o nada.

O Ser por si incausado e independente de outros é o *Hen Prote*. *Monas* suprema. É ele que, nas religiões, é chamado Deus.

O Ser Supremo (*Hen Prote*) é infinito, porque é independente, é sua própria razão de ser, é por si mesmo. E por ser absolutamente simples, sua essência é a sua existência. A infinitude dele é sua primeira e última atualidade.

Este pensamento platônico, retirando-se dele o que há de didático, esplende em sua pujança criacionista. Como a díada indeterminada é criada *ab-aeterno*, a matéria também o é, pois é do vetor feminino, passivo, da díada.

A concepção do *Hen-Dyas aóristos* pitagórico equivale, assim, à concepção do *Yang* e do *Yin* dos chineses, cuja interactuação realiza a harmonia *hú*. *Yang* é o ato determinante e *Yin*, a potência determinável, mas há, entre ambos, uma reciprocidade, porque o ato limitante dá forma à potência determinável, mas sempre é proporcionada a uma e a outra, porque a matéria disto, ao receber esta forma, pode ser, com a forma que tem, matéria de outro ser. Assim, o barro é matéria do tijolo, mas com a forma do tijolo é matéria da parede. A matéria já informada recebe a nova forma proporcionadamente à sua capacidade. Se a forma limita, dá limites e contornos à matéria (determinabilidade), esta dá limites à forma. Assim o ouro, por ser mais plástico, recebe melhor a forma da estátua do que o barro.

Matéria é o ilimitado sem limites, mas que se limita pela forma e termina por oferecer limites à forma. A forma *in re*, devido à limitação que oferece a matéria imita a forma pura, a forma eidética que pertence ao *Hen* supremo, mas imita-a deficientemente, porque aquela é ilimitada-limitada e perfeita e, na matéria, ela é limitada-ilimitada.

O *eidos* (a Forma) do *Hen* Supremo *(Hentautós,* o Um ele próprio, de Platão) é o Transcendente que gera o Um, que é o *Poietén,* o criador, o que cria a Díada indeterminada ativa e passiva. O primeiro Um é exterior ao múltiplo (*Hen parà tà pollà*), anterior e exterior. O segundo Um é o atuar do Um, pois ambos são um só, embora representando dois papéis, realizam a Díada, de onde começam os números e as criaturas. Estas imitam o que já está na omnipotência do *Hen Prote*, do Um primeiro.

A forma (o *eidos*, no *Hen*) é ilimitada, porque não tem contornos que a separam do ser, mas é limitada formalmente, porque é, formalmente, isto e não aquilo, por isso é ilimitada-limitada. A forma nas coisas *in re* é limitada, porque tem contornos que a separam, mas ilimitada, porque na coisa, sendo uma lei de proporcionalidade intrínseca da circunferência materialmente considerada, perfeita, é porque a matéria, que a constitui, não pode imitar perfeitamente a forma. Deste modo, não há a curva perfeita, nem a reta perfeita materialmente.

Por ser infinito e absolutamente simples, o Ser Supremo é eterno.

O que está no Infinito é infinito. As formas exemplares são, portanto, nele, infinitas. A distinção formal dos *eide*, nele, não implicam existências atuais separadas. Sua existência e a existência do Ser Infinito e nele elas se identificam. Por isso, a distinção que há entre elas só poderia ser a formal e não a física. Vale repetir esta tese escotista, que é profundamente pitagórica: "Os seres qüididativos chamam-se Idéias (Formas); a título de objeto de uma intelecção formalmente distinta, cada idéia divina (*eidos*) possui um ser qüididativo distinto, mas nenhuma delas tem uma existência distinta e própria; todas juntas existem pela existência simples do Infinito atualmente existente."

O segundo Um, gerado pelo Ser Divino e primeiro, é o seu agir *ad-extra*, causa de tudo quanto é contingente. A ação *ad-extra* é a criação. Esse poder é a omnipotência do Ser Primeiro, que pode criar todas as coisas possíveis, imediatamente, sem necessidade de uma outra causa cooperadora. Como a criação implica a infinitude, só o Ser Supremo cria.

O *Hen-Dyas*, é o Ser Supremo na sua ação criadora, que gera a díada indeterminada, de onde fluem todos os seres finitos (criados), daqueles dependentes.

Todas as coisas estão modeladas pelo número que copiam os *arithmoi arkhai*.

Os números surgem da Díada indeterminada, mas estes compilam as formas exemplares do *Hen Prote*.

Há os números (*arithmoi*) eternos e imutáveis (*eidetikôs*), e os números das coisas físicas (os números sensíveis).

A *primeira tetractys* é a formada da Trindade e da Suprema Unidade do três.

A década Pura (*a segunda tetractys*) são as leis (dez), que regem toda criação.

A Década Pura é a Tétrada sagrada, porque emana do Ser Supremo.

É a Década Sagrada a mãe de todas as coisas finitas.

A Mãe Sagrada é a Criação, não o ato de criar, mas o que dele resulta.

Não há nenhum ente fora do Ser.

A essência do Ser Supremo é inviolável aos olhos humanos e ao conhecer humano, que pode captá-la intencionalmente, ou seja, proporcionadamente às possibilidades esquemáticas do homem.

O conhecimento humano das coisas é *totum et non totaliter*; capta as coisas como unidades, mas não as capta exaustivamente, porque a inteligência humana é limitada-ilimitada.

Todo ser existente é unitariamente dúplice. Tem a unidade formal e a unidade existencial. Como ser existencial contém a coexistência simultânea de todas as entidades qüididativas distintas, que constituem a sua estrutura. Todo ser existente, cronotopicamente, é um *arithmós plethos*, e também um *arithmós tonós*.

O Cosmos, como oposição ao Caos, significa a atualização ordenada dos possíveis, que, no Caos, estão contidos em suas possibilidades contraditórias.

Criado um possível, os que se seguem não podem contradizê-lo, porque tal contradiria a lei do ser, pois viria do nada, e o nada seria, então, criador, o que é absurdo.

A criação *ex-nihilo* dos cristãos só pode ser entendida pitagoricamente como a ordenação dos possíveis à atualidade, que, antes de serem tais, eram nada atualmente considerado, e não que o nada fosse criador ou a criatura fosse feita *de* nada, o que aliás é congruente com o pensamento criacionista cristão.

A substância universal conserva-se sempre ela mesma, pois as coisas que surgem e desaparecem nem a aumentam nem a diminuem, porque um aumento só poderia vir do nada e uma diminuição, sendo diminuição de ser, seria nada, o que é absurdo, como ainda se verá.

Cremos haver reunido nessas teses o que há de mais seguro e genuinamente pitagórico, em face do que atravessou os séculos, como sendo fundamental da concepção de Pitágoras de Samos.

Essa construção nos permite agora comparar a filosofia pitagórica com os fundamentos da Filosofia Concreta, que é a nossa, e dessa comparação, poderemos evidenciar o que há de seguro e apodítico em suas teses, bem como demonstrar, de modo também apodítico, que esse pensamento tem sido desvirtuado, desfigurado e falsificado através dos tempos, com graves prejuízos para o progresso filosófico.

Estabelecidas essas premissas, o caminho daqui por diante se tornará mais fácil, pois nos permitirá estabelecer, não somente o que é, como também o que não é genuinamente pitagórico, embora se tenha vestido das roupagens, das palavras e das teses fundamentais, mas para falsear a verdadeira doutrina.

CAPÍTULO XX

CONSTRUÇÃO CONCRETA DO PENSAMENTO DE PITÁGORAS

Estabelecidas as teses fundamentais do pensamento pitagórico, torna-se agora fácil compará-las às teses da Filosofia Concreta, por nós expostas no livro de igual nome e que, para nós, servem de critério para julgamento das positividades de qualquer pensamento filosófico e da sua pujança.

Se compararmos o que ficou estabelecido como genuinamente pitagórico, em face dos elementos históricos que reunimos, podemos agora cotejar tais teses com os fundamentos da filosofia concreta, para nos permitir a construção concreta desse pensamento.

Para Pitágoras alguma coisa há, houve e sempre haverá. O nada absoluto é impossível e contraditório ao alguma coisa há. Não, porém, o nada relativo, a ausência de alguma positividade de ser.

O que há é ser. E alguma coisa há que é, que existe.

Alguma coisa que sempre houve, que sempre foi, que sempre existiu, ainda há, é, e existe.

A heterogeneidade das coisas fluentes é explicável perfeitamente pelos números (*arithmoi*) nos dois sentidos que já examinamos: os *arithmoi arkhai* (divinos) e os *arithmoi mathematikoi*, que estão nas coisas.

O ser, para Pitágoras, é a presença, a positividade, tudo quanto ao qual algo positivo se pode predicar.

Há alguma coisa, portanto, que sempre foi. E esse Ser, que sempre foi, é plenitude de ser, plenitude absoluta, o qual é absoluto, independente, ingenerado, imprincipiado, sem limites; em suma, infinito no rigoroso conceito ontológico de infinitude. É o *Hen-Prote*, sem o qual, nada tem razão de ser e no qual tudo quanto é encontra a sua primeira razão de ser.

Não admite Pitágoras um meio termo entre ser e nada, pois toda a sua filosofia afirma o ser.

Admitindo o nada relativo, que é nada por referência a algo positivo, (pois o nada relativo é o nada isto ou aquilo, e não o nada nada, nada absoluto), a filosofia pitagórica não cai nos absurdos inevitáveis a que levava a concepção democrítea e a dos materialistas.

O ser tem prioridade à relação, e a afirmação, ontologicamente, procede à negação, de modo que o Ser do *Hen-Prote* antecede, de qualquer forma, a todo outro modo de ser.

O Ser absoluto, o *Hen-Prote*, é apenas Um, e que só pode ser Um é uma decorrência inevitável das teses pitagóricas já examinadas. Não há dois entes absolutos e primeiros, que fossem a fonte e origem de todas as coisas.

Se o *Hen-Prote* gera o *Hen-Dyas aóristos*, a correlação simbolizada por Pai e Filho, aliás expressões empregadas já pelos pitagóricos antes dos cristãos, são dois grandes papéis (pessoas) em um só, unidos por um infinito poder unitivo, que é dado pela identidade, e tem equivalência ao conceito cristão da trindade.

Se existissem dois seres absolutos, independentes e desligados um do outro, ambos seriam deficientes, e por ser o *Hen-Prote* o Ser Absoluto, repugna a admissão de outro ser infinito, ou de outro ser qualquer fora e independente dele. Essas teses estão, portanto, contidas no pitagorismo sobre cuja apoditicidade não se pode duvidar, depois do que fizemos em *Filosofia Concreta*.

Ao *Hen-Prote* não lhe falta coisa alguma para ser. É o ser que é simplesmente ser. E do mesmo modo que é impossível um nada absoluto total, é também impossível e absurdo um nada absoluto parcial, que cercasse o ser, como uma ilha de ser num oceano de nada.

É inegável a absoluta simplicidade do Hen-Prote, que é suficiente, proficiente e absoluto, imprincipiado, ingenerado e absolutamente o primeiro, cuja unidade é absolutamente simples.

A unicidade do *Hen-Prote* é absoluta.

Todas as teses dialéticas, por nós expostas em *Filosofia Concreta*, são absolutamente válidas para o pitagorismo, que em nada as contradiz.

O *Hen-Prote* é a causa primeira de todas as coisas, pois dele depende tudo quanto é, e por dependência real.

Nenhum ser pode ser mais que si mesmo, nem pode existir em si mesmo. Sendo o ser finito dependente, também o ser dependente é necessariamente finito. O ser que pode existir por sua própria força existiu sempre, e não foi causado. O *Hen-Prote* existiu sempre e não foi causado, e tem ele em si sua própria razão de ser, enquanto essa razão de ser não a tem o ser finito. Todas as perfeições já estão contidas em maior grau no *Hen-Prote*. E a sua presença é total, e todo poder vem dele, por isso é ele onipotente, porque o poder, que decorra da díada indeterminada, vem do Segundo Um, que é idêntico, em essência e existência ao *Hen-Prote*.

Nada pode acontecer que se realize fora do que já foi providenciado pelo *Hen-Prote*, pois todos os possíveis a ele pertencem e não ao nada.

Algo efetivo é absolutamente primeiro e anterior a todos os seres, e esse efetivo é o *Hen-Prote*. E como é necessária uma causa eficiente primeira, essa é ele.

É ele infinito, sem dúvida, pois do contrário seria composto, e seria número, o que não é. E é infinito "substancial" "formal" e "adverbialmente"; é ainda incausável. E por isso não é efetível, nem causável, nem finível, nem materiável, nem formável.

Todo seu atuar é absolutamente livre, já que não depende de qualquer outro. É indecomponível, porque é simplesmente simples. E por ser indecomponível é indestrutível. É, em suma, a imutabilidade absoluta. Só ele pode atingir uma perfeição absoluta, o que não podem os seres finitos. É ele atualíssimo, óptico, perfeitíssimo, e tudo quanto lhe é intrínseco o é no mais alto grau, pois é o ser intensistamente no grau máximo de ser.

Toda natureza dependente é triplicemente dependente. E é no três que surge o número das coisas cósmicas, expõe Pitágoras, porque se dão em série, a qual surge da relação dos opostos, de onde os seres finitos surgem.

O *Hen-Prote* é existente em ato. E enquanto todas as coisas tendem para um fim, e são movidas por outro, o *Hen-Prote* e o *Hen-Dyas*, enquanto *Hen*, movem-se por si mesmo. É o *Hen-Prote* ato puro, e sua potência é infinita. Não é ele corpóreo e é eterno.

Como toda operação implica um em que opera, o nada não pode ser meta de uma operação. Por essa razão, o *Hen-Dyas aóristos*, ao operar, realiza a operação diádica, realiza pela criação a *dyas aóristos*.

Tudo quanto contradiz ao ser não é possível, é só o que pode ser real é possível. Os números possíveis podem ser reais, pois podem encontrar o que os imite, proporcionadamente à sua natureza. Se os números (*arithmoi eidetikoi*), na ordem do *Hen-Prote*, não tivessem a possibilidade de ser imitados, seriam possíveis aos quais não corresponderia nenhuma outra realidade. Ora, como não podem eles ser contraditórios com o ser, são eles de possível imitação real. Enquanto *arithmoi* eidetikoi, na ordem do *Hen-Prote*, são eles infinitos e formalmente ilimitados.

Os possíveis exigem um ser necessário, apontam-no, pois não podem fundar-se no nada, e o critério da possibilidade é dado pela causa e pela razão intrínseca de ser. E a razão de ser dos seres finitos está no *en-Prote*, que é quem lhe dá o ser por intermédio do *Hen-Dyas*. O ser finito não pode depender do nada, pois deste não pode pender, e sim do Um Supremo.

Uma magnitude não pode ser infinita, por isso não pode haver uma quantidade infinita. É este um ponto de magna importância no pitagorismo.

O número quantitativo (*arithmós posótes*) é o que a matemática moderna considera um conjunto denominável finito. Toda grandeza é limitada, quer seja ela contínua (*megethos*), ou um conjunto (*plethos*), ou um *quantum (poson)*, etc.

Sendo a quantidade da categoria, não pode ser ela infinita, porque o conceito de infinitude não pode ser atribuído a ela (de *tribuere*, ser tributado, pois "não se dá em tributo" à quantidade, que é um ser dependente, o que é devido ao ser independente e primeiro).

Uma quantidade infinita, uma extensão infinita são absurdas, como o demonstramos em *Filosofia Concreta*. Para o pitagorismo, o número das coisas sensíveis nunca pode ser infinito, mas apenas potencialmente. Podemos considerar o número potencialmente infinito, pois sempre podemos acrescentar mais uma unidade, como podemos diminuí-lo sempre em algo, sem jamais alcançar o nada absoluto, nem, no outro vetor, alcançar a infinitude quantitativa. Essa possibilidade do número, que a matemática apresenta, vem comprovar a tese pitagórica da díada indeterminada no máximo e no mínimo, o que permite o cálculo infinitesimal sob todos os aspectos.

Em ato, portanto, a quantidade não é infinitamente grande nem pequena, mas apenas potencialmente. Ora, a potência é a determinabilidade ainda não determinada, é o determinável-indeterminado, o que vem comprovar a infinitude dos *arithmoi* na ordem do ser, como possíveis, não como ato realizado, mas apenas subsistentes no ato do Ser. A matemática prova, assim, a infinita potência do Ser, que pode tudo quanto pode ser, e que jamais há um ponto de encontro entre o ser e o nada, porque o pequeno, por ilimitadamente que se diminua, jamais alcança o nada. Tal afirmativa é, por sua vez, um caminho para afirmar que há apenas o Ser, e o nada é apenas o relativo, o privativo que Aristóteles depois compreendeu, e não tirou daí todas as conseqüências que eram possíveis, como muito bem advertiu Nicolau de Cusa, ao criticar não ter ele melhor estudado a *privação*. Entre *ato* e *potência*, o Estagirita colocou a privação. Todo ser finito é composto de ato e potência de forma e de matéria. Esta última nos diz *de que ele é feito*, e a forma o *pelo qual* é ele, o que ele é, mas também o é de privação, porque ao ser isto ou aquilo, determinadamente, não é o que não é ele, pois sendo o que é, não é o que não é. A determinação é sempre excludente. E se tem a posse do que é, que nele é ato, esta afirma a exclusão do que não é. E o que não é, também o limita e o caracteriza, como o que é limita-o, sendo até onde é o que é, o que aponta ao que não é, pois é sendo o que é e não sendo o que não é que afirma o que é. A privação é assim, o terceiro termo da sua composição.

Pitágoras dizia que o ternário é o fundamental das coisas finitas, que podiam ser visualizadas assim, e uma das maneiras ternárias de serem consideradas as coisas é vê-las como forma, matéria e privação (ato, potência e privação em suma, como posse e privação, pois a posse inclui o ato e a potência).O de que uma coisa finita é privada não é um nada absoluto, porque não ter nada absoluto não é não ter, mas sim um nada relativo, positivo por referência, cuja exclusão é positiva, pois num ser que não é verde, a ausência do verde é positiva, porque há o verde. Mas dizer que nele não se ausenta nada de nada, não é proclamar nenhuma ausência, mas apenas afirmar a presença do que nele é posse.

Por essa razão, sendo todo ser quantitativo um ser finito, e sendo ele posse e privação, o que lhe falta é algo que é positivo, e por essa razão nenhum ser finito, determinado e limitado, porque é da sua essência o ser tal, poderia ser quantitativamente infinito.

O ser finito é algo que é *per aliud*, por outrem, pois uma coisa finita é isto ou aquilo ao imitar a forma. Mas uma coisa, considerada ônticamente, tem uma proporcionalidade intrínseca, a sua forma singular, *in re*, pois é ela mesma o seu número, o seu *arithmós*, que corresponde à *heceidade* dos escotistas. A essência da sua singularidade inclui o *quid (forma)* imitada, mas inclui a proporcionalidade intrínseca das suas partes que imitam aquela. Assim, na heceidade, há a forma imitada e a presença ôntica do que proporcionadamente é o que é a coisa. Assim, neste homem, João, há a repetição, por imitação, da *humanitas*, mas há o que é João, a proporcionalidade intrínseca deste que o singulariza. Para os aristotélicos, o que singulariza os entes é a matéria, pois é a matéria que singulariza a forma. Para os escotistas, é a *heceidade*, o conjunto do formal e do material, que constitui um todo, que é esta (*haec*) singularidade. O pensamento escotista aproxima-se do pitagórico, pois a singularidade tem uma forma-ôntica, *in re*. Mas esta é invariante ao repetir, por *mimesis*, a forma eidética e variante, no que compõe o que neste homem é a sua matéria, a qual está ordenada numa lei de proporcionalidade intrínseca que, apesar das variâncias *arithmicas deste* ser, mantém-se sempre dentro da invariância da lei de proporcionalidade, que é a forma, como no caso dos triângulos, que podem ter os seus ângulos diferentes, sem que a triangularidade seja modificada. Se os lados do triângulo crescem ou diminuem, os ângulos podem modificar-se, mas mantêm-se sempre, formando a soma de dois ângulos retos, pois quando o ângulo A se reduz, aumenta o B, etc. Esse exemplo facilita a compreensão do pensamento pitagórico. Assim um ser, como o homem, embora conheça mutações nos *arithmoi* modificáveis, não deixa de ser homem, o que nele perdura é a *humanitas*, embora seja agora jovem, depois adulto, depois velho. As mutações dão-se no mutável e não no imutável. Mas há, ademais, a forma concreta deste homem (*hic*), deste que está aqui, João. As suas constantes transformações físicas não o destroem como João, e há, nele, o João que perdura, e há nele, a *humanitas* que perdura. Assim através das mutações *arithmicas*, há um *arithmós* imutável, o da sua singularidade (*heceidade*, para os escotistas) e o da sua forma eidética (*humanitas*).

A última, ele o tem por *mimesis*, a segunda (a heceidade, o *arithmós* da sua singularidade) é apenas dele. Ele apenas imita o possível de si mesmo, porque João, que está aqui e agora, era uma possibilidade singularizável na ordem do ser, pois, do contrário, teria vindo do nada, o que é absurdo.

João imita a si mesmo. A sua forma eidética singular é unicamente dele, porque só João pode imitá-la. Deste modo, entre as formas possíveis, há as generalizáveis, as que podem vários, em comum, imitar, e a que é singularizável na imitação, a que só este pode imitar, que é a unicidade. Todo ser singular, como *heceidade*, é único. É a unicidade, portanto, a última atualização de uma forma, mas a última e única, o que lhe dá um valor excepcional e ilimitado, porque só João é ilimitadamente João (*haec*). Só ele é, em plenitude, ele mesmo, através das mutações que conhece.

E assim como os números são potencialmente infinitos, os seres únicos são potencialmente finitos, e assim como nunca poderiam acabar as possibilidades numéricas, nunca podem acabar as possibilidades de atualização de singularidades.

O pitagorismo consegue, deste modo, graças às suas providências e bases, unir o pensamento matemático ao pensamento ontológico e ao teológico, com um rigor que espanta sempre aqueles que se dedicam a estudá-lo em suas verdadeiras raízes.

Num ser singularizado, a sua existência é a sua onticidade, mas, também, a sua essência singular é a sua onticidade. Nele, de certo modo, essência e existência se identificam, porque João é essencialmente o que João é existencialmente. É na unicidade portanto, que todos os seres participam da perfeição da unicidade divina, porque toda heceidade é ilimitadamente ela mesma, e apenas ela.

Em João, a sua essência existe. Se ele repete (imita) existencialmente a forma humana, ele é a sua própria essência de João. Olhado por este ângulo, essência e existência apenas se distinguem formalmente, e não fisicamente.

A polêmica em torno da distinção real-física da essência e da existência surge, para o pitagorismo, apenas por um má colocação do problema. Se considerarmos a essência existencializada, que é a heceidade, a unicidade de um ser, essência e existência onticamente se identificam, mas se consideramos a essência existencializada, que é a heceidade, a unicidade de um ser, essência e existência se identificam, mas se consideramos a essência especificamente, elas se distinguem real-fisicamente, enquanto aquela apenas formalmente se distingue (que é a tese de Scot e Suarez, enquanto a primeira afirmativa é tese dos tomistas).

Rege assim, nos seres finitos, uma lei do limite, porque especificamente um ser não pode alcançar o infinito, porque será sempre o que é, e não será o que não é, que é positivo. Nenhum ser poderá ser mais do que é, pois se o ser infinito pudesse ser mais do que é, não seria infinito, e o ser finito não o pode ser pelas razões já apontadas.

Um ser finito compõe-se do que é e do não ser relativo que não é, pois dele se ausenta alguma perfeição, que é ser, pois, do contrário, não seria finito.

Decorre, pois, como conseqüência, que para um ser devir é mister que, primeira e antecedentemente seja. Essa antecedência é ontológica, pois o devir implica o ser, porque o nada não devem.

E só pode haver devir no ser finito.

O *arithmós plethos*, o número de conjunto, só pode dar-se nas totalidades formadas de partes, o que leva consequentemente a compreender que o ser infinito (o *Hen*) não tem um número de conjunto, um *arithmós plethos*, porque não é uma totalidade.

O número, quantitativamente considerado, é sempre finito. Não sendo o *Hen* (Ser Infinito) uma totalidade, ele transcende aos seres finitos, e, consequentemente, não é ele o Todo (*Pan*), o que decorre das provas dadas em *Filosofia Concreta*, embora qualquer totalidade, considerada como tal, seja, de certo modo, transcendente às suas partes. A transcendência do ser absoluto e infinito do *Hen-Prote é absoluta*.

CAPÍTULO XXI

A CRIAÇÃO PARA PITÁGORAS

Fundamentando-nos nas teses pitagóricas e na construção concreta, que ora vimos fazendo da sua filosofia, explica-se de modo claro o pensamento criacionista de Pitágoras. Sabemos que essa nossa afirmação provocaria a repulsa de alguns, que seguem a linha escolástica, que negam tenha surgido antes do cristianismo entre os gregos, uma noção clara da criação. Sabemos, ademais, que Tomás de Aquino esforçou-se de certo modo em provar que Aristóteles tivera um pensamento criacionista, mas que não deu o relevo que o mesmo merecia. Em parte, é possível compreender-se esse desinteresse em delineá-lo em termos nítidos por parte do Estagirita, porque a tese criacionista era aversa à concepção dominante na Grécia, e ameaçava infringir certas normas dos pensamentos religiosos. Ora, todos sabemos que na Grécia sempre houve certa desconfiança para com os filósofos, muitas vezes perseguidos encarniçadamente, como nos mostram os exemplos de Empédocles, de Anaxágoras, de Anaximandro, de Sócrates, de Platão e do próprio Aristóteles, para não citarmos as grandes perseguições sofridas pelos pitagóricos, uma das mais intensas e extensas, e de tal sorte que, depois da dissolução da escola de Crótona e da destruição do instituto de Metaponto, a seita dos acusmáticos conheceu perseguições sérias, sendo acusada de pitagórica, palavra proibida e perseguida pelo policialismo da época.

O *Hen-Prote* gera o *Hen-Dyas*, e este é o criador. A criação cabe, assim, ao Filho no pitagorismo. A díada segunda, *dyas-aóristos*, a díada indeterminada, ao determinar-se, realiza as coisas finitas, porque ela é potencialmente infinita, potencialmente determinante-determinável, pois há uma potência infinita de determinar ao lado da potência infinita da determinabilidade. O atuar do *Hen* realiza, duplicemente, o ato e a potência no sentido aristotélico, ou o ato-formável e a potência-materiável do pitagorismo. A ação realiza-se assim no atuado, porque onde há ação há o atuado, pois uma ação sem atuado é uma ação suspensa no nada, o que é absurdo. A ação é, assim, inerente ao atuado e não ao *Hen*. Pitágoras, como se vê implicitamente no seu pensamento coloca-se ante a ação, visualizando-a como uma modal da coisa atuada. Desse modo, todas as teses suarezistas, quanto à teoria modalista, são perfeitamente congruentes com o pensamento pitagórico. A distinção entre o modo e a coisa é apenas modal, porque o modo é absolutamente inerente à coisa modificada, e essa modal do atuado é a ação, que é proporcional a este. Para que um ser seja atuado, tem ele de ser necessariamente dependente e finito. A ação é, assim, sempre finita pois é ela uma determinação de um determinável, é inerente ao determinável, portanto finita. Uma ação infinita em ato é, portanto, absurda, e por essa razão, a criação não pode ser infinita em ato, mas apenas em potência.

Ora, os seres finitos são um produto do operar do *Hen-Dyas*, mas esse operar parte do nada, pois o ser finito, antes de ser, é nada de ser. Ele não parte do nada, como se o antecedente da criação fosse o nada, nem é um produto do nada, como se o nada pudesse compor alguma coisa. O *Hen-Prote* e o *Hen Dyas* antecedem à criação.

O operar do Ser Supremo é dúplice, pois há intrinsecamente a geração do *Hen-Dyas* e, extrinsecamente, a criação. Como o que resulta é o ser finito, este sempre menor que o Ser Supremo, mas não há um abismo intransponível entre ambos, pois do contrário cairíamos no dualismo. O ser finito criado (criatura) assemelha-se ao ser infinito. Não pode um efeito ser infinito, pois todo efeito é o *effectum*, o *e-feito*, o que é feito, dependentemente do outro, o que corrobora a tese da não infinitude da criatura.

Na criação, há assim, uma escolha, pois o criado é escolhido, enquanto o não criado é preterido. Na criação é que surge a temporalização, a sucessão; por isso a criação é, para os pitagóricos, diádica, porque nela há uma escolha.

E o *Dyas-aóristos* é indeterminado, é potencialmente infinito, porque ao poder infinito do Ser Supremo cabe o poder de determinar indeterminada e ilimitadamente, pois, do contrário, encontraria limites ao seu atuar e tais limites só lhe poderiam ser opostos pelo nada absoluto, que é absurdo e impossível e, portanto, não pode determinar. Ora, essa infinitude potencial da determinabilidade-indeterminável não é um nada, mas é o vector inverso da determinação; portanto é positivo, mas que nossa mente, por ser abstratora, separa.

Todo ato do agente realiza uma ação, e esta é sempre seletiva; em suma, há *crisis*, porque ao ser algo determinado, o que constitui a determinação exclui o que não é ela, senão a determinação não seria determinação. Há assim uma *crisis*, uma queda, o apontar de uma privação, o que surge simbolicamente nas diversas religiões criacionistas como a queda da criatura.

A potência passiva infinita (a determinabilidade-indeterminada) não é o *Hen*, mas surge do seu operar *ad-extra*.

O Ser infinito é a causa eficiente primeira de todos os entes finitos. Todo ente dependente é contingente. Todo contigente é causado. O ser, que se move, é movido porque não tem em si sua razão de ser nem a razão de seu movimento, pois este exige um ato, e este um ato primeiro, que tem de ser, necessariamente, o *Hen-Prote*.

Ora, sabemos que todo ser finito é composto de ato e potência, e de privação, e que a série dos possíveis é potencialmente infinita.

Todo ser finito tem um *arithmós*.

O mal, para o pitagorismo, é deficiência, pois os seres estão analogados na lei do Bem, e por ser o mal deficiência não pode haver um mal absoluto, pois este seria o nada absoluto. Que o mal é deficiência, decorre ainda da harmonia que há na subordinação das funções subsidiárias à normal da totalidade. O mal é uma quebra da harmonia; portanto, sendo esta uma positividade, a desarmonia é deficiência.

Afirma o pitagorismo a interatuação entre os opostos, e entre os opostos que compõe os seres. O universo cósmico é a substância universal, que, em última análise, é uma unidade de simplicidade, mas os seres, que o compõem, não estão totalmente separados uns dos outros. Por serem positivas, as oposições não contradizem a ordem do ser.

Não admite o pitagorismo um infinito corpóreo. A matéria caracteriza-se pela dimensionalidade específica. Deste modo, a matéria é um ser finito e finitizável; é determinável. A materialidade é a aptidão para receber determinações e, entre essas, a corpórea, que é, propriamente, a materialidade, pois a potência é matéria, porque entre as determinações inclui-se a da corporeidade.

Comparada essa doutrina com as teses da Filosofia Concreta, que é a nossa, verifica-se que o pitagorismo desde que se considerem as positividades como postulados, perfeitamente está adequada à filosofia por nós exposta, o que permite aferir quanto há de positividade naquele pensamento, tantas vezes desfigurado através dos tempos.

CAPÍTULO XXII

VERSOS ÁUREOS DE PITÁGORAS[27]

Preparação:

Aos Deuses imortais o culto consagrado
Rende; e tua fé conserva. Prestigia
Dos sublimes Heróis a imárcida lembrança
E a memória eteral dos supernos Espíritos

Purificação:

Bom filho, reto irmão, terno esposo e bom pai
Sê; e para amigo o amigo da virtude
Escolhe, e cede sempre a seus dóceis conselhos;
Segue de sua vida os trâmites serenos;
Sê sincero e bondoso, e não o deixes nunca,
Se possível te for: pois uma lei severa
Agrilhoa o Poder junto à Necessidade.
Está em tuas mãos combater e vencer.
Tuas loucas paixões; aprende a dominá-las.
Sê sóbrio, ativo e casto; as cóleras evita.
Em público, ou só, não te permitas nunca
O mal; e mais que tudo a ti mesmo respeita-te.
Pensa antes de falar, pensa antes de agir:

---

[27] Estes versos são atribuídos a Lysis, grande pitagórico, mas que os calcou nos ensinamentos do mestre de Samos.

Sê justo. Rememora: um poder invencível
Ordena de morrer; e os bens e as honrarias,
Fáceis de adquirir; são fáceis de perder.
Quanto aos males fatais que o Destino acarreta,
Julga-os pelo que são: suporta-os, procura,
Quão possível te seja, o rigor abrandar-lhes:
Os Deuses, aos mais cruéis, não entregam os sábios.
Como a Verdade, o Erro adoradores conta:
O filosofo aprova, ou adverte com calma;
E, se o Erro triunfa, ele se afasta, e espera.
Ouve, e no coração grava as minhas palavras:
Fecha os olhos e ouvido a toda prevenção;
Teme o exemplo de um outro, e pensa por ti mesmo:
Consulta, delibera e escolhe livremente.
Deixa aos loucos o agir sem um fim e sem causa;
Tu deves contemplar no presente o futuro.
Não pretendas fazer aquilo que não saibas.
Aprende: tudo cede à constância e ao tempo.
Cuida de tua saúde: e ministra com método
Alimentos ao corpo e repouso ao espírito.
Pouco ou muito cuidar evita sempre; o zelo
Igualmente se prende a um e a outro excesso.
Tem o luxo e a avareza efeitos semelhantes.
Deves buscar em tudo o meio justo e bom.

PERFEIÇÃO:

Que se não passe um dia, amigo, sem buscares
Saber: Que fiz eu hoje? E, hoje, que olvidei?
Se foi o mal, abstém-se; e, se o bem, persevera.
Meus conselhos medita; e os estima; e os pratica:
E te conduzirão às divinas virtudes.
Por esse que gravou em nossos corações
A Tétrada sagrada, imenso e puro símbolo,
Fonte da Natureza, e modelo dos Deuses,
Juro. Antes, porém, que a tua alma, fiel
A seu dever, invoque, e com fervor, os Deuses,

Cujo socorro imenso e valioso e forte
Te fará concluir as obras começadas,
Segue-lhes o ensino, e não te iludirás:
Dos seres sondarás, a mais estranha essência;
Conhecerás de Tudo o princípio e o termo.
E, se o Céu permitir, saberás que a Natura,
Em tudo semelhante, é a mesma em toda parte;
Conhecedor assim de todos teus direitos,
Terás o coração livre de vãos desejos.
E saberás que o mal que aos homens cilicia,
De seu querer é fruto; e que esses infelizes
Procuram longe os bens cuja fonte em si trazem.
Seres que saibam ser ditosos, são mui raros.
Joguetes das paixões, oscilando nas vagas,
Rolam, cegos, num mar sem bordas e sem termo,
Sem poder resistir nem ceder à tormenta.
Salvai-os, grande Zeus, abrindo-lhes os olhos!
Mas, não: aos homens cabe, - eles, raça divina,
O Erro discernir, e saber a Verdade.
A Natureza os serve. E tu que a penetraste,
Homem sábio e ditoso, a paz esteja contigo!
Observa minhas leis, abstém-te das coisas
Que tua alma receie, em distinguindo-as bem;
Sobre teu corpo reine e brilhe a Inteligência
Para que, te ascendendo ao Éter fulgurante,
Mesmo entre os Imortais consigas ser um Deus

      Tradução de Dario Velozo,
      do original francês de Fabre
      d'Olivet.

SOBRE O AUTOR

Mário Ferreira dos Santos – Filósofo brasileiro, nascido em Tietê (São Paulo), de família portuguesa, aos 3 de janeiro de 1907, e falecido aos 11 de abril de 1968. Fez seus estudos secundários no colégio Gonzaga de Pelotas (Rio Grande do Sul) e licenciou-se em direito e ciências sociais na Universidade de Porto Alegre. Após ter exercido, por breve período advocacia e o ensino, retirou-se a vida privada, dedicando-se exclusivamente ao estudo da filosofia e das ciências conexas com a mesma. Fundou em São Paulo duas casas editoras, para a divulgação das suas obras (Ed. Logos e Ed. Matese). Escritor e pensador extraordinariamente fecundo, publicou, em menos de quinze anos, uma coleção com o título de "Enciclopédia de Ciências Filosóficas e Sociais" que abrange 45 volumes, em parte com caráter teorético, em parte histórico-críticos. Os mais importantes são: *Tratado de Simbólica* (5 ed.), *Filosofia da Crise* (4 ed.), *Filosofia Concreta*, 3 vols. (5 ed.), *Filosofia Concreta dos Valores* (3 ed.). *Sociologia Fundamental e Ética Fundamental* (3 ed.), *Pitágoras e o Tema do Número* (3 d.), *Aristóteles e as Mutações* (3 ed.), *O Um e o Múltiplo em Platão* (3 ed.). *Métodos Lógicos e Dialéticos*, 3 vols. (5 ed.), *Dicionário de Filosofia e Ciências Culturais*, 4 vols. (5 ed.) etc.

A síntese filosófica de F. dos S. é, ao mesmo tempo, tradicional e pessoal. Aproveitando as descobertas mais recentes sobre Pitágoras, realizadas, especialmente, pela Associação Internacional do Pitagóricos, sob a direção do Dr. Sakellariou, da Universidade de Atenas, ele procura uma conciliação entre a pitagórica *Mathesis Megiste* e a *sabedoria infusa* de Sto. Tomás, especialmente, como é apresentada no comentário *De Hebdomadibus* de Boécio. Ela conseguir-se-ia, segundo o próprio Aquinate, por meio de uma *co-intuição sapiencial* e de certo *instinto divino*. Nisto, segundo M. F. dos S., consiste a filosofia como ciência ou melhor como super-ciência e *sabedoria* dos princípios. Ela é *concreta,* porque nos faz conhecer a própria realidade das coisas em suas íntimas raízes, e não tem por objeto idéias *a priori;* deve ser *positiva,* quer dizer, construtiva e não puramente crítica e negativa; ela é *apodítica* e não só problemática e provável. Ela poderá lançar uma ponte entre a metafísica e a religião cristã revelada e poderia constituir um novo método de apologética e de catequese especialmente dado aos ambientes culturais de hoje. Juntando numa síntese mais profunda os elementos de convergência dos maiores filósofos, desde Pitágoras, Platão, Aristóteles até Sto. Tomás, Scot, Suarez e integrando, com maior objetividade, à luz das contingências históricas de cada pensamento, os pontos de divergência, F. dos S. elabora um sistema ao qual, em homenagem a Pitágoras, e por causa do método dialético empregado, deu o nome de *Matese*. Ao mesmo, consagrou uma série de trabalhos já prontos e em via de publicação. Ela constará de uns 15 volumes, entre os quais salientamos os títulos seguintes: *Sabedoria dos Princípios, Sabedoria da Unidade, Sabedoria do Ser e do Nada, Sabedoria das Tensões, Sabedoria das Leis Eternas,* etc.

F. dos S. acusa a filosofia moderna e contemporânea de atitudes negativas, como subjetivismo, abstratismo, cepticismo, ficcionismo, nihilismo, desesperacionismo... Ele aponta os frutos deletérios de tudo isto num livro recente ao qual deu o título significativo de *Invasão Vertical dos Bárbaros* (1967). Entretanto, nos grandes mestres da filosofia moderna, descobre e aproveita verdades parciais de relevante valor. Ele nos deixou um exemplo disto na sua interpretação de Nietzsche, ao qual, além da tradução em português das obras principais, dedicou várias monografias. Merecem ser citados também alguns trabalhos literários, como : *Curso de Oratória e Retórica* (1953- 12 ed.), *Técnica do Discurso Moderno* (5 ed.), *Práticas de Oratória* (5 ed.), e vários volumes de divulgação, como *Convite à Filosofia, Convite à Psicologia Prática, Convite à Estética.*

Apóstolo incansável e solitário da *sabedoria,* no sentido tradicional e antigo, M. F. dos S. se esforçou por formular uma filosofia que, embora ficando sempre aberta a novos problemas, fosse ao mesmo tempo, de nome e de fato, "perene" e "ecumênica".

OBRAS DO AUTOR

Curso de Oratória e Retórica
Técnica do Discurso Moderno
Lógica e Dialética
Psicologia
Teoria do Conhecimento
O Homem que Nasceu Póstumo
Assim Falava Zaratustra
Curso de Integração Pessoal
Análise Dialética do Marxismo
Filosofia e Cosmovisão
Ontologia e Cosmologia
Tratado de Simbólica
Filosofia da Crise
O Homem perante o Infinito (Teologia)
Aristóteles e as Mutações
Noologia Geral
Filosofia Concreta (3 volumes)
Sociologia Fundamental e Ética Fundamental
Filosofias da Afirmação e da Negação
Práticas de Oratória
O Um e o Múltiplo em Platão
Métodos Lógicos e Dialéticos (3 volumes)
Pitágoras e o Tema do Número
Páginas Várias
Filosofia Concreta dos Valores
Convite à Estética
Convite à Psicologia Prática
Convite à Filosofia

Tratado de Economia (2 volumes)
Filosofia e História da Cultura (3 volumes)
Análise de Temas Sociais (3 volumes)
O Problema Social

Das Categorias
Dicionário de Filosofia e Ciências Culturais (4 volumes)
Dicionário de Pedagogia e Puericultura (3 volumes)
Origem dos Grandes Erros Filosóficos
Protágoras. Trad. notas e comentários
Isagoge de Porfírio. Trad. notas e comentários
Grandezas e Misérias da Logística
Invasão Vertical dos Bárbaros
Erros na Filosofia da Natureza
A Sabedoria dos Princípios
A Sabedoria da Unidade
A Sabedoria do Ser e do Nada
Vontade de Potência, Friedrich Nietzsche. Trad. e prólogo.
Se a Esfinge Falasse – com o pseudônimo de Dan Andersen
Realidade do Homem – com o pseudônimo de Dan Andersen
Além do Bem e do Mal, de Nietzsche. Trad.
Aurora, de Nietzsche. Trad.
Diário Íntimo, de Amiel. Trad.
Saudação ao Mundo, de Walt Whitman. Trad.
O Apocalipse de São João. A revelação dos livros sagrados.

editora gráfica
Av. Papaiz, 581 - Jd. das Nações - Diadema / SP

www.prolgrafica.com.br
prol@uol.com.br